いじめ退治します

山本善明
Yamamoto Yoshiaki

生徒・保護者・教員 全員参加の
いじめ問題解決ストーリー

シバブックス
SIBAA BOOKS

はじめに

今から六五年以上も前の話であるが、著者が小学生、中学生だったころ、クラスや同学年の中に『ガキ大将』と呼ばれている生徒がいた。ほとんどのガキ大将は勉強の成績は良くなかったが、正義感が強く、クラスの生徒がいじめられたりすると、いじめを行った生徒のところに行って『落とし前』（もめごとの後始末）をつけてきた。クラスの生徒はガキ大将に守られていたので、ほかの生徒からいじめを受けることはほとんどなかった。また、ほかの子をいじめたりして悪いことをすると、一緒に住んでいる親や祖父母ばかりではなく、周囲の大人からも注意されたり叱られたりした。当時、この世で最も恐ろしいものとして、「地震、雷、火事、親父」と言われていた。特に、「親父」は子供たちにとって一番恐ろしい存在であった。弱い者いじめなど卑怯なことをすると、目玉が飛び出るほどに怒られた。そのため、著者が小学生、中学生のときに、生徒によるいじめが社会問題になることはなかった。

ところがもう何年も前から、学校での生徒によるいじめ問題が深刻な社会問題になっている。いじめられた生徒が自殺までしている。新聞やテレビなどで学校でのいじめが報じられ、著者はいち社会人として、「なぜ、いじめを止めることができないのか？」と不思議に思いながら、新聞記事などから、

はじめに

学校での生徒のいじめ事件や、いじめに直接または間接に関係すると思われる記事をもう十年以上前からスクラップしてきた。それと並行して、現在の学校教育制度（主に義務教育課程）、学校でのいじめ防止に関する法令、生徒のいじめ事件に対する国、地方公共団体、教育委員会、学校などでの防止対策、いじめを起こす根本的原因その他の生徒のいじめ問題を取り扱っている書物、資料、情報などを可能な限り収集して読み漁ってきた。そして、三年ほど前から、いじめに関係すると思われる項目を整理して、各項目ごとに内容のまとめに取りかかった。

取扱うべき項目とその内容はその後新たな資料や情報などが加わって増える一方だった。そんな中、いじめに関する問題を多角的、網羅的に取り扱っている書物がほとんどないことから、この際、いじめ問題に関心を持っている人が一冊の書物ですべての問題につき知識を取得して防止策と対処策を考えることができるような書物を書くことにした。

学校での生徒へのいじめ問題は、社会的には学校や教師による防止対策、対処法のみが注目されている。そのため、これらの問題を中心に議論される場合が多い。しかし、いじめの問題は生徒とその保護者にも関係するものでもある。

教育基本法では、保護者は子供の教育につき第一義的な責任を有するものとされている。しかし、現行の法律の下では法的には教育義務は負わされていない。そのため、いじめ問題についても常に傍観者の立場に立って眺めているが、わが子がいじめにあったときは被害者、わが子がいじめを行ったときは加害者として登場する。しかし、乳幼児期から始まる保護者による子供への養育や教育に問題があって子供がいじめを起こしたとすれば、いじめを起こした子供は保護者を加害者とする被害者ということになるのではないだろうか？　いじめられた子供も、日頃の子供と保護者との愛情によるつながりが希薄であったがために、保護者がいじめを未然に防ぐことができなかったとすれば、いじめられた子供の保護者もわが子に対する加害者ということになるのではないだろうか？　わが子に対し加害者とならないように、保護者はわが子と深い愛情によるつながりを常に維持し、わが子がいじめを受けたり、いじめを行ったときにはいち早くそれに気づき、大事にいたる前にそれに対処するのは、保護者の責任、役割である。

　また、いじめは学校内、学校外での生徒の生活、活動の中で起きる。生徒はほかの生徒の生活や活動について、生徒間での情報交換や噂を通じて多くの情報を持っているし、各生徒の性格についても、日常の接触を通じて知っている。その意味で、いじめが発生したとき、生徒はいち早くそれを察知することができる。もし、生徒がいじめに関心を持っていじめ防止に乗り出せば、いじめの早期発見、防止が可能となってくる。更に、生徒はいじめを行っている生徒と、いじめを受けている生徒にとって、どういう形でいじめを解決すれば、両者ともにしこりを残さずに解決できるかも知っている。いじめの種類によっては教師や保護者などの協力が必要になるが、生徒の自主性を尊重してのいじめの解決は、生徒の社会性の向上にも役立っていじめの発生を抑制する効果も期待できる。いじめの早期発見、早期解決、再発防止策として、生徒による自主的な防止活動は欠かすことができない重要ないじめ防止策と言える。

いじめ問題が学校や教師のみならず生徒の保護者、学校の生徒にも関係しているものである以上、本書はこれらの三者を対象として書かなければならない。多岐にわたるいじめの問題点をカテゴライズして各項目ごとに解説する形で書けば、書出しから非常に難しい内容や理屈を展開することになる。従って、読者にとってはとっつきにくい難解な書物となる。また、本書はできるだけ多くの教育関係者や生徒の保護者に読んでもらいたいし、幅広い学生層、特に、小学校高学年、中学生にも読んでもらいたい。そのためには工夫が必要である。

考えた末、あくまでもノンフィクションであることは維持して、小学校五年生の数名の生徒と彼らの保護者、そして、生徒たちの担任教師を登場させての物語形式で、いじめに関係する諸問題を次の二部に分けて取り上げることにした。

第一部「いじめ防止のために生徒と保護者に読んでもらいたいこと」

生徒の自主的ないじめ防止活動の必要性と、それに対する保護者の協力の必要性につき、物語の展開の中で記述する。同時に、物語の展開の中で、いじめ問題につき生徒や保護者が知っておいた方がよい事項につき取り上げる。

第二部「いじめ防止のために生徒の保護者と教育関係者に読んでもらいたいこと」

第一部の物語の継続性を維持しつつ、生徒の保護者と生徒の担任教師の自由な意見交換を通じて、いじめ問題を理解するために生徒の保護者と、乳児、児童、生徒の養育・教育に関係する者が知っておいた方がよい事項につき取り上げる。

本著を執筆して、著者としては、すべてのいじめを防止するための決定的な妙薬はないのではないかと考えている。しかし、「生徒のいじめをなくすには、学校・教師による防止活動、生徒による自主的な防止活動、そして、地域活動を含む生徒の親などの保護者による防止活動が一体となって展開されなければならず、この三位一体での活動があれば、生徒のいじめを完全には解消できないものの、かなりの部分は解消できる」と考えている。

この三者の活動の中で社会的には学校や教師における防止活動のみが注目されているが、生徒の保護者による活動と、生徒による自主的な活動が絶対的に必要なものであることを認識してもらいたいと思っている。

なお、本書では、いじめの根源的要因として、脳科学、精神分析学及び心理学から見たいじめの要因についても記述している。これらの分野におけるいじめに関する考え方には諸説がある。本書での記述は巻末記載の参考文献・資料の紹介程度の記述にとどめている。これらの分野について関心のある方は巻末記載の文献・資料のみならずその他の文献・資料を直接読んで理解しいていただきたい。

本書が学校での生徒のいじめ防止の一助となれば幸いである。

（注）一般的には、小学生は「児童」、中学生及び高校生は「生徒」と呼称されている。本書では主

として小学生のいじめを取り扱っているので、元来は「児童」の呼称を使う必要がある。しかし、いじめの問題は単に小学生だけの問題ではないので、あえて、「学校で教育を受けている者」の総称である「生徒」という言葉を使っている。

また、教育職員免許法により幼稚園、小・中・高等学校などの正教員は「教諭」と呼称されているが、本書では広く学校などで学業を教える人として「教師」又は「教員」という呼称を使っている。

目次◆いじめ退治します　生徒・保護者・教員　全員参加のいじめ問題解決ストーリー

第一部

いじめ防止のために生徒と保護者に読んでもらいたいこと

一　友達からのいじめの告白

「人の役に立つ人間になりなさい」

日曜日、大野洋介は、三日振りに父と母と家族三人で夕食を摂っていた。

母親の久子は今日もまた、最近の食糧品の値上がりについて、今日買ってきた食品の名前を一つずつあげて嘆きの声を発している。父親の英樹は「大変だな」と相槌を打つだけで聞いている。洋介は母の話には関心がなく、黙々と食事を続けていた。

久子は思い出したように急に顔を曇らせ、食事の手を休めて多少怒りのこもった声を発した。

「そう言えば、今日の新聞に、また学校でのいじめで生徒が自殺した記事が載ってたでしょ。担任の先生は何をしていたのよ。学校の教育が間違っているのよ。あなたもそう思うでしょ」

英樹は味噌汁を一口飲んでから、いつもどおり静かな口調で応えた。

「学校とか担任の先生だけの問題とは言えないんじゃないか？　最近、子供に対する家庭の教育機能、社会全体の教育機能が著しく低下してきている」

「どういうことなの。もっと具体的に言って」久子は不満そうに言い返した。

「つまりだな」と、英樹は箸を置いて久子と目を合わせて言った。「戦前、戦後しばらくは、三世代同居がほとんどで、祖母は嫁に炊事、家事、子育ての仕方を教え、子供のしつけには両親だけではなく祖父母も厳しく口出しをしていた。子供の数も多かった。親が忙しいときは、おじいちゃん、おばあちゃんや上の子供たちが下の子の面倒をみた。三世代家族の中で、親が子育ての仕方を学び、更に、家族みんなで子供を育てる態勢があったんだよ。その上隣近所とのコミュニケーションも濃密だったので、自分の子とよその子を分けへだてなく遊ばせたり、叱ったりしていた。親の目だけではなく複数の目が子供を見ていて、しつけも色々な方向からされていた。戦後核家族化して夫婦は祖父母と離れて生活するようになったが、前にも言ったが、僕は久子と結婚するまでは東京の下町で三世代家族、五人兄弟の昔ながらの家庭に育ったんだ」

「私は祖父母とは別の家で両親と二人兄弟で育ったわ。時々祖父母が訪ねて来たり、祖父母の家に遊びに行ったけど、おじいちゃんやおばあちゃんに叱られたり、母がおばあちゃんから子供のしつけのことで叱られたりしていたわ。祖父母が亡くなってからは叱られることもなくなったけど、時々思い出すと寂しさを感じるわ」

「久子と結婚して二人とも祖父母、両親と離れて生活するようになったが、わが家の場合は、結婚してからも両家の両親との交流は頻繁に続いている。両家にとって初孫の洋介が誕生したときには、単に孫を可愛がるだけではなく、子育て全般について、時々久子が腹を立てるぐらいに両方の親が口を出していたね」

「本当ね。あのときはうるさいと思っていたけど、おかげで洋介は病気一つせずに成長することができたわ」

「ところが最近は核家族化が更に進行し、子供たちは結婚すると両親との関係を断絶して生活するようになった。そのため主婦に家事や子育てや子供のしつけを教える者がいなくなった。家事や子育てやしつけを知らない親に育てられた子供が結婚して子供を産み、またその子供が成長してまた子供を産むことになる」

「確かに今のお母さんたちは孤独な人が多いかもしれないわね」

「『密室育児』とか『母子カプセル』などと呼ばれているようだが、自分で子供を産むまで赤ちゃんを抱いたこともない母親が現れたわけだ」

「子供が子供を産んだということになるわね」久子はうなづきながら言った。

「自分でしつけができないから、親は子供の教育のすべてを保育施設や幼稚園、学校に丸投げするようになったんだ。最近保育施設に預けられている乳幼児や、幼稚園や小学校低学年の子供が保育士や教員に暴力を振るったり、暴れ回る子が増えているようだ。わが子が外で何をしているのか知らない。いじめをしたりいじめられても知らない。そのくせ文句だけは言う」

「そうね。そうやってモンスター・ペアレントが出来あがるし、いじめの発見も遅れるのね」

「だから私は、いじめ問題は、勉強を押し付けるだけで子供への教育を放棄した親などの保護者にも責任があると言っているんだよ。それと同時に、子供のしつけには無関心の周囲の大人たちにも責任がある。一億総活躍社会を掲げて女性の社会進出のみを促進する国の政策にも問題がある」

そのとき、洋介が大声で、「おかわり」と言って茶碗を母に突き出した。久子は炊飯器の蓋を開けてしゃもじでご飯をよそいながら嘆くように言った。

「うちも他人のことは言えないわ。だって洋介ときたら、大食いで身体は人一倍頑丈なのはいいとしても、勉強はまったくせず、宿題ですらちっともやらないのよ。食後は漫画ばっかり読んで。担任の先生に呼び出されて私が『申し訳ございません。勉強するように言い聞かせます』と何度も頭を下げているのに、どこ吹く風なんだから。こんな子をいじめる生徒はいないので母親としては安心だけど、ときには、いじめられるほど優秀な子を持ってみたいですよ。明日から二学期が始まりまた頭を下げさせられると思うとウンザリしちゃう」

洋介が茶碗を受け取って食べ始めると、英樹はその様子を眺めながら言った。

「そこまで言うと、親の子へのいじめになるよ。今の教育では、子供が一番遊びたいときに勉強を強制している。遊びたいときには思い切って遊んで、身体を鍛えておけばいいさ。洋介は私の子だ。頭が良いんだ。勉強なんて、自分で勉強したくなったら始めればいいよ。それに、勉強しなくても、人の役に立つ人間になればそれでいい」

「あなたはいつもそんな呑気なことを言って」久子は手に持った箸を置いて多少強い口調で言い返した。「あなたの子だから洋介も立派な社会人に成長すると信じていますよ。でも、いつも勉強しないで、担任の先生から呼び出されて頭ばかり下げていると、本当に立派な社会人になれるのか心配になるんです。それとも、将来洋介がニートになっても、あなたが面倒を見るから大丈夫だと思っているの？　私はニートの息子を持つなんて真っ平ですからね」

英樹は久子に目を向けて言葉を返した。

「私の祖父は一流の弁護士だったが、私はおじいちゃんと間が合って、おじいちゃん子として育ったんだ。おじいちゃんは口癖のように、『子供のといきは思い切って遊んで身体を鍛えておけ。勉強はしたくなったら始めればいい』と言っていた。両親は渋い顔をしていたが、おじいちゃんに守られて大いに遊び回ったんだ。中学二年のとき、〈そろそろ勉強を開始する時期がきた〉と思って勉強を始めたんだ。それまで十分に遊んでいたんで、体力もあり、頭は勉強に飢えていて、勉強するのが実に楽しかった。あのときの気分を洋介にも味わせてやりたいと思っているんだ。おじいちゃんの影響があったのか、勉強した結果、私も弁護士になったわけだ」

英樹はここでいったん言葉を切ると、真顔になって洋介に言った。

「生徒のいじめ問題は、家の金を持ち出すように命じられたり、店で万引きするよう強要されたりして、警察が処理するような事件に発展しなければ弁護士のところには来ない。いじめケースのほとんどは学校と教師が処理に当たっているんだ。だが、今の学校は生徒への学習指導を重点的に行うので、いじめ対策を行う余裕は先生方にはないのが現状のようなんだ。そのため、生徒同士のいじめは学校や担任の先生ではなかなか早期での発見は難しく、学校での対応が後手に回って社会から非難を浴びている。学校でのいじめ防止対策もこれと言って有効なものがまだ確立されていないようだ。いじめを受けている子の中には、いじめを受けていることを先生にも親にも親友にも相談しない子がいる。いじめを受けることによってその子の自尊心、プライドが傷つき、他人に不信感を持つことになるので誰にも話さないんだ。しかし、放っておくと、いじめを我慢している自分への怒りやいらいらが爆発して、自殺したり、不登校になったり、家庭内で暴力を振るったりするようになる。だから、そういう生徒を見つけ出し、いじめで爆発する前にいじめを解消させてあげなければならない。いじめられている子を助けると今度は自分がいじめのターゲットになるとの恐怖心から助けようとしない子もいる。それがいじめを行っている子のいじめをいよいよひどくしているんだ。洋介は友達も多い。勇気もあるし正義感も強い。せっかく学校に通っているんだから、学校でいじめを行っている生徒を見つけ出してそれをやめさせ、いじめられて困っている生徒がいたら手を差し伸べる。これも立派な人助けだし、人の役に立つということだよ。洋介にはそんな子になって欲しいな。勉強はその後でもいい」

父親の言葉に、洋介は口の中にまだ食べ物が少し残ってまま言葉を返した。

「生徒同士のいじめがなぜ起きるのか、僕、よく分かんないんだ。僕は誰とでも仲の良い友達になりたいと思ってるんだ。生徒の中には、僕を嫌いなのか、ほかに特別に親しく付き合っている友達がいるせいか、僕と友達になるのを避けている子もいる。だからと言って、そんな子をいじめるなんて一度も考えたことないよ」

ここまで言ったとき、洋介はふと表情を曇らせた。

「そう言えば、一学期に隣のC組でいじめがあって、とうとう学校に来られらくなった生徒がいたんだ。……そうだ、お母さんも知っているでしょ。小林俊一君。夏休みに入る直前に聞いたから、すっかり忘れてた」

「まあ、あの俊一君がいじめられたの?」久子は声を高めた。

「うん。たしか意地悪三人組みに悪口を言われたとか。詳しい事情は分かんないけど。俊一君は頭も良いし、性格も良いし、いじめられる理由なんて考えられないよ。こういうわけの分からないいじめには無性に腹が立つんだ」

　洋介が言葉を切ると、英樹が言った。

「なるほど。明日から二学期が始まるが、二学期にすべき良い課題が出来たな。生徒同士のいじめはなぜ起きるのか。いじめを防止するためにはどうすればいいのか。それを徹底的に考え、そのためにやることがあれば実行に移すことだ。お父さんもできるだけ協力するよ」

　英樹が言葉を切ったとき、久子は「またそんなことを言って。もう五年生の二学期ですよ。あなたの口からも、少しは勉強するように言ってください。それに、いじめなんかに関わったら、今度は洋介がいじめを受けることになる……」と言い返したが、途中で言葉を切って、深い溜息をついた。

　そのとき洋介が何とはなしに言った。

「もし僕がいじめをしたらお父さんとお母さんはどうする?」

　突然に出た洋介の唐突な話に、母親が怒りのこもった声ですぐに反応した。

「洋介、誰かをいじめてるの!」

「いじめなんてしてないよ。ただ訊きたかっただけだよ」

久子はすぐに言葉を返した。

「すぐにいじめた子に謝りに行かせますよ。行かないと言ったら、首に縄を巻いても連れて行きますよ」

洋介が言葉を発するよりも早く、父親が落ち着いた声で言った。

「首に縄を巻くなんて、穏当な言葉じゃないな」

父親は少し間を置いてから言葉を続けた。

「洋介がいじめをしたと言ったら、まず事情を詳しく聞かせてもらう。いじめという行為はいかなる理由があろうと、許されるものではない。どんな事情があろうと、いじめた側の反省が必要なんだ。心から反省したら、いじめた相手に謝罪をしなければならない。いじめの程度によっては、お父さんやお母さんが相手の保護者にお詫びすることになる。学校でのいじめならば、担任の先生にも報告することになる。洋介一人ではなく、仲間と一緒にいじめを行ったのなら、担任の先生とも相談して対応を決めることになる。いずれにせよ、いじめを行なうことは、自分一人だけの問題ではなく、多くの人に迷惑をかけることになることを肝に銘じておくことだな。前にも言ったが、いじめられたときはもちろん、いじめを行なったときも、絶対に隠さずに親に話すことはしっかりと約束を守ってもらいたいな」

父親は話を切ると、洋介と目を合わせた。洋介はその目に促されるように「分かってるよ」と応えた。

いじめで組替えになった友達

翌日学校に行くと、久し振りの生徒同士の再会で、教室は蜂の巣を突いたような騒ぎとなっていた。教室の入口の引き戸が開き、五年B組担任の掘北涼子先生が入って来たとき、騒ぎは一瞬にして静まり、全員が席に着いた。

洋介が二列目の奥の自分の席に着こうとしたとき、席の後ろにもう一つ机が置かれているのに気づいたが、すぐに椅子に座って教壇の方に目を向けた。すると、掘北先生の横に五年C組の小林俊一が目を伏せて立っている。

掘北先生は教室内に目をやりながら口を開いた。

「今日から二学期が始まります。いよいよ中学に進学するための追い込みに入ります。頑張って勉強してください」

そこまで言うと、横に立っている小林俊一の方に身体を向けて言った。

「クラスのほとんどの生徒が知っていると思いますが、小林俊一君です。一学期はC組でしたが、今日からB組に組替えになりました。B組の仲間として仲良くしてください。小林君の席ですが、大野洋介君が一つ席を下がって、大野君の席に座ってもらいます。大野君、よろしくね」

洋介が指示されるままに後ろの席に移ると、小林俊一が教壇から下りて席にやって来た。俊一と顔を合わせたとき、洋介が「久し振りだね。よろしく」と声をかけたが、俊一は無言のまま席に座った。

洋介と小林俊一とは二年生のときに同じクラスにいた。明るい性格で、洋介とは気が合い、親友同士としてサッカーやキャッチボールをしたり、冒険と称してそこいら中を歩き回ったりしていた。

洋介は事情を訊かず、また、俊一も話さなかったが、俊一の家は母親と俊一の二人暮らしで、母親は早朝から夕方八時ぐらいまで働きに出ていて、土曜、日曜も家にいなかった。俊一が洋介の家で夕食を食べて帰りに送って行ったときに、洋介は俊一の母親に会ったことがあった。誰にでも好かれそうな美しい顔立ちの明るい女性で、年齢は分からなかったが、洋介の母親よりもずっと若く見えた。洋介の母親も学校の保護者会で俊一の母親と話をしたことがあり、「とても感じの良い女性ね」と言っていた。

三年生になって組替えで洋介と俊一は別のクラスになったが、一学期は結構頻繁に会って一緒に遊んでいた。しかし、二学期以降、二人が会う機会は少なくなってきた。四年生、五年生のときも二人は別のクラスで、ほとんど遊ばなくなった。

二年生のときに、同じクラスに、ほかの生徒から陰で「リッチーズ」と呼ばれていた三人の金持ちの家の生徒がいた。洋介は三年生の夏休みごろから、「運動で汗をかいたときには自販機でスポーツ・ドリンクを買って飲みなさい」と言って、母から百五十円を貰っていた。ドリンクを飲んだときには、母に言うと、また百五十円を持たせてくれた。ドリンクを買うとお釣りが残ったが、それは大事に貯めておいた。リッチーズたちは、二年生のときからいつも千円札を持っていて、コンビニでお菓子や飲み物を買っていた。羨ましそうに見ている生徒がいると、ときには、「恵んでやるよ」と言って、お菓子をあげたりしていた。洋介は三年生以降リッチーズとは別のクラスだったが、俊一はずっと同じクラスだった。

今年の六月中ごろ、俊一がリッチーズに悪口を言われていじめられているとの噂が洋介の耳にも入ってきた。三人は初めは学校の外で悪口を言っていたが、次第に教室でも公然と悪口を言うようになったとのことだった。洋介は気になり、俊一に会って事情を訊きたいと思っていたが、ほかの友達との付き合いで忙しく、会わずじまいだった。

七月に入り、俊一が学校に来なくなったとの話が伝わってきた。それからしばらくして、俊一の母親が担任の先生や校長に、生徒による息子へのいじめを直ちにやめさせるよう訴え出たことで、学校や先生たちは大騒ぎとなった。小林俊一のいじめについて五年生全員に無記名でのアンケート調査が実施されたが、調査の結果を見るまでもなく、いじめを行ったのはリッチーズであることは明らかだった。

学校では何度となく教員会議を開いて、このいじめへの対応を話し合ったようだったが、学校が夏休みに入ったので、生徒の間での噂は途絶えてしまった。しかし、今回俊一がB組に組替えになったことから、学校の対処としては、危険な三人組から俊一を切り離し、安全なB組に移したということになる。洋介はあの三人組に対し学校がどんな処分をしたのか気になった。

一時間目の授業が終わったとき、洋介が「校庭で遊ぼう」と俊一に声をかけたが、俊一は呟くように「僕はいいよ」と声を戻しただけだった。以前一緒に遊んでいたときの明るさはまったく見られず、何か別人のように感じた。

二時間目の授業が終わったとき、洋介はC組の親友のところに行き、リッチーズたちが登校しているのかを訊いた。登校しているとのことで、洋介は気になり、三人が洋介に近寄らないように、その日はなるべく俊一から離れないようにしていた。しかし、俊一は一言も話しかけてこなかった。

その日の授業が終わり、洋介が「久し振りにサッカーで遊ばないか」と誘ったが、俊一は「僕は帰るよ」と言って立ち上がった。洋介は俊一が気になり、「僕も一緒に帰るよ」と言って俊一の後について教室を出た。校門を出て、多少遠回りとなったが、何の会話もなく俊一の家まで送って行った。

女子生徒の上履き紛失

翌火曜日、一時間目の授業で掘北先生が教壇に立ったとき、すぐに言った。

「今朝、A組の女子生徒から、ロッカーに置いてあった上履きがなくなっているとの報告がありました。ほかの生徒が間違って履いたのではないかと思いますが、みなさん、各自上履きを間違って履いていないかすぐに確認してください。間違って履いている人は手を上げてください」

生徒はいっせいに下を向いて上履きを確認したが、手を上げる生徒はいなかった。

一時間目の授業が終わり、洋介が「校庭に出ようよ」と俊一に声をかけたとき、俊一は、「誰かがいじめで上履きを隠したんだよ」と呟くように言った。洋介が俊一とともに席にいると、近くに集まった生徒の「上履きをなくしたのは、あの小泉景子だよ」との話し声が聞こえてきた。

洋介は四年生のとき同じクラスだったので、小泉景子についてはよく知っていた。ほかの生徒よりもお洒落な服装をしていて、ＡＫＢ48の何とかという女の子に似ているとのことだった。普段はほかの女子生徒と同じように振舞っているが、気に障ったことを言われたりすると、突然大声で騒ぎ立てる。特に、男子生徒が彼女にぶつかったりして身体に触れると、金切り声で「私の身体にわざと触ったんでしょ！　正直に白状して謝りなさいよ！」と叫んで男子生徒に詰め寄って来る。そのため、男子生徒は、陰で「厄病神《やくびょうがみ》」と呼んで、なるべく近寄らないようにしていた。しかし、普段は彼女の方から男子生徒に近寄って話しかけて来るので、男子生徒にとっては実に厄介《やっかい》な存在だった。

その日の授業が終わったとき、洋介が「グランドに行ってサッカーをしようよ」と俊一を誘ったが、「すぐに家に帰るよ」との返事だったので、昨日と同じように、何の会話もないまま俊一の家まで送って行った。

翌水曜日、掘北先生が一時間目の授業で教室に入って来たとき、教壇に上がる前に全員に言った。「昨日Ａ組の女子生徒の上履きがなくなった件ですが、夕方用務員さんが校舎の裏のゴミ箱に捨ててあるのを見つけました。本人に確認しましたが、本人は絶対に捨てていないとのことです。誰かが何らかの目的でロッカーから上履を出してゴミ箱に捨てたことになります。そこで、五年生全員に無記名でアンケート調査を行うことになりました。正直に知っていることを記入してください」

そう言うと、掘北先生は全員にアンケート用紙を配った。

手元に配られた調査用紙を見ると、質問は六項目に分かれているが、要は、五年生の生徒同士でのいじめ、及び、今回の上履事件について知っていることを正直に書いてもらいたいとの内容だった。

洋介は、いずれも、「知らない」と書いた。書き終わったとき、小泉景子の普段の振る舞いからすれば、今回の上履き事件は、大袈裟な騒ぎで恥をかかされた男子生徒の復讐ではないかと感じた。

その日も、リッチーズが俊一に悪さをしないように、なるべく俊一から離れないようにしていた。

一日の授業が終わり、洋介はまた俊一を誘ったが、俊一は洋介と一言も言葉を交わすことなく自宅に向かった。自宅前で別れたとき、俊一が「ありがとう」と言って玄関に入って行った。

ようやく心を開いた友達

木曜日、いつものことだったが、その日は特に多く、宿題を忘れて掘北先生に立たされ、ほかの授業でも質問に答えられずに席で立たされ、授業中に漫画のキャラを描いているのが見つかって教室の後ろで立たされたりしていた。何人かの親友から「今日は特に頑張ってるな」と嫌味を言われたが、洋介はまったく気にしなかった。

その日の授業が終わり、洋介が「今日こそサッカーをしようよ」と俊一に声をかけると、意外にも、「久し振りに洋介とサッカーをするか」との返事が戻ってきた。

洋介はいったん帰宅してランドセルを家に置いてから、サッカー・ボールや野球のグローブなどを持って出かかることにしていた。俊一に「僕の家に寄ってランドセルを置いてからグランドに行こう」と話すと、俊一は「分かった」と言ってすぐにそれに応じた。

洋介が自宅の玄関に入り「ただいま」と大声を発すると、すぐに母親が出て来て「お帰りなさい」と声をかけてきた。洋介が俊一の腕を取って玄関に入れたとき、洋介が口を開くよりも早く母親が声を発した。

「あらっ、珍しい。俊一君じゃないの？　元気だった？　お母さんはお元気？」

洋介が母親の言葉と重なるように、「二学期から僕と同じクラスになったんだ」と言ったとき、俊一が元気のない声で、「また洋介君と一緒のクラスになりました。よろしくお願いします」と言って頭を下げた。

二人はグランドに向かった。特に会話も交わすことなく歩いていると、突然俊一が言った。

「洋ちゃんは凄いよな。先生に叱られたり、立たされても、二年生のときとまったく変わらず平気な顔をしてる。羨ましいよ」

俊一が以前のように「洋ちゃん」と呼び捨てにしたので、洋介はほっとした気持ちで言葉を返した。

「俊ちゃんは頭も良いし、成績も良いし、運動もサッカーも何をしても僕よりずっと上手いし、僕の方こそ羨ましいよ」

するると、俊一が少し間を置いてから呟くように言った。

「僕には勇気がないんだ。洋ちゃんには勇気がある」

　俊一の言う「勇気」が何を意味しているのか一瞬理解できなかったが、リッチーズからいじめを受けて不登校になったことだと思い、話題を変えて明るい声で言った。

「今はグランドの隅の方でしかサッカーができなくなったんだ。それでも結構みんな集まって来るよ。十人以上集まると試合をやるんだ。同い年ぐらいの仲間同士でジャンケンをして、勝った方と負けた方で二組に分かれるんだ。ときには中学生も加わることもあるよ。ジャンケンで負けた方の組は腕に紐を巻くんだ。僕は俊ちゃんとジャンケンするから、俊ちゃんが負けたときには僕の紐を使いなよ。二組に分かれてボールを蹴り始めるんだが、ゴールネットがないから、サッカーと言ってもボールの奪い合いと言ったところだがね。やるかい？」

　洋介の説明に、俊一が「うん。やるよ」と言葉を返してきた。

　グランドに着き、サッカー練習場に行くと、二人ずつ二組の子供が向かい合ってボールのパスの練習をしていた。すぐに、洋介と俊一は向かい合ってボールを蹴り始めた。

　俊一が返すボールはしばらくは左右にずれていたが、すぐに真っ直ぐに戻って来るようになった。三十分ほどすると、十人以上が集まって来ていた。洋介が「そろそろジャンケンをしよう」とみんなに声をかけると、すぐに二人ずつジャンケンをした。洋介は俊一とジャンケンをして負けたので、ズボンのポケットから紐を出して腕に巻いた。

　すぐに二組に分かれてのボールの蹴り合いが始まった。洋介はプレーしながら俊一の様子をそれとなく伺っていたが、ボールが来てもすぐに敵に奪われてしまっていた。しかし、十五分も経つと、俊一の動きは活発になり、ボールを取りに来た相手をうまくドリブルでかわして味方にボールをつないでいた。三十分もすると、俊一の動きはいよいよ活発になり、ボールを持った敵の足元にスライディングをしてボールを奪い取っていた。それを見て、洋介も活発に動き回り、敵からスライディングでボールを奪ったりした。洋介は週に二回ぐらいはサッカーで遊んでいたが、初めて本当にサッカーの試合をしているような高揚感を覚えた。

いつもより激しいプレーで、一時間半も経つとへとへとになり、脚も思うように動かなくなった。そのとき、誰からともなく「疲れた!もう駄目だ!」との声が上がり、それが合図となって全員が動きを止めた。

しばらくはグランドに立ったまま呼吸を整えていた。すると、いつも一緒にサッカーをしている中学一年の金井君が洋介と俊一に声をかけてきた。

「君、うまいね。何年生?」

洋介が「僕と同じクラスの小林俊一君です」と言葉を返した後で、俊一に向かい、「中一の金井先輩。ドリブルの達人なんだ」と紹介した。

洋介はグランドの隅の自販機に行ってスポーツ・ドリンクを買い、「半分ずつ飲もうよ」と言って、ペットボトルを俊一に渡した。俊一が半分飲んでボトルを戻すと、洋介は最後の一滴まで飲み干した。

一息ついて俊一に目をやると、シャツもズボンも泥だらけて、顔も泥で汚れていて流れ落ちる汗で筋が出来ている。洋介が「俊ちゃんはまるで泥のお化けみたいだよ」と笑いながら言うと、俊一は「洋ちゃんも泥のお化けだよ」と言葉を返してきた。二人ともすぐに衣服の泥を叩いて落としにかかったが、汗が染み込んでいてまったく落ちない。

二人は泥まみれの姿で洋介の家に戻った。洋介が玄関先で、「ただいま。お母さん、ちょっと来て」と大声を発すると、すぐに母親が玄関に現れ、「お帰りなさ……まあ、なんて格好！　これだから男の子は……あら、俊一君も一緒なの。二人とも早く服を脱いでシャワーを浴びてちょうだい。下着とタオルはすぐに持って行きます」と嘆きのこもった声を発した。俊一が「僕はこのまま帰って、うちで身体を洗って着替えます」と言葉を返すと、母親は強い口調で、「泥汚れは早く落とさないと。すぐに洗濯してドライヤーで乾かすので、とりあえず洋介の服で着替えなさい」と言葉を返した。

二人とも玄関でシャツとズボン、靴下を脱ぎ、パンツ一枚になって風呂場に行き、頭から爪先まで全身を洗い流した。風呂場から出ると、洋介の部屋に行き、洋介が「僕の方が身体が大きいからサイズは合わないけど、とりあえず着替えよう」と言いながら二組のTシャツとショート・パンツを出すと、俊一はそれを着た。すると、母親が部屋をノックして入って来て言った。

「俊一君の服が乾くまで多少時間がかかるので、今日は久し振りにうちで食事をして行ってね。お母さんに電話しておくので……」

すると、俊一が母親の言葉を遮って言った。

「今日はお母さんはいません。でも、僕の夕食は用意してあるんで……」

今度は母が俊一の言葉を遮って言葉を返した。

「それならば、留守電に残しておきましょ。今夜は主人の帰りが遅いので、久し振りに俊一君と一緒に食事をしたいの。いいでしょ」

俊一はしばらく考えていたが、「分かりました。ご馳走になります。お母さんに留守電を残して置くので、電話を貸してください」と言葉を返した。

食事中、俊一は何となく沈んだ様子だった。洋介は俊一と毎日遊んでいたころの話題を持ち出して俊一の気分を盛り上げようとしたが、いちおう話題には乗ってくるものの、話が続かなかった。母が「俊一君のお母さんはその後お元気？　お仕事で大変でしょ」と訊いたとき、俊一は「元気にしてます」と言葉を返しただけだった。

食事が終わったとき、母親は立ち上がって出て行き、すぐに戻って来て、「俊一君のシャツもズボンも乾いているわよ」と言った。すると、俊一はすぐに立ち上がり、「それではすぐに着替えて帰ります」と言葉を返した。

母親と洋介が玄関先で俊一を見送ってリビングに戻ったとき、母が心配そうな表情を浮かべて言った。

「しばらく会わないうちに、俊一君は変わったわね。以前はもっと明るい活発な子だったのに」

洋介は「久し振りに一緒にサッカーをして遊んだけど、以前と同じ俊一だったよ」と言って自分の部屋に向かった。

てきた。

いじめについての告白

翌日、その日の授業が終わり、今日も俊一をサッカーに誘おうとしたとき、俊一の方から話しかけてきた。

「洋ちゃんに聞いてもらいたいことがあるんだ。付き合ってくれないか？」

俊一は洋介の返事も待たずにランドセルを背負って立ち上がると、教室から出て行った。洋介はすぐにその後を追った。

俊一は一言も話しかけることなく歩み続けた。洋介は黙って付いて行った。

三十分以上歩いたとき、住宅街の狭い隙間にある公園に入って行った。遊具は滑り台ぐらいしかなく、誰も遊んでいなかった。道路沿いにあるベンチに俊一が腰を下ろしたとき、洋介も横に座った。しばらくは無言の時間が続いたが、やがて、俊一が口を開いた。

「僕がリッチーズからいじめを受けたことは当然に知ってるだろ。そのことで、洋ちゃんだけには正直にすべてを話しておきたいんだ。これから話す僕の家の事情とかは、いじめにあって初めてお母さんから聞いたものだけど、できるだけ順を追って話すよ」

俊一はいったん言葉を切り、少し間を置いてから話し始めた。

母は短大卒業後大手の企業に就職した。残業の多い部署に配属されたが、その分給料は良かった。入社四年後に六歳年上の男性と社内結婚した。結婚して半年後に妊娠した。産休に入る二ヶ月ほど前から上司から会社を辞めて出産するよう圧力をかけられた。産休に入ったときに夫婦で相談して、夫婦の貯金をはたいて頭金にして父親が住宅ローンで2LDKのマンションを買った。

無事俊一を出産して、産休が終わると、夫を五年前に亡くして一人暮らしをしている実家の母親に俊一を預けて出社した。しかし、上司からは以前に増して残業を押しつける嫌がらせを受けた。出社を開始して二ヶ月後、父親が急病で亡くなった。住宅ローンはローン契約時に付けた父親の生命保険で全額返済したが、手元には父親の退職金しか残らなかった。

悪いことには、俊一が病弱で、何度も入院するほどの大病を患い、その度に母は会社を休まなければならなかった。そのため母は上司から何度となく呼び出され、勤務態度や勤務成績につき厳しく苦情を言われ、毎日のようにパワハラを受けた。そして、最終的には退職に追い込まれた。

母はすぐに就職先を探し回り、二ヶ月後に大手スーパーでパートとして働くことになった。しかし、俊一が病弱なため安定した収入は得られず、足りない分は父が遺した退職金を使っていた。俊一は小学校に入学するころになると健康状態も安定してきた。

俊一が小学三年になった直後、実家の母親が肺炎を患い、ほかの病気も併発して長期にわたり入院した。祖母は年金暮らしで、アパートで一人暮らしをしていた。アパートを解約したが祖母の年金だけでは入院費を払えず、足りない分は母が負担していた。六ヶ月の入院後亡くなったが、遺した財産は何もなかった。

スーパーのアルバイト代だけの収入で、マンションの管理費・修繕積立金、毎日の生活費、俊一の学校での給食費、遠足などの行事の費用などを支払うのがやっとだった。それでも母は月に一回か二回はスーパーを休んで、俊一を近くの遊園地に連れて行った。俊一にとっては別に不満もなく毎日を過ごしていた。

俊一はここで言葉を切り、涙が零れ落ちないようにするかのように顔を空に向けた。結構長い時間そのまま動かなかったが、やがて顔を元に戻して話を続けた。

「うちの家庭の事情なんて余計な話をしたけど、洋ちゃんには知っておいてもらいたかったんだ。これから僕がいじめを受けて登校拒否をすることになった話をするよ」

俊一は説明した。

俊一はリッチーズの三人とは時々言葉を交わすことはあったが、親しい間柄ではなかった。しかし、俊一の方から特に付き合いを避けることもなかった。

今年の五月の末に、俊一はリッチーズの一人の関口孝太から放課後一緒に遊びに行こうと声をかけられた。関口孝太は父親が都議会議員をしていることもあり、リッチーズで中心的に振舞っていた。俊一が誘いを断ると、「たまにはいいじゃないか」と言って、三人に囲まれるようにして繁華街のゲームセンターに連れて行かれた。三人がゲームを始めたとき、孝太が「俊一もゲームをしろよ」と誘ってきた。俊一が「お金を持ってないんで……」と断ると、「お金を貸してやるよ。返せないなら恵んでやってもいいよ」と意地悪そうに言った。他人からお金を借りたり恵んでもらうようなことは絶対にしないように母から厳しく言われていたので、俊一は「僕は帰るよ」と言葉を返した。すると孝太が、「俊一のお母さんはスーパーで働いてるんだろ。これからスーパーに行って、息子に遊ぶ金ぐらいやるように言ってやるよ」と言い出した。「そんなことは絶対にしないでくれ」と言い返すと、「それならばそこに立って俺たちが遊ぶのを見てろよ」と強い言葉で言った。やむを得ず、三人がゲームで遊ぶのを立って見ていた。

その翌日、また三人に誘われた。断ると、「それじゃスーパーに行くか」と脅された。また三人についてゲーセンに行き、三人が遊ぶのを立って見ていた。

それからというもの、ほとんど毎日脅かされてゲーセンに付き合わされた。そして、三人は俊一を名前で呼ばず、「貧乏人」と呼ぶようになった。

六月の中旬を過ぎるころには、三人は俊一を学校で「ビンちゃん」と呼ぶようになった。最初は何のことだか分からなかったが、すぐに「貧乏人《びんぼうにん》」の「貧《びん》」だと分かった。三人が頻りに「ビンちゃん」と呼ぶのでほかの生徒からどういう意味か訊かれたりもした。しかし、三人が喋ったのか、間もなくクラスの全員が俊一に対する悪口であることを知った。でも、三人に悪口をやめさせる者はいなかった。見て見ぬふりをし、中には仲間同士で俊一の話題を持ち出して「ビンちゃん」と言って面白がっている有様だった。

俊一がここまで言ったとき、洋介は口を挟んだ。

「どうして担任の坂下先生にリッチーズの悪口をやめさせるようにすぐに頼まなかったんだい」

俊一は洋介と目を合わせながら言葉を返した。

「お母さんがスーパーで一生懸命働いているのに、家が貧乏だからいじめられてるなんて先生に話すのは、お母さんにすまないと思ったんだ。それに、三人から悪口を言われていると話しても、先生は三人を呼んで『悪口を言うのはやめなさい』と注意するだけだろ。そうなると、リッチーズのことだから、『先生にチクった』と言って、いよいよいじめがひどくなるだけだと思ったんだ」

俊一はそう言ってから、少し間を置いてから話を続けた。

三人に脅されてのゲーセンへのお伴は毎日続き、学校での「ビンちゃん」の悪口も堂々と言われるようになった。家族のために汗水たらして働いている母の仕事を馬鹿にされることに耐えられなくなり、また、これまで友人と思って信頼してきたクラスの仲間たちがいじめを止めもせずに面白がって見ている裏切りに強い怒りを覚え、七月に入ると、母に「体調が悪い」と言って学校を休んだ。

ここまで話し俊一が深い溜息をついたとき、洋介が訊いた。

「お父さんの話だと、生徒の七人に一人が貧困家庭ということだよ。生徒の親でスーパー、コンビニ、飲食店などでアルバイトをしている人はほかにもいるだろ。それなのになぜリッチーズは俊ちゃんだけをいじめたんだい？」

「多分、あの三人にとっては僕が目障りだったんだよ。お母さんから言われて、先生であれ用務員さんであれ、ほかの生徒に対しても礼儀正しく振舞ってるだろ。勉強も、お母さんに心配をかけないように、宿題も忘れたことはないし、復習も予習もしっかりやってる。学校では誰とでも分け隔てなく付き合ってる。でも、学校の外ではほかの子とは遊ばない。友達と親しくなって家に呼ばれたりすると、うちにも呼ばなければならなくなってお母さんに迷惑をかけるからそうしてるんだ。こんな僕は連中には目障りだったんだよ」

「そうかもしれないね。それで、学校を休んでからどうなったの？」

洋介の質問に、俊一は少し間を置いてから口を開いた。

学校を休んで二日ぐらいは、母は体調を気づかうだけで何も訊かなかった。しかし、三日目の夜、母は俊一を前に座らせ、「絶対に秘密を持たないと約束しているでしょ。学校を休んでいるわけを正直に話してください」と言って、瞬きもせずに目を合わせた。俊一はリッチーズによるいじめについて正直に話して聞かせた。母は黙って聞いていたが、俊一の説明が終わると、「分かったわ。学校に行きたくなければ行かなくてもいいのよ。その代わり、家で自分で勉強しなさい。分からないところは、お母さんが教えます」と言って、それ以上は何も言わなかった。そして、翌日からスーパーから夜遅く帰って来てから勉強をみてくれた。

俊一は再び言葉を切ると、空を仰ぐように顔を上げてから洋介の方に顔を向け、「これから先はお母さんから聞いた話なんだけど……」と言って説明を続けた。

それから一週間後、母はスーパーを休んで五年C組担任の坂下繁夫先生と面会した。そして、俊一から聞いたいじめの話を洗いざらい話し、学校は直ちにいじめの実態を調査して、いじめを行っている三人の生徒に対し厳重な処分を行うよう申し入れた。十日以内に学校が適切な対応をしなければ、教育委員会に話を持ち込むと伝えた。

学校はその翌日五年Ｃ組の生徒全員にアンケート調査を行った。調査により、いじめを行っているのは関口孝太ら三人組であることが明白となり、学校は三人を呼んでいじめの経緯を聞き取り調査した。

学校は教員会議を開いて対処策を議論し、まず吉村和則校長が三人の保護者を学校に呼んで事情を説明した。都議会議員の関口孝太の父親は、息子の将来に傷がつくのを心配し、いじめ事件を何とか表ざたにしないように陰で学校に圧力をかけてきた。そのため吉村校長は、学校を抜きにして何とか三人の保護者と俊一の母だけでの話合いによって解決しようとした。しかし、母はあくまでも学校での問題として、吉村校長の下での解決を強く求めた。

それから十日ぐらい経って、吉村校長、坂下繁夫先生、関口誠治代議士ら三人の父親と俊一の母とが集まって学校の会議室で話し合いが行われた。吉村校長は、教育委員会とも協議した結果として、いじめを行った三人の生徒に対しては校長からの厳重注意、俊一に対しては二学期からＢ組への組替えを行うことで問題を収拾したいと言った。

洋介は、〈こんなにまとまった話ができる俊一は実に頭が良いな〉と感心しながら聞いていた。それと同時に、俊一親子に対する同情心を持って聞いていた。しかし、話が進むに連れて、腹の底が煮えくり返るような激しい怒りが込み上げてきた。俊一がいったん言葉を切ったとき言葉を発しようとしたが、怒りが膨らんで喉に詰まって声となって出てこなかった。すると、俊一は話を続けた。

「お母さんは、校長先生が言ったことを受け入れる条件として三つの条件を出したんだ。一つ目は、今回のいじめ事件につき、学校の調査で分かったいじめの内容をできるだけ詳しく書いた報告書を校長名で作成してお母さんに提出すること。二つ目は、いじめを行った三人が今回のいじめを強く反省し、僕へのいじめのみならず、ほかの生徒へのいじめは今後絶対に行わないという反省文をお母さんと僕当てに自分で書いて提出すること。三つ目は、いじめを行った生徒のそれぞれの親が、今回のいじめ事件に関し謝罪してもう二度といじめを行わないように息子たちを徹底的に教育するということを書いてお母さんに提出することなんだ。校長先生も三人の親もこの条件を受け入れたんだ」

俊一が言葉を切ったとき、洋介の口からは、「俊ちゃんのお母さんは本当に凄く立派な人だね」という言葉が出て来たが、俊一親子に対する同情と、俊一をいじめた生徒たちに対する怒りで、頭がごちゃごちゃになってまとまらず、次の言葉が出てこなかった。すると、俊一が言った。

「洋ちゃんにすべてを話してよかったよ。頭や全身につかえていたものが消えてすっきりしたよ。昨日洋ちゃんとサッカーをしたとき、洋ちゃんは僕にとって生涯をとおして大切にしなければならない親友だと確信したんだ」

洋介が「僕にとっても俊ちゃんは最高の親友だよ」と言葉を戻したとき、俊一が言った。

「今回のいじめにあって、僕は決心したんだ。当分はお母さんに負担をかけるけど、アルバイトができる年になったらアルバイトをして、少しでもお母さんの負担を少なくし、中学を卒業したら高校に進学し、更に、大学に進学し、法科大学院を出て司法試験を受けて弁護士資格を取得するんだ。そして、貧困と社会の不正義に泣かされている人々の味方になって、不正義を行っている者を退治することにしたんだ」

俊一と別れて家に帰り、自分の部屋に入って一人になったとき、俊一が話してくれた内容を思い出そうとした。しかし、全身から湧き出てくる俊一親子への同情といじめを行った連中への怒りに邪魔されて、思考を集中させて俊一の話を整理することができなかった。

夕食のとき、洋介は俊一へのいじめ事件を両親に話そうとしたが、うまく言葉が出てこなかった。

「いじめ防止への取組みは勉強よりも大事だ」

洋介は野球はキャッチボールぐらいはしたが、自らプレーに参加することはなかった。しかし、父親の親友がリトルリーグ（十二歳以下の少年による国際的な少年野球の組織）の監督をしていて、父親に頼まれて、土曜日と日曜日の午前中は、早朝から監督の手伝いをしていた。

今日土曜日も早朝に家を出て監督の手伝いをした。練習が終わり、帰りに監督にラーメンと餃子をご馳走になり、三時過ぎに家に戻って来た。玄関に入り、「ただいま」と言ってリビングに顔を出すと、母が「お帰りなさい」と言った後で、「お父さんから話があるので、着替えたらすぐにリビングに来てね」と言われた。

部屋で着替え、〈お父さんがいるんなら、俊一のことを話そう〉と思いながらリビングに行くと、父と母がテーブルに並んで座っている。何事だと思いながら、緊張気味に両親と向かい合って座ると、すぐに父が口を開いた。

「今日十時ごろ、小林俊一君のお母さんの小林由美子さんが、私たちに話があると言って訪ねて来られたんだ。一学期に俊一君がクラスの生徒三人からひどいいじめを受けて、二学期から洋介のクラスに組替えになったそうだな」

洋介が「うん、そうなんだ。これからは俊ちゃんと毎日遊べるよ」と応えると、父は少し間を置いてから言った。

「昨日、俊一君が洋介に、小林家の家庭の事情を含め、俊一君のいじめ事件に関する一部始終を話して聞かせたそうだね。自分の口からすべての真実を話した方が良いと考えて仕事を休んで話しに来られたんだ。私は初めて小林由美子さんとお会いしたが、女性としても、母親としても、人間としても、実に立派な人だと思った。なぜこんな人が悲しく辛い目にあわなければならなかったのか、社会の不条理、不正義に対し腹が立つのを禁じ得ない」

するとと、母が言った。

「俊一君のお母様は、洋介が俊一君と付き合うことで、洋介に迷惑がかかることを心配していたけど、私もお父さんも、洋介が俊一君のような親友に出会えたことは、洋介にとって最高に幸せなことだと思っているの。また、私たちも、小林由美子さん親子と出会えたことを最高に幸せなことだと思っているの。これからは、両家は家族のように緊密な関係を持ちたいと願っているの」

両親の言葉に、洋介の目には涙が込み上げてきて、零れ落ちる涙を手で拭きながら言った。

「俊ちゃんはお母さんが夜遅く帰って来るんで、いつも一人で食事してるんだ。これからは、俊ちゃんがお母さんと一緒に食事できないときは、うちで一緒に食事をさせて欲しいんだ」

「俊一君が望むならそうしましょ」母は優しく言葉を返した。「息子が一人増えた方が楽しいわね。それと、俊一君のお母さんのお仕事についても、お父さんが色々な会社の人との付合いがあるので、安定した収入が得られるような仕事を探してみると言われているのよ」

洋介が口を開こうとしたとき、父が一瞬早く口を開き、はっきりと言った。

「俊一君のいじめ事件について、洋介は激しい怒りを覚えているだろう。それは、お父さんとて同じだ。しかし、このいじめ事件は、お父さんにとっても、洋介にとっても、非常に重要な二つの問題を提起している。一つは、この事件は大人の大人に対するいじめ事件という側面だ。現在の日本では、十八歳未満の子供の七人に一人が貧困家庭の子供と言われている。特に、ひとり親の家庭では子供の二人に一人が貧しい状況にある。貧困家庭では安定した収入が得られる仕事にも就職できず、日給の安いアルバイトで身を粉にして働いている。これらの貧困家庭に対し、国も地方の行政も抜本的な支援策を打ち出さずに放置しているのが現状なんだ。俊一君のお母さんもスーパーで働き、ぎりぎりの生活を送っている。息子に少しは小遣いをあげたくてもそんな余裕もない。俊一君だって少しは遊ぶお金が欲しくても、家庭の事情が分かっているので我慢しているんだ。俊一君をいじめた同じクラスの生徒の一人の父親は都議会議員の公職にあり、貧困家庭を支援しなければならない立場にある人間だ。そんな人物が自身の身分を利用して学校や教育委員会に圧力をかけて、今回のいじめ事件が表面化しないように画策した。また、ほかの二人の生徒の保護者も人間としてのしつけをせずに子供に裕福な生活をさせ、貧困家庭のことなどはまったく考えない。実に許し難いことだ。だが、これらの大人の世界の問題は、大人が解決しなければならないもので、お父さんが考えなければならない問題なんだ」

父親はここで言葉を切り、コーヒー・カップを取り上げて一口、二口と飲んだ。そして、カップを置くと言葉を継いだ。

「二つ目の問題は、生徒による生徒に対するいじめの側面だ。母親がスーパーでパートとして働いているのを脅しに使って、『貧乏人』『ビンちゃん』と悪口を言っていじめるなんて許されることではない。しかも、最初は学校の外でいじめていたが、やがて、学校でほかの生徒がいる中で悪口を言う。ほかの生徒は悪口を言われていじめられているのを知りながらいじめを止めない。目の前でいじめが行われているのを知りながら黙って見ているのは、いじめに加担しているのと同じことだよ。俊一君はいじめを行っている生徒とそれに加担している生徒のために不登校となったと言える」

父親はここでまたコーヒーを一口飲んでから話を続けた。

「生徒による生徒に対する言葉の暴力によるいじめ。これをどうして防ぐことができなかったのか。この点はむろん学校や先生方が考えなければならない問題だが、同時に、生徒が考えなければならない問題ではないのかね。俊一君に対する三人の生徒によるいじめに対し、ほかの生徒が一団となって立ち向かえば、いじめを防ぐことができたのではないのかね。この前、お父さんは、洋介が二学期に取り組むべき課題として、生徒同士のいじめをどうしたら防ぐことができるのかを考えるように言った。俊一君へのいじめを見れば、この課題がどんなに重要なものであるのか分かるはずだ。いじめ防止への取組みは、学校の授業での勉強よりも大事なことだよ」

父親が口を閉じたとき、母親がまた学校の勉強の話を持ち出すのではないかと思って、洋介は母親に目を向けた。しかし、母親は何も言わなかった。

二　「いじめ退治します」

「いじめ退治します」の旗を掲げての登校

五年B組担任の堀北涼子先生が、月曜日の一時間目の授業で教室に入って来たとき、生徒は席に着かずにガヤガヤ騒いでいた。先生は教壇に立つと、「早く席に戻りなさい」と声を高めて指示した。

全員が席に着いて静まると、先生は「いったい何があったのか、クラス委員長の北川麻美さん、説明してください」と訊いた。

北川麻美は立ち上がると、「今朝、大野洋介君が白い旗を竹竿につけて、校庭にいる生徒の回りを歩き回りました。そして、校舎に入って来て、廊下を歩き回った後で、教室に入って来てみんなに旗を見せました。それで大騒ぎとなりました」と答えた。すると、先生は「その竹竿の旗はどこにあるの？」と訊いた。北川麻美は身体を教室の後ろの方に向けて腕で指し示しながら、「教室の後ろの壁に立て掛けてあります」と答えた。

「大野君、竿と旗を先生のところに持って来なさい」先生はきつい言葉で指示した。

洋介が席を立って、旗を巻きつけてある竹竿を持って先生のところに行くと、先生はすぐに旗を広げ、驚きの表情を浮かべて言った。

「『いじめ退治します』ってどういうことなの？」

「お父さんから『学校での生徒同士のいじめ防止について考えなさい』と言われたんで、いじめを退治するんだ」

「このクラスにいじめがあると言うの？」

「ないです。でも、ほかのクラスではいじめが起きてるよ」

「私のクラスの生徒がこんな旗を持ち歩けば、ほかの先生から、このクラスにもいじめがあると思われます。旗竿は先生が預かります。一時間目の授業が終わったら教員室に来てください」

堀北先生は旗を竿に巻きつけて黒板の横に立て掛けた。そして、振り返ると、「さあ、授業を始めます」と教室に声をかけた。


洋介が教員室に行くと、堀北先生は、旗が巻きつけてある竿を片手で立てて、座ったまま多少きつい言葉使いで言った。

「生徒同士のいじめは先生が処理する問題です。生徒はこんな余計なことをする必要はありません。担任している生徒がしたことは、学校の中でも外でも先生の責任なのです」

「何でもかんでも先生の責任だなんて、先生が可哀想だよ。お父さんが言ってたけど、子供の一番身近にいるのは親なので、いじめたり、いじめられたりの責任は親にも責任があるんだって。親は、『勉強しなさい』とうるさく言うだけで、子供が今何に困っているのか、どんなことをしているのか、まったく知らないんだ。すべて先生任せで、それなのに子供に何か起きたら『先生の責任だ』と言うのは、僕の悪い頭だっておかしいと思うんだ。親は二人で家庭の中だけで自分の子供を見てるんで自分の子供のすべての姿は分からない。先生は、学校の中での限られた時間の中で、何十人もの生徒の学校での行動だけを見てるんで、一人ひとりの生徒の本当の姿は分からない。だから、いじめ防止のためには生徒による活動が必要なんだ」

洋介の言葉に、先生は穏やかな口調で言った。

「大野君の言うことも分かるけど、いじめの問題は先生が処理しなければならない問題になっているの。いじめがあったら、生徒はすぐに先生に報告しなければならないの」

「いじめられている子が先生に報告したら、先生や学校はすぐに大騒ぎするんだ。そうしたらもっといじめがひどくなって、もっとひどい目にあうことになるんだ。生徒同士のいじめは、生徒同士で解決して、いじめている子といじめられている子が仲良くなれば片づくんだ。一学期にC組で起きた小林俊一君へのいじめだって、生徒全員が自由に自分の意見を言い合える仲の良い友達だったら、誰か一人の生徒でも、俊一君が『貧乏人』『ビンちゃん』と悪口を言われていじめられている問題を取り上げれば、生徒同士の話し合いで悪口を言うのを止めることができたはずなんだ。先週A組で起きた小泉景子さんの上履き紛失……」

洋介がここまで言ったとき、掘北先生は洋介の言葉を遮ってきっぱりと言った。

「あの上履き紛失はもう解決しています。単なる生徒によるいたずらで、いじめではありません」

「単なるいたずら？」洋介はすぐに言葉を返した。「僕は違うと思うんだ。小泉景子さんは、ちょっとでも気に障ることを言われると大騒ぎするし、特に、男子生徒が間違って小泉さんの身体に触れただけでも大声で男子生徒に汚い言葉を浴びせるんだ。上履き紛失は、そんな小泉さんに対する復讐だったんじゃないかな？　あんな大騒ぎをしないように仲間の生徒が普段から彼女に注意していたら起こらなかったよ」

洋介の言葉に掘北先生は一瞬困惑の表情を浮かべたが、すぐに洋介と目を合わせて言った。

「いじめの問題は、大野君が思っているほど簡単な問題ではないのよ。こんな旗竿を持ち歩いたら、大野君がいじめられることになるの。それに、学校の中でこんな竹竿を持ち回って、ほかの生徒に怪我をさせたら大変なことになります。担任の先生としてはっきり言っておきます。こんな旗竿の学校への持ち込みは禁止します。もし今度学校に持ち込んだら、大野君のご両親とお話しします。いいですね。先生が預かっておくので、帰りに持って帰りなさい」

上級生からのいじめ

その日の授業が終わり、洋介が教員室に行くと、掘北先生は竹竿を洋介に渡しながら言った。

「大野君は勉強もしないいし、今日みたいにこんな竹竿を学校に持ち込んだりで、本当に困った生徒だけど、いつも男の子らしく堂々と振舞っていて、先生はそんな大野君が好きなの。クラスの全員に人気があり、女子生徒とは付き合っていないようだけど、男子生徒とは誰とでも付き合っているでしょ。大野君がクラスの男子全員をまとめてくれているので、先生はとても助かっているの。これからもよろしくね」

先生の口から出た思わぬ言葉に、洋介はどう返事したものか言葉が出てこなくて、ただ、「分かりました」とだけ応えて、竹竿を持って教員室を出た。

校門を出ると、すぐに巻いてある旗を開いて、竹竿を肩に担いで歩き出した。下校する生徒たちは、小声で何か話しながら洋介に目を向けている。

いったん旗竿を置きに家に帰ろうと歩いていると、突然、三人の上級生の男子生徒に道を塞がれた。目を向けると、下級生や同級の弱い子をいじめていて、また、町の不良仲間ともつながっていると噂されていて、「あの三人組には近づくな」と言われている三人が立っている。

洋介が「何か用ですか?」とぞんざいな口調で訊くと、一番体格のいい男子生徒が凄んだ声を発した。

「何だ、この旗は！　『いじめ退治します』だと！　『退治』とはどういうことなんだ！」

洋介は多少ビビリながら、

「桃から生まれた桃太郎が、悪いことをして人を困らせている鬼を退治したという話を思い出して、僕も弱い者いじめをしている人を退治しようと思って書いたんだ」

すると、左側にいるメガネを掛けた男子生徒が一歩洋介に近寄って脅かすような声を発した。

「何だと。お前は俺たちを鬼ヶ島の悪鬼だと思ってんのか！」

「お兄さんとは今日初めて会って、まだ僕に悪いことをしてないから鬼じゃないよ」と洋介が答えると、右側にいる男子生徒が洋介から強引に旗竿を奪い取り、旗の布をずたずたに破り、竹竿を地面に叩きつけて足で踏みつけて二つに折った。

すると、一番体格のいい男子生徒が洋介の胸倉を掴んで怒鳴るように言った。

「殴られたいのか？　それとも、俺たちのカバン持ちになって、大人しく命令に従うか？」

胸倉を掴んで今にも殴りかかろうとしている姿に恐怖を覚え、洋介は「親から暴力は絶対に振るわないように言われているんだ。お兄さんのカバン持ちになるよ」と絞り出すような声で答えた。

洋介の背中のランドセルに加え、胸の前に一つと両肩に一つずつランドセルを背負わされた。

洋介は、〈いじめ退治がいじめられるなんて世話ないや〉と、彼らの言いなりになっている自分に腹立たしさを覚えながら付いて行った。

しばらく歩いて自販機の前を通りかかったとき、「何か飲み物を買ってこい」と命じられた。洋介が「お金は……」と言う間もなく、「てめえの金で買うんだ！」と怒鳴られ、なけなしの五百円玉をはたいて、ジュースを三本買って渡した。すると、メガネの男子生徒が「おつりも渡せ！」と言って、洋介のポケットに強引に手を入れておつりを奪い取った。

彼らの後について歩いて行くと、ランドセルが次第に重くなって腕がしびれてきて何度もランドセルを落としそうになった。

街中のゲームセンターに立ち寄ったりしていたが、五、六人の仲間と合流すると、「明日も校門の近くで待ってろ！　逃げようなんてケチなことをしたら、見つけ次第ボコボコにしてやるからな！」と脅かされ、ようやく解放された。

家に帰るまでは、何か夢の中での出来事のように感じていたが、家に帰って自分の机に座ると、彼らのいじめに従ったことに対する悔しさが全身に込み上げてきた。今まで他人事と思っていたいじめを現実に受け、母がいじめについて気にしている気持ちが分かるような気がした。

しばらくして気持ちが落ち着いてくると、洋介は頭を集中させて考えた。

〈あの連中のいじめをこのまま放っておけるものか。何かいじめをやめさせる作戦を考えなければな。……まず、名前を調べ、これまでの悪事を調べる必要があるな。それから復讐……そんなことをしたら俺も悪人になってお父さんに叱られる。復讐じゃなくて、もう二度とほかの子へのいじめをさせないようにしなければならない。どうすれば……〉

洋介は考え続けた。夕食のときも考え続け、母から「何かあったの？」と訊かれたが、「別に……」とだけ答え、いじめを受けたことは母には話さなかった。

いじめへの報復をどうするか

翌火曜日、学校へ行くと、洋介はクラスの友達にそれとなく聞き回り、昨日洋介をいじめた上級生の名前を調べた。三人の噂が広まっているせいか、名前はすぐに分かった。いずれも六年生で、体格の大きいのが高田宇一、メガネを掛けているのは前田旬、もう一人が田中哲也である。彼らは五年生のときに同じクラスにいたが、大声を出して授業を妨害したり、ほかの生徒にひどい言葉で悪口を言ったりしていて、ほかの生徒の保護者から学校に抗議が寄せられ、そのため、六年生に進級するときに一人ずつ別のクラスに組替えされたことも分かった。組替えによって彼らによる学校での騒ぎは減少したが、今度は学校の外でいじめを行うようになったとのことである。

二日続けていじめられることはないだろうと思い、その日の授業が終わると、いつもどおり友達と一緒に校門を出た。校門を出て周囲を見渡すと、例の三人の姿は見えなかった。

友達と別れしばらく歩いて振り返ると、例の三人が五十メートルほど離れて付いて来るのが見えた。ほかの生徒がいなくなったところまで来ると、高田らは近づいて来て、「カバンを持て」と命令して、有無を言わせずまたランドセルを背負わされた。

昨日と同じように自販機の前まで来ると、高田が「飲み物を買って来い」と命じた。洋介が「お金を持ってないよ」と言葉を返すと、「ケチな野郎だ。それじゃ、この先にコンビニがある。パンを五、六っ個持ってこい」と命じた。洋介が、「買うお金をください」と言い返すと、田中哲也が薄気味悪い笑みを浮かべて、「黙ってもらってくればいいんだよ」と言った。

「そんなことをしたら泥棒で、店の人に捕まるんだ。警察に知らされ、親が呼び出されるんだ。そうしたら、三人に命じられたと訴えてやるから」

洋介がぞんざいな態度でそう言うと、高田が洋介の胸倉を掴み、辺りに誰もいないのを確認してから、掴んだ胸倉を激しく揺すりながら怒鳴るように言った。

「俺たちを脅す気か！　お前が俺たちの名前を出して警察が来ても、『俺たちが命じたって？　そもそもこんなガキは知らない』と言えば、黙って帰って行くんだ。さあ、さっさとコンビニからパンを持ってこい！　それとも、ボコボコにされたいか！」

胸倉を強く締め付けられ、洋介は絞り出すような声で、「コンビニに行くから……」と応えた。

高田に背後から首根っこを掴まれ、コンビニに向かった。コンビニの近くまで来たとき、「俺たちのランドセルはそこに置いて行け」と命じられた。そして、首を掴まれたままコンビニの入口の近くまで連れて行かれ、「行ってこい！」と言って、背中のランドセルを激しく前に押された。

そのとき、二人の中年の男女が自動ドアから出て来た。洋介は咄嗟に、「ワーッ！」と大声をあげ、その場から全力疾走で駆け出した。

息も切れ、脚も絡みつき、もうこれ以上走れないところまで来たとき、一瞬振り向くと、三人の姿は見えなかった。

家に帰り自分の机に座ったとき、二日も続けていじめを行った三人に対し、全身が震え出すような激しい怒りを覚えた。頭は冴え、彼らに対しどう報復するかを考え始めた。

〈昨日は俺が受けたいじめをほかの生徒が受けないように、どうしたらいじめをやめさせることができるかを考えていた。だが、そんな甘っちょろい考えでは駄目だ。あの連中を学校から追い出してやらなきゃ気がすまない。どうすれば……そうだ、三人の名前を出して、俺が受けたいじめを書いたビラを作って、学校でばら撒いてやるんだ。俺にコンビニでの万引きを命じたことがバレたら、学校だっ

て厳しく処分するはずだ。〉
　洋介は怒りに駆られるままに、二日にわたるいじめの内容を書き始めた。しかし、これまで長い文章を書いたことがなく、頭で考えていることを文章として書くことができない。読み返すこともなくひたすら書き続けていると、頭が混乱してきて何を書いているのか分からなくなってきた。
　夕食のとき、母から「昨日も今日も学校から帰って来てすぐに机に向かっているけど、ようやく勉強する気になったの？」と訊かれ、「面白い漫画を読んでいるんだ」と答えた。
　食後も混乱した頭で文章を書き続けたが、コンビニでの万引きを命じられたところまでは書くことができず、明日続きを書こうと思ってベッドに入った。ベッドに入って目を瞑ったとき、急に、〈いじめの件を親に話さなくてもいいのか？〉との思いが頭に浮かび出てきた。両親には決して隠し事はしないと約束しており、こんな大事なことを話さないのは親への裏切りのように思えた。考えた末、母親に話すとすぐに感情的になるので、明日の夜でも父親が帰って来たときに話すことにした。

憧れの女子生徒に守られての下校

　昨日のこともあり、〈いつもの通学路を通ると三人に待ち伏せされているかもしれない〉と思い、いつもより家を早く出て、遠回りをして学校の裏門から入って教室に行った。教室には既に半数以上の生徒が来ていて、お互いにお喋りをしていた。

　席に着こうとすると、北川麻美が「ちょっと廊下に来て。話したいことがあるの」と声をかけてきた。北川麻美は洋介の返事も待たずに教室の出口に向かった。

北川麻美は抜群に頭が良く、成績は常に学年トップで、同級生の女子のみならず、男子からも憧れのカワイイ生徒である。いつも笑顔を絶やさずに誰とでも仲良く付き合う人気者である。洋介も憧れていたが、勉強はいっさいせずにいつも先生に叱られている洋介には彼女はまったく関心がないだろうと思って、これまで一度も声をかけたこともなく、声をかけられたこともなかった。

北川麻美に初めて声をかけられ、〈自分では気づかなかったけど、北川さんに何か悪いことをして怒られるかもしれない〉と思うと、洋介は脚が絡みつくのを覚えた。

廊下に出ると、北川麻美は周囲を見回してから声を落として、「給食を食べ終わったら、体育館の裏の女子バトミッドン部の部室に来て。鍵を開けて待っているから」と一方的に言って、教室に戻って行った。

授業が始まっても、北川麻美のことが気になり、先生の言葉はまったく頭に入ってこない。

午前の授業が終わり、給食を食べ終わって北川麻美の席に目を向けると、もう席にはいない。〈必ず怒られるんだ〉と、全身に震えが起こるのを覚えながら部室に行くと、ドアが開いて、北川麻美に「早く入って」と言われ、手を引っ張られて中に入った。北川麻美はドアから頭だけを出して左右を確認すると、ドアを閉めた。そして、すぐに洋介に話しかけてきた。

「大野君はみんなが噂しているあの三人の六年生の不良にいじめられているんでしょ？　昨日、大野君が三人にランドセルを持たされているのを見たの。『いじめ退治します』なんて旗を持ち歩くんで、三人に目をつけられたのよ」

北川麻美にあんなカッコ悪い姿を見られたかと思うと、洋介は恥ずかしくてすぐにでも逃げ出したい気持ちに駆られた。しかし、北川麻美に「詳しく説明して」とはっきりと言われ、洋介は魔法にかけられたかのように、二日間のいじめの様子を話して聞かせた。しかし、コンビニでの万引きを命じられたことについては触れなかった。

洋介の説明が終わったとき、北川麻美は「それで、大野君は三人のいじめにこれからも黙って従っているの？」と訊いた。洋介は彼らに対する怒りが全身に込み上げてきて、「今、どうしたらいじめをやめさせることができるか考えてるんだ。一つ考えがあるんで、今日家に帰ってから準備しようと思ってるんだ」と答えた。

「分かったわ。私にも手伝わせて。学校が終わったら、校舎の入口で待ってて。それでは、教室に別々に戻りましょ」

午後の授業が始まると、洋介は何度となく北川麻美の方に目を向けていた。

北川麻美は授業の休み時間になると、何人かの女子生徒に話しかけ、二人の女子生徒には「絶対にお願よ」と念を押していた。次の休み時間では、すぐに教室から飛び出して行き、授業開始ぎりぎりに戻って来た。

洋介は、北川麻美が洋介への上級生によるいじめを話し回っているのではないかと思った。女子生徒はお喋りなので、いじめのことが学校中に広まって、洋介が行動に移す前に、先生や親を巻き込んで大騒ぎになると思うと、北川麻美に話したことを後悔する気持ちが湧き出てきた。それと同時に、〈北川麻美もほかのお喋りな女子生徒と同じなんだ〉と思うと、がっかりするような気持ちも覚えた。

北川麻美と二人で会っているのをほかの生徒に見られ、変なことを言われるのが嫌だったので、洋介は授業が終わると、全員が教室からいなくなるのを待って校舎の出口に向かった。すると、同学年のほかのクラスの女子生徒も含め、五人ぐらいの女子が出口のところで北川麻美を囲んで話をしている。洋介が何か気まずい思いに駆られながら女子の集団のところに向かうと、北川麻美が洋介に近づいてきて、声を落として言った。

「今日も学校の外で三人が待ち伏せているかもしれないでしょ。だから、友達に頼んで大野君を守ることにしたの。六人の女の子に囲まれて歩いていれば手を出せないでしょ」

「男としてだらしない……」洋介は呟くように言った。

北川麻美は洋介の言葉には反応せず、五人のところに戻ると、「では、大野君を全員で囲んで出発しましょう」と声をかけて歩き出した。

歩道を塞ぐようにして女子生徒に囲まれて歩き、学校からかなり離れたところまで来たとき、前方に高田らの姿が見えた。北川麻美もそれに気づいたのか、「みんな、いい。このまま進むのよ。私たちの誰か一人にでも手を触れたら、全員でいっせいに悲鳴をあげるのよ」と指示し、自分が先頭に立って歩いて行った。

集団が彼らの横まで来たとき、高田らは歩道の端に寄って道を空けた。しかし、前を通り過ぎようとしたとき、高田が「おい、大野洋介。お前に用があるんだ！」と怒鳴るように声をかけてきた。しかし、集団はそれを無視して歩み続けた。

しばらく歩いて洋介が後ろを振り向くと、高田らの姿は見えなかった。洋介が「もういなくなったから大丈夫だよ」と言うと、北川麻美が「まだ安心するのは早いわ。先回りして待っているかもしれないわ」と強い口調で言葉を返してきた。

洋介が使っている通学路とは違う道を歩いているとき、北川麻美が止まって振り向き、「ここでいいわ。みなさん、本当にありがとう。いざと言うときは、友達が一番頼りになるわ。頼りになる友達を持って本当に幸せ」と言って、全員に頭を下げた。

北川麻美の友達が全員帰り、二人だけになったとき、洋介が「彼女たちに僕がいじめられていることを話したの？」と訊いた。すると北川麻美は「『大野君に用事があって一緒に帰るけど、上級生に私にとやかく言い寄ってきている三人組がいて、帰りにちょっかいを出すかもしれないので、一緒に帰って』と言ってお願いしたの」と笑顔で言った。そして、「ここが私の家なの。大野君の家の近くで三人が待ち伏せしているといけないから、しばらく時間を潰していって」と言葉を継いだ。

見ると、洋介の家の三倍以上も大きい洋風の建物が建っている。洋介が気後れしたような感じで家を見上げていると、北川麻美は洋介の手を取り、「さあ、どうぞ」と言って玄関に向かった。

女子生徒からのお説教

北川麻美がドアの横の呼出ボタンを押すと、しばらくしてドアが開き、年配の女性が「お帰りなさい」と言って、二人を中に入れてドアを閉めた。広い玄関に上がると、北川麻美が「ママ、いる？」と言うと、年配の女性が「書斎におられます」と答えた。すると彼女は「ママに、『ただいま』を言ってくるから待ってて」と言って、玄関から真っ直ぐに伸びている長い廊下の奥に入って行き、一番奥のドアをノックして開けて、「ママ、ただいま」と声をかけて中に入って行った。

しばらくすると、背の高い女性と一緒に出て来て、洋介のところに来た。そして、北川麻美が「ママ、同じクラスの大野洋介君よ」と笑顔で紹介した。北川麻美の母親だけあって、実にスタイルのいい美しい女性で、洋介が気後れした感じで挨拶しようとしたとき、母親の方が先に口を開いた。

「麻美ちゃんが男の子を家に連れて来るなんて初めてのことね。大野君。麻美ちゃんと仲良くしてあげてね」

洋介が言葉を返そうとしたとき、麻美が母親に、「これから二人で相談したいことがあるの。ママには後で話すわね」と言って後で、「私の部屋で話しましょ。付いて来て」と言って、玄関の横にある階段を上り始めた。洋介は母親に慌てて、「お邪魔します」と言って後に従った。

麻美の部屋に入ると、洋介の家のリビング・ダイニングと同じぐらいの大きさの部屋である。窓側にパソコンが置かれた大きな机があって、横の台にはプリンターが置かれている。左側の壁には本棚と飾棚、右側にはベッドと四枚戸のクローゼットがある。部屋の中央には小型のテーブルがあって、いかにも女の子好みの可愛いい花柄模様の椅子が二つ置かれている。洋介が部屋を見回していると、麻美が言った。

「学校に着て行く服なんて堅苦しいので、ちょっと着替えるわ。大野君は窓から外を見てて」

洋介は言われるままに窓辺に行き、外に目を向けた。窓の下には結構大きな庭があり、花壇には色とりどりの花が咲いている。洋介が何か不思議な気持ちで庭を見ていると、「もう、いいわよ」との麻美の声がした。振り返ると、Tシャツとショーツに着替えている。学校にいるときよりも何倍もカワイイ姿に思わず見惚れていると、麻美はテーブルの椅子に座って、「大野君も座って」と声をかけてきた。洋介が椅子に座ると、麻美は言った。

「大野君はあの三人のいじめに対して、これからどうするのか正直に聞かせて」

突然訊かれて、洋介の頭はすぐには切り替えができず、頭を集中させながら答えた。

「あの連中に『いじめをやめろ』と言ったって、ボコボコに殴られるだけだよ。だから、色々と考えたんだが、連中のいじめについて書いたビラを作って、学校でみんなにばらまこうと思ってるんだ。とりあえず、僕へのいじめを書いてみたけど……」

洋介はそう言うと、ランドセルの中から四つに畳んだ紙を出し、「僕の文章は下手だから、北川さんには読めないかもしれないけど……」と言いながら、麻美に紙を差し出した。麻美は紙を受け取ると、畳んだ紙を開いて一枚目から読み始めた。

一言も言葉を発せずに、時々首をかしげたり，紙の角度を変えたりして読んでいた。洋介はそんな麻美にじっと目を向けていた。

かなりの時間が経ち、麻美が紙から目を離して言った。

「こんなことを言うと怒るかもしれないけど、この際だから、はっきり言うわ」

麻美は洋介の反応を確かめるかのように目を合わせると、あきれ返ったような顔をして言った。

「大野君は、学校でも勉強しないし、家でも勉強をしないんでしょ。私は話を聞いているから何を書こうとしているのか分かるけど、この文章を他人が読んだら、文章がめちゃくちゃで何が書いてあるのか分からないわ。同じことが何度も書いてあるし、文章と文章のつながりもまったくないし、平仮名ばかりで、たまに出てくる漢字も間違いだらけだし、句読点もなくて、四枚の文章が初めから終わりまで一つの文章になっているんだもの。自分でもおかしいと思わないの？」

洋介は初めて長い文章を書きながら、話しているときには相手に分かるように話せるのに、文章となると、頭で考えていることがまったく書けないことが分かっていた。麻美からケチョンケチョンに言われ、まったくそのとおりで返す言葉もなかった。それと同時に、〈こんな文章を見せたので、せっかく麻美ちゃんと知り合えたのに、これで完全に愛想を尽かされてもう二度と口も利けなくなる〉との思いが胸に突き刺さった。

洋介はしばらくは目を伏せていたが、やがて目を上げると、今の正直な気持ちを打ち明けるように言った。

「初めて文章を書いてみて、少しは勉強しないと、自分の言いたいことも、自分のやりたいことまできないことがはっきりと分かったんだ。こんな文章でビラを配ったらみんなに馬鹿にされるよ。文章も書けない僕がビラを作るなんてとても無理だよね。諦めるよ」

すると、麻美がテーブルの上の洋介の手を握りながらはっきりと言った。

「大野君の書いた文章は私が読めるように直すわ。だから、ビラのことは諦めないで。その代わり、これからは勉強すると約束して。約束を破ったら、もう二度と洋介君とは口を利かないから」

洋介は素直な気持ちで、「約束するよ」と答えた。

麻美は文章が書かれた紙を持って立ち上がると、「これから大野君の文章を全面的に書き直して、いじめの内容について書くわ」と言って、自分の机に向かった。

女子生徒の母親からの大事な話

午後五時を少し過ぎたとき、突然、麻美が「晩ご飯を食べて行ったら？」と言い出した。麻美が母親に頼んで洋介の母に電話してもらい、麻美と母親と三人で夕食を摂った。

北川家では夕食の時間は母親と娘のお喋りの時間らしく、麻美は食事をしながら色々な話題を持ち出していた。麻美が上級生による洋介へのいじめについて話したとき、母親は、食事をしながら、「そうだったの」、「まあ、そんなひどいことを」、「ひどい目にあったわね」などと言葉を返しただけで、いじめそのものについては別に意見は述べなかった。麻美が学校の帰りに五人の友達に頼んで洋介を守って帰って来たことを話すと、「麻美ちゃんらしいことをするわね」と言って笑っていた。

もし、洋介が両親にいじめられたことを話せば、母はすぐに感情的になり、「すぐに先生に報告して、いじめた子の親にきつく注意してもらいます」と言って怒り出すのに、麻美の母親が落ち着いて聞いているのが不思議に思えた。

洋介が受けたいじめについてビラを作って配布することを麻美が話したときも、母親は黙って食事をしながら聞いているだけだった。

食事が終わったとき、母親は洋介と目を合わせながら穏やかな声で訊いた。

「大野君はいじめにあったことをご両親にお話したの？」

いきなりの質問に、洋介は考える間もなく、「まだ話していないんだ」と答えた。

すると、母親は静かな口調で言った。

「親に心配をかけたくないから話さない。これは子供を持つ親にとって一番心配で悲しいことなの。学校でのいじめは、場合によっては、子供の自殺とかの深刻な結果を招く問題で、親としてはわが子がいじめにあったりしないかいつも心配しているの。手遅れになる前に大人の助けが必要な場合が多いのよ。もし両親に打ち明けられないときには、親友の保護者に話してもいいわ。今回の件は、私が聞いたことにして、これ以上いじめが続くようなら必ず私に話すのよ。大野君のご両親とも相談して解決することにします。分かりましたか」

洋介の心にはまだ両親に打ち明けていないことへの反省の念が強く出てきて、「ごめんなさい。これからは必ずすぐに相談すると約束します」と畏まって答えた。と同時に、まだ隠し事をしていることにうしろめたさを感じ、「実は、まだ隠していることが……」と言って、三人の上級生から飲み物を買わされたり、コンビニでの万引きを命じられたときの状況について話した。

洋介が目を伏せて言葉を切ったとき、母親が口を開くよりも早く麻美が怒っているような口調で口を挟んだ。

「私にも話してくれなかったなんて許せないわ。担任の堀北先生なら、必ず、『大野君、そこに立っていなさい』と言うわ」

麻美の言葉に、母親は麻美に向かって強い口調で言った。

「麻美ちゃんもそこに立っていなさい！」

「どうして？　私は何もママに隠しごとなんてしてないわ」麻美は不服そうに言葉を返した。

母親は言葉を改めて、静かな口調で言った。

「麻美ちゃんは、お友達に頼んで大野君を守って帰って来たでしょ。三人の上級生が大野君を奪い返そうとして襲って来るかもしれないって考えなかったの？　暴力を振るわれてお友達が怪我を負わされたらどうするの？　何で先生やママにすぐに連絡して相談しなかったの？」

母親はここで麻美と目を合わせ、少し間を置いてから言った。

「麻美ちゃんが大野君を守ろうとしたこと。麻美ちゃんのお友達がそれに協力したこと。これは素晴らしいことだわ。麻美ちゃんのことだから明日も同じことをするでしょ。明日はママの事務所の警備を行っている警備会社に頼んで、下校時に警備員に守ってもらいます」

二人が目を伏せて黙っていると、母親は穏やかな声で言った。

「学校での生徒同士のいじめは、もうだいぶ前から、全国の小学校、中学校、高校で深刻な問題になっていているの。生徒によるいじめが表面化すると、学校、先生、生徒の保護者、学校の教育に携わっている専門家が出てきて、色々と再発防止のための方法を考えるけど、どれも効果があがらず、未だに学校でのいじめは続いているでしょ」

母親はここでいったん話を切り、少し間を置いてから言った。

「自殺やひどい暴力などのいじめが表面化して、生徒への面接とかアンケートでいじめの実態を調査するけど、ほとんどの場合、生徒はほかの生徒のことには無関心だったり、学校や先生を信頼していないせいか、実際に何が起きたのか、詳しいことは分からないようなの。それに、大人は大人の考え方や自分たちの立場で生徒のいじめを理解しようとするから、生徒にとって重大ないじめでも、『たいしたことはない』『子供が大袈裟に言っているだけだ』と言って、いじめを簡単に解決できる初期段階での生徒の悩みを理解しようとしない点が気になっているの。いつも大問題となって表面化して初めて大騒ぎするでしょ」

母親はここでワイン・グラスを取り上げ、一口飲んでから話を続けた。

「生徒同士が仲良くしていればいじめは起こらないし、たとえ、いじめが起きても、すぐに周りの生徒が気づいて、いじめている子といじめられている子の間に入ってお互いに話し合えば、いじめは深刻な問題になる前に解決できると思うの。ところが、今の生徒は、学校での勉強のほかに、塾での勉強、習い事などに追われて、ほかの生徒の面倒をみるだけの気持ちの余裕がないようなの。自分がいじめを受けたときに誰かに助けてもらいたいと考えて、ほんの少しの時間を割いてほかの生徒の悩みの相談に乗るようにならないと、いじめはいつまでも続くことになるのではないかしら」

報復よりもいじめ防止

母親の話を聞いているとき、洋介の頭に考えが閃き、母親が言葉を切ったときそれを口に出して言った。

「僕が受けたいじめをビラに書いて学校で生徒にばらまこうと思ってたけど、これでは復讐みたいで、どうも気が乗らなかったんだ。今思いついたんだけど、いじめ防止新聞を作って、僕が受けたいじめの例を書いて、『こういういじめがあるから気をつけましょう』と生徒に呼びかける方がいいと思うんだ」

するると、麻美が言った。

「その方が絶対にいいわ。どうもビラ配りには引っかかるものがあったの」

すると、母親が微笑みを浮かべた顔を洋介に向けて言った。

「大野君が自分へのいじめの経験を紹介して、いじめを防止するための新聞を作って生徒に配り、生徒の問題を自分たちで解決しよとする考え方は、とてもいい思いつきだと思うわ。いじめ防止で一番重要なことは、まだ表面化していないいじめをいち早く見つけて、問題が大きくならないうちに、生徒同士でどう解決するかを考えることが大事なの。どうしたらいじめ防止に役立つ新聞にすることができるのか、二人で真剣に考えてみてね。あなた方二人がいじめ防止活動を行うのなら、ママももっといじめ問題について勉強しなければならないわね」

母親が話し終わっても二人が黙って目を向けていると、母親が急に満面に笑みを浮かべて言った。

「麻美ちゃんは小学校に入学してから、女の子とは誰とでも仲良く付き合って家にも友達を連れて来たの。どうも男の子とは誰とも付き合っていないようなので、四年生になったときに、なぜ男の子とは付き合わないのか訊いたの」

母親がここまで言ったとき、麻美が「そんな話をするなんて、恥かしいじゃない」と言葉を挟むと、

「いいじゃない。せっかく洋介君がいるんだから」と言って話を続けた。

「麻美ちゃんが言うには、『一人好きな男の子がいるけど、その子は勉強はしないし、宿題もしないで先生に叱られてばかりいて、男の子とは誰とでも付き合っているけど、女の子にはまったく関心がないし、私にも声をかけてくれない』と言うの。『麻美ちゃんの方から声をかけたら』と言うと、『何度か声をかけようとしたけど、振り向いてもくれない』と言うの。麻美ちゃんの初恋が片想いで可哀想だと心配していたの。今日大野君と会って、その男の子が洋介君だとすぐに分かったわ。これは母親としてのお願いだけど、洋介君、麻美を大事にしてあげてね」

母親の突然の話に、洋介は頭が完全に麻痺して返す言葉を失い、顔や全身に汗が噴き出てきた。

食事が終わると、麻美の部屋で、麻美の母親の意見を踏まえて、新聞の文章をどうまとめるか話し合った。麻美は食事前とは異なり、打ち解けた態度で色々と意見を述べた。洋介の頭は麻痺が続いていて、当初は意見が浮かばなかったが、やがて麻痺が解けて、自分でも不思議に思うくらいに頭が回転して積極的に意見を述べ、九時過ぎには新聞がまとまった。すると、麻美が言った。

「せっかくまとまったので、これから印刷して明日校庭で登校して来る生徒に配りましょうよ。大野君が校庭で配ると例の三人に邪魔されるかもしれないから、これから私の親友のA組の松坂美穂ちゃんとC組の大浦千恵ちゃんに電話して頼んで手伝ってもらって三人で配るようにするわ」

そう言うと、麻美はスマホで二人に電話をかけて話をした。二人との電話が終わると、「二人ともオーケーよ」と言って、すぐにプリンターで印刷を開始した。五十枚印刷し、四年生以上の生徒に四人、五人に一枚の割合で配ることにした。

すべての作業が終わったときには十時半を過ぎており、麻美の母親に家まで車で送ってもらった。

洋介の家の前まで来たとき、母親は車のエンジンを切って洋介に言った。

「今後のこともあるから、せっかくなので大野君のご両親にご挨拶しておくわ」

洋介は一瞬〈親に僕がいじめを受けていることを話そうとしているんだ〉と感じたが、すぐに覚悟を決め、車を降りて洋介が先に玄関のドアを開けて中に入り、家の中に向かって、「お父さん、お母さん、ちょっと玄関に出て来て」と大声で声をかけた。

あまり待たされることなく、「いったい何があったのよ?」と言いながら母親が玄関に出て来た。

すぐに、「用があるんなら、家に入ってから……」と言いながら父親も現れた。しかし、麻美の母親に気づいたのか、途中で言葉を切った。

するとと、麻美の母親が洋介の横に立ち、笑顔を浮かべて口を開いた。

「私は大野洋介君と同じクラスの北川麻美の母親の北川理恵と申します。娘が洋介君にお世話になっております。深夜に失礼とは存じましたが、洋介君を送ってまいりましたので、この機会にご挨拶しておこうと立ち寄らせていただきました」

北川理恵はそう言うと、ポシェットから名刺を出し、洋介の父親に差し出した。父親は、「恐縮です」と言って名刺を受取ると、「ちょっと失礼します」と言って部屋に入って行った。すると、洋介の母親が口を開いた。

「大野久子です。今日は洋介がお宅にお邪魔して夕飯もご馳走になり、ありがとうございました。奥様とは学校での授業参観、保護者会で何度かお顔を拝見しておりますが、私の方こそご挨拶が遅れ、申し訳なく思っております。今後ともよろしくお願いいたします」

すぐに父親が戻って来ると、北川理恵に名刺を差し出しながら、「大野英樹です。息子がお世話になっているようで、よろしくお願いします」と挨拶した。

洋介は大人同士の形式張った挨拶のやり取りを、北川麻美の母親がいついじめの件を持ち出すのか冷や冷やしながら黙って聞いていた。しかし、いじめの件は持ち出さずに帰って行った。母と一緒に麻美の母親を車のところまで送り、玄関に戻って来たとき、〈お母さんから僕と麻美ちゃんの関係をしつっこく訊かれるな〉と感じ、洋介は、「今日は疲れたからすぐに寝たいんだ」と言って、すぐに自分の部屋へと向かった。

三　「いじめ防止新聞」の発行

「いじめ防止新聞」への担任教師の反応

翌木曜日、洋介が登校して教室に入ると、教室では「いじめ防止新聞」を何人かの生徒で読み回しながら騒いでいた。

まだ授業が始まるまでには二十分以上もあるのに、堀北涼子先生が教室に入って来て、「大野君、先生と一緒に来てください」と声をかけてきた。

教員室に連れて行かれ、部屋の片隅にある古びたソファに先生と向かい合って座ると、先生はテーブルの上に「いじめ防止新聞」を広げて口を開いた。

「今朝、北川麻美さんら三人の女子生徒が、登校して来た生徒にこれを配っていました。『大野洋介新聞』と書いてありますが、この新聞は大野君が作ったのですか？」

「僕が作ったんだ」洋介ははっきりと答えた。

「『新聞』と言っても、単なるビラだけど、ここに生徒間のいじめの具体例が書いてあります。先生も、こういういじめがほかの学校であることは聞いています。『こういういじめがあるから注意しましょう』と書いてあるけど、うちの生徒が発行した新聞に書くと、うちの学校で起きていると誤解されます」

「うちの学校にもこんないじめがあるの？」洋介は意識的に驚いたように言葉を返した。

「うちの学校にはこんないじめはありません」先生はきつく言葉を返した。

洋介は昨夜考えておいた説明を先生と顔を合わせて言った。

「今、街中のいたるところに『振り込め詐欺、オレオレ詐欺に注意しましょう』というポスターが貼られているんだ。ミニ・パトカーでもそう放送して回っているでしょ。『振り込め詐欺、オレオレ詐欺』とはなんなのか、お父さんに訊いたんだ。今、日本全国で色々な手口でお年寄りからお金を騙し取る事件がたくさん起きていて、警察などがお年寄りに注意を呼びかけるために、そこら中にポスターを貼っているんだって。お父さんの話だと、今、日本中の小学校や中学校で、生徒同士でのいじめが行われていて、学校や先生がいじめをなくそうと色々と考えてもいっこうにいじめが減らないということなんだ。だから、いじめ防止新聞で、生徒同士のいじめを取り上げてみんなに知らせて、いじめが起きないように注意することにしたんだ」

洋介の説明に、堀北先生は「それもそうだけど……」と言った後で、少し間を置いてから言った。

「生徒が新聞であれビラであれ、学校内で勝手にほかの生徒に配ることは、学校の規則で禁止されています。配るときには学校の許可が必要です」

「それじゃ、今ここで堀北先生が許可してくれれば……」

「そうはいきません。校長先生の許可が必要です。この件では、さっそく校長先生とお話しします」

堀北先生はきっぱりと言った後で、新聞に目を落として言った。

「新聞には、『学校でいじめがあったら、いじめている生徒の名前を新聞で公表します』と書いてあるけど、これは重大な問題です。日本では法律によって、二十歳未満の人は未成年者と言って、未成年者が悪いこととしても、名前は公表してはならないことになっています。先生の担任の生徒がそんなことをしたら、先生の責任だけではなく、校長先生にも責任が及ぶことになるのよ。いじめた生徒の名前を絶対に公表してはならない、この点をはっきりと頭に入れて置いてください」

「そんなこと、知ってるよ。お父さんから聞いたんだ。お父さんは『二十歳未満だとどんなに悪いことをしても名前が公表されないので、それをいいことに悪いことをしている若者がいるので困ったもんだ』と言ってた。僕ら下級生はそんなことは知らないから本当に名前を出すかもしれないと上級生に思わせるために書いただけなんだ」

　洋介が話を切ると、堀北先生は新聞を取り上げ、新聞に目を向けながら言った。

「大野君は勉強をまったくしないでいつも先生を困らせているけど、本当は頭の良い生徒であることは先生も知っています。それにしても、授業の作文では文章が下手なのに、よく新聞では立派な文章が書けたわね。誰かに手伝ってもらったの？」

「北川さんに全部書き直してもらったんだ」

「北川さんと大野君が親しい友達だったなんて、先生は初めて知ったわ」

「北川さんとはこれまで一言も口を利いたことがなかったけど、北川さんの方から声をかけられて二人で新聞を作ったんだ」

「そうすると、北川さんについては、今回新聞を作っただけで、ほかには何も知らないの？」

「成績は常にトップのカワイイ女子生徒で、生徒の憧れの女の子ということぐらいしか知らないよ」

「北川さんのお母様は北川理恵先生と言って世界的にも有名なファッション・デザイナーなのよ。ファッション雑誌で毎月彼女のデザインが取り上げられているし、テレビにもよく出演されていて、先生も北川先生のファッションのファンなの。それに、お仕事で多忙な日々を送っておられるのに、授業参観、保護者会にはいつも必ず出席されて、ほかの保護者とも気さくにお話しされているの。学校教育につき深い造詣《ぞうけい》を持たれていて、積極的に意見を述べられるの。保護者会で色々と意見が出て混乱するときには、全員の意見を集約して取りまとめられるので、学校も先生方も本当に助かっているの」

　掘北先生はここで言葉を切り、多少困惑した表情を浮かべて言葉を継いだ。

「ほかの生徒の保護者の話をするなんて、大野君が相手だと、つい余計なことを話してしまうわ。いじめ防止新聞のことは、北川さんのお母様もご存じなの？」

「昨日、北川さんのお母さんと一緒に食事をしたときに新聞の話をしたんだ。北川さんはお母さんに見せてると思うよ」

　洋介の説明に、掘北先生は、「そうだったの。北川さんのお母様もご存じのことなの」と呟いた。

　そのとき、洋介ははたと思いついて言った。

「さっき先生が言ってた校長先生の許可のことだけど、北川さんのお母さんに頼んで校長先生に話してもらうよ」

新聞配布への両親の反応

昼休みに、麻美から、「今日も家に寄ってね。次の新聞の話をしたいの」と誘われていた。

その日の授業が終わり、校舎の出口に行くと、麻美と昨日送ってもらった五人の女子生徒が待っていた。六人に囲まれるようにして校門を出て歩きながら、洋介は時々後ろを振り返ったり周囲を見回したりして彼らがいないか確認した。しかし、警備員の制服を着た身体の大きな男性が二十メートルほど距離を置いて歩いているだけで、新聞の効果があったのか、高田らの姿は見えなかった。

麻美の家まで来ると、五人の友達はそれぞれ帰って行った。麻美はランドセルから鍵を出して玄関のドアを開けると、洋介を中に招き入れ、ドアをロックした。

玄関を上がると、廊下の奥の方に進んで歩き、リビング・ダイニング・キッチンへと案内された。洋介の家よりも三倍以上の広さである。麻美は「ランドセルをここに置いて」と言って、自分のランドセルをソファに置き、洋介がランドセルを置くのを待ってキッチンに入って行き、しばらくして、ジュースの入った二つのグラスを持って戻って来てテーブルに置いた。

二人がテーブルに向かい合って座ると、麻美はジュースを一口飲んでから言った。

「今日は、お手伝いさんは急用で休みを取っているし、ママはお仕事で帰りが遅くなるの。だから、夕ご飯を一緒に食べてって。ママが大野君の家に電話して、家で食事をして帰ると伝えてあるの。二人分の食事が冷蔵庫に用意されていて、電子レンジで温めるとすぐに食べられるようになっているの。今日は二人でゆっくりとお話ししたいの」

家にいるのは二人だけと聞いて、洋介は何となく気楽な気分になって言った。

「昨夜、北川さんのお母さんに家まで送ってもらっただろ。そのとき、北川さんのお母さんが、僕のお母さんとお父さんに会って挨拶したんだ」

洋介が言葉を切ると、麻美がジュースを一口飲んでから言った。

「昨日、大野君を送って帰って来たとき、ママは、『大野君のご両親にご挨拶ができてよかったわ』と言ってたわ。大野君のお父様は、ママも知っている有名な弁護士事務所の弁護士さんなんですって。それに、『お母様はとっても感じの良い方で、これからは親しくお付き合いしたい』と言っていたわ」

麻美はここでまた一口ジュースを飲んでから言葉を継いだ。

「私は五年生の女子生徒とはクラスに関係なく誰とでも仲良くしているけど、特に、A組の松坂美穂ちゃんとC組の大浦千恵ちゃんとは、何でも相談し合える親友として付き合っているの。家によく遊びに来るし、私も美穂ちゃんと千恵ちゃんの家によく遊びに行くの。ママも二人のお母様とは親しくて、家で一緒に食事をしたり、外で食事をしたりしているのよ。ママは、早い時期に大野君のお母様と、美穂ちゃん、千恵ちゃんのお母様の四人で食事でも摂って、これからは四人で親しくお付き合いしたいと言っていたわ」

麻美の言葉に、洋介は言った。

「お父さんの話だと、お母さんは僕が生まれるまでは年がら年中、友達と付き合っていたそうなんだ。僕が生まれて子育てに時間を取られ、友達と付き合う時間が少なくなったことに不満を持っているんだって。北川さんのお母さんたちと付き合えるようになると、お母さんは喜ぶと思うよ」

「そうだったの。ママに伝えておくわ」

麻美はそう言った後で、急に思い出したように言葉を継いだ。

「大野君は小林俊一君の家の電話番号を知ってる？　実はね、昨日ママが大野君を送って帰って来たとき、ママに、小林俊一君がC組でいじめにあって、二学期からB組に組替えになったことを話したの」

「小林君へのいじめについて、北川さんは詳しく知っているの？」洋介は訊いた。

「詳しくは知らないけど、小林君のお母さんはお父様が亡くなって、生活のためにスーパーでパートとして働いているんですって。生活も苦しく、それをリッチーズが『貧乏人』『ビンちゃん』と悪口を言っていじめたんですって。それで小林君は学校を休むようになって、二学期に組替えになったらしいの。そのことをママに話したら、ママは珍しくカンカンに怒っていたわ。小林君のお母さんとは保護者会で会って、二、三回話したことがあるんですって。自分の意見をはっきりと発言したり、質問したりして、実に頭の良い女性で、服装もきちんとしていて人間として尊敬できる人だと言っていたわ。一度会いたいので、電話番号を調べておくように言われたの」

「そうだったのか。でも、小林君の家には電話がなく、お母さんが携帯を持っているだけだと言ってたよ。携帯の番号なら、僕のお母さんが知っているはずだよ。訊いておくよ」

　麻美は立ち上がると、「今、訊いてみて」と言って、リビングの片隅にある電話のところに連れて行った。洋介が電話を掛けると、三回ぐらい呼び出し音が鳴ってから母が出てきた。母に用件を話していると、麻美がメモ用紙とボールペンを洋介の前に置いた。少し待たされたが、母が言う電話番号を書き取って麻美に渡した。

　麻美は「ありがとう。ママに渡しておくわ」と言って椅子に戻ると、急に大きな瞳をいっぱいに開いて洋介と目を合わせながら言った。

「昨日ママが言っていたとおり、私は大野君のことが好きだったの。勉強もしない大野君をなぜこんなにも好きになるのか、理由が分からないのでママに訊いたの。そうしたら、『男の子を好きになるのに理由はないのよ』と言われたわ」

　麻美の言葉で、洋介の頭は真っ白となり、返す言葉が消えてしまった。すると、麻美が甘えるような声で言った。

「これからは、二人でいるときには、『北川さん』ではなく、『麻美』と呼んで欲しいの。麻美も『大野君』、『洋介君』ではなく、『洋ちゃん』と呼ぶから。いいでしょ」

「それでいいよ」洋介はまだ頭がボーッとした状態で答えた。

　二人の感情が鎮まったとき、麻美が言った。

「いじめ防止新聞のことだけど、第一号を出した以上、第二号、第三号と出し続けなければ意味がないでしょ。実は、A組の松坂美穂ちゃんから相談を受けているんだけど、スマホによるいじめがあるの」

「スマホによるいじめがあると言っても、まったく見当がつかないよ。それに、学校の決まりで、携帯電話、スマホの学校への持ち込みは禁止されているだろ。内緒で持ち込んで使ってるの？」

「学校から帰ってから使っているのよ」

「僕は携帯もスマホも持ってないけど、五年生では持っている子がかなりいるのかい？」

「半分以上は持っていると思うわ。私も持ってるの」

「それで、スマホを使ってどんないじめができるんだい？」

「私もよく分からないので、美穂ちゃんに説明してもらってから、新聞で取り上げるのか決めましょうよ」

　麻美はここまで言うと洋介の手を取って言った。

「今日はせっかくの機会だから、お互いに相手をよく知る機会にしましょうよ。これからは、麻美と洋ちゃんとしてお付き合いするので、お互いにもっと知っておいた方がいいでしょ」

　麻美が口火を切り、お互いに友達関係や学校の外での日常生活や活動について話した。電子レンジで食事を温めて食事しながらも話題は続き、時間はあっと言う間に過ぎ去って行った。

　九時過ぎに麻美の母親が帰って来て、洋介は車で家まで送ってもらった。自宅の前で車を止めたとき、「今日はご挨拶せずにこのまま失礼するわ。ご両親によろしくお伝えしてね」と言って帰って行った。

　家に入り、リビングに行くと、父と母はテレビを観ていた。洋介が「ただいま」と声をかけると、母は待ち兼ねていたように、「そこに座りなさい」と声をかけてきた。洋介が座ると、母は多少怒っているような口調で言った。

「昨日北川さんのお母さんに送ってもらったでしょ。北川理恵と言えば、私でも知っている世界的にも有名なファッション・デザイナーよ。あんな有名なデザイナーのお嬢さんと付き合っているなんて、とても信じられないわ。これはどういうことなの？」

　洋介は母からすれば当然の疑問だと思って、三人の上級生によるいじめにはいっさい触れずに、いじめ防止新聞の件で意気投合して、二人で新聞を作って生徒に配布したことを話した。すると、母は父の方に目を向けながら強い口調で言った。

「いじめ防止新聞なんて、そんなものを出したら、かえっていじめられることになるわ。新聞のために北川理恵さんの大事なお嬢さんに何かあったら、何と言ってお詫びすればいいのよ。あなたからもきつく言ってあげてください」

　すると、父はいつものとおり穏やかな口調で言った。

「いじめ防止新聞を作るなんてことは、勉強ばかりしている生徒には思いつかないものだよ」

「またそんな悠長なことを言って」と母が口を挟んだが、父はそれを気にせず言葉を続けた。

「いじめはどこの学校でも問題になっている。それを何とかするために防止新聞を作るのは、人の役に立つ人間になるということだ。いつも言っているが、勉強はしなくてもいい。人の役に立つ人間になりなさい。お父さんは洋介を応援するよ。それと、洋介が作るいじめ防止新聞を毎号お父さんにも見せてくれたまえ。実に興味があるからね」

新聞第二号は「LINE」によるいじめ

前日日曜日の夜に電話があり、麻美と約束したとおり、学校が終わると、洋介は麻美の家に行った。麻美の部屋に行くと、A組の松坂美穂とC組の大浦千恵がベッドに腰を下ろして麻美と話をしていた。洋介がテーブルの椅子に座ると、麻美が言った。

「大野君は松坂美穂ちゃんと大浦千恵ちゃんを知っているでしょ。いじめ問題はなるべく多くの仲間と一緒に取り組んだ方がいいと思って、新聞配りを手伝ってもらった二人と話をして、これからはいじめ防止新聞を作ることにも加わってもらうことにしたの。大野君も賛成でしょ？」

洋介は、〈これでは麻美ちゃんと二人で過ごす時間を奪われてしまう〉と思ったが、「四人で作った方が良い新聞ができるよ」と答えた。

麻美は、「これからは四人で頑張りましょう」と言った後で、松坂美穂の方を向いて言った。

「A組で『LINE』（無料通信アプリ）を使ってのいじめがあるんですって。私は母から『LINE』は使わないように言われているので、『LINE』を使うとどんないじめができるのか分からないの。まず、美穂ちゃんから説明してもらえないかな？」

松坂美穂が言い出そうとしたとき、洋介が一瞬早く口を開いた。

「クラスのかなりの生徒がスマホを持ってるんだって？　お母さんが携帯を持っていて電話したりメールしたりしてるんで、それぐらいの機能は知っているけど、そもそもスマホってどんなものなんだい？」

麻美は机の上に置いてあるスマホを持って来て、洋介に示しながら言った。

「スマホは以前のガラケーと呼ばれている携帯なんかよりずっと色々な機能を持っているの。電話、メールだけではなく、辞書として使えたり、新聞や雑誌に書かれている記事を調べたり、自分の行きたいレストランを調べることもできるの。テレビや動画も観れるし、色々なゲームで遊べたりして、何にでも利用できて、とっても便利なものなの」

洋介はスマホを手に取り、画面を眺めながら言った。

「歩きながら夢中になって操作しいていて、前から歩いて来る人にも気づかずにぶつかって来るんだ。お父さんが言ってたけど、駅のホームでスマホに夢中になってて、ホームから落ちて入って来た電車に轢かれそうになった人もいるそうだよ。スマホを持ってない僕からすると、ホームから落ちて怪我をしてもまったく同情する気になれないよ」

洋介はスマホの画面から目を上げて、話を続けた。

「電話で約束の時間と場所を打ち合わせるけど、それ以外は、僕は友達とは必ず会って話したり、遊んだりするんだ。直接会って自分の目で見ると、その子がどんな子なのか分かるし、相手も僕のことが分かるだろ。それに、相手がどういう気持ちで言ってるのかも、相手の顔や様子を見れば分かるだろ。だからお互いに相手の気に障ることは言えないよ」

「その点、メールは相手の顔が見えないから、ついつい気に障ることを書く場合があるわね」

麻美が口を挟んだが、洋介は続けて言った。

「『お前は本当に馬鹿だよ』と言われても、相手が目の前にいて様子が分かれば、ふざけて言っているのかすぐに分かるんだ。でも、メールで、『お前は本当に馬鹿だよ』と言われたら、メールを受け取った方が、親友に裏切られたと思ったり、いじめにあってると思ってもしかたがないよ」

洋介が言葉を切ると、麻美が言った。

「でも、ほとんどの人がスマホを持っているので、今更禁止なんてできないでしょ。ところで、『LINE』によるいじめだけど、美穂ちゃん、説明してくれる？　名前を出すと問題になるから、A子さん、B子さんということで説明してね」

松坂美穂は多少緊張気味に話し始めた。

スマホには「LINE」と言って、それを使うと、LINEを使っている相手とタダで連絡してメールで会話できる機能がある。また、LINEで仲間を指定すると、グループの一人が発信するメールは、同時にほかのメンバーにも入る。A組にいる女子生徒で、意地悪でみんなから嫌われているA子が、成績も悪く、内気で友達もできないB子とC子に、「二人とも評判が悪くてシカトされているから、私が守ってあげる」と言って近づき、三人でLINEのグループになった。グループになった途端、A子は急に態度を変え、「私の命令に従わなかったりグループから逃げようとしたら、仲間の不良たちに頼んで二人を徹底的に痛めつけるわよ」と二人を脅した。LINEでのメールは、相手が読むと「既読」と表示されるので、発信者は相手がメールを見たかどうかはすぐに分かる。A子が発信するメールは直ちに読んで返信しなければ、「シカトしたのね。覚悟はできているの」と脅され、二人は四六時中A子からのメールの着信を気にして過ごさなければならなくなった。そのうち、A子からのメールは「二人は悪人だと認めなさい」とか、「万引きをやったことがあると認めなさい」とかの内容となり、二人がそれに反論すると、すぐに、「覚悟はできているの？」と脅かされ、やむなく、それを認めるメールを返信するようになった。すると、「反省のために、これから一時間に一回、十時間にわたり、『お許し下さい』のメールを出しなさい」と命令してきたりしている。LINEのメールを見たくなければ「ブロック」という機能があるが、それも使うことができない。C子はもうこれ以上いじめに耐えられないと言って、内緒で松坂美穂に相談してきた。

松坂美穂が話し終ると、洋介が多少声を荒げて言った。

「僕はLINEのグループによる使用がどういうものか実感を持っては分からない。でも、松坂さんから聞いた話では、いじめをしているA子さんといじめられている二人の生徒が一対一の関係になっているから弱いと思うんだ。A子さんに一対二で対抗すれば、もっと強くなれるはずだよ。それに、松坂さんが仲間を集めて二人に加わってA子さんに対抗すればもっといいよ。『生徒全員は友達で、友達が困っているときには救いの手を差し伸べなければならない。これが生徒同士の友情だ』とお父さんが言ってたんだ。集団で対抗すれば、恐れをなしていじめをやめると思うんだ。A子さんからメールが入ったとき、二人はそれをブロックし、同時に、生徒の仲間が『いじめを直ちにやめなさい』とのメールをA子さんに発信すればいいんだよ」

洋介に続いて、麻美が言った。

「それでは、いじめ防止新聞第二号では、LINEによるいじめの例を紹介することにしましょうよ。美穂ちゃんが話してくれた内容を、美穂ちゃんと千恵ちゃんに書いてもらって、私と大野君は、大野君が言った、生徒の仲間が加わっての集団による解決について書くことにするわ」

美穂と千恵が、「分かったわ」と返事したとき、洋介が急に思い出したように言った。

「もう一つ、大野洋介新聞社なので、僕の自宅の住所を新聞に書いて、生徒のいじめについての意見や情報を寄せてもらうんだ。いじめを受けていても、心配させるから親にも友達にも言えない。先生に言うと大騒ぎになるから先生にも言えない生徒がいると思うんだ。でも、一人で悩んだり苦しんでいると、それが爆発してとんでもないことをするかもしれな。だから僕らが話を聞いてあげて、僕らが解決してあげるんだ。このことも、第二号に書きたいと思ってるんだ」

「それはいい考えだわ。第二号だけではなく、毎回の新聞の記事に加えましょうよ」

麻美は即座にそう答えた後で言った。

「それでは、木曜日までにさっき言った分担で記事を書いて、金曜日に学校が終わった後でここに集まって最終的に新聞を完成させて、月曜日に学校で配布することにしましょう」

打ち合わせが終わって、美穂と千恵が立ち上がって、「それでは金曜日にね」と言ったとき、洋介も立ち上がった。すると、麻美が「大野君には話があるの。もう少し残ってて」と声をかけてきた。麻美は、「玄関まで送るわ」と言って二人と一緒に部屋から出て行った。

いじめを受けた友達の母親の就職

しばらくすると戻って来て、テーブルの椅子に座ると、洋介に笑顔で言った。

「ママから内緒にしておくように言われてるけど、当然に私が洋ちゃんには話すと思っているはずだから話すわ。でも、洋ちゃんの両親には絶対に話さないと約束してね」

麻美のもったいぶった言い方に何事かと思いながら、洋介は「分かったよ。約束するよ」と言葉を返した。すると、麻美が言った。

「ママは何事でもやることがとっても早いの。先週洋ちゃんのお母さんから小林君のお母様の携帯の電話番号を教えてもらったでしょ。ママは翌日携帯に電話を掛けたの。でも、出なかったので留守電を残したの。すると、すぐに小林君のお母様から連絡が入ったの。そこで、ママは用件を話したの」

麻美はここでいったん言葉を切り、少し間を置いてから話を続けた。

「実はね、ママの事務所で小林君のお母様が働くことになったの。もちろん同情じゃなくて、ちゃんと面接試験をした上でのことよ。小林君のお母様は控えめだけどとても気配りのできる人だって、ほかのスタッフも感心していたそうよ。そして、全員一致で、是非来てくださいということになったんですって。現在働いているスーパーを今週中に退職して、来週月曜日からママの事務所で働くことになるらしいいの」

　麻美の話を聞きながら、洋介の全身にはまるで自分のことのように喜びが湧きでてきた。麻美が言葉を切ったとき、洋介は「良かった！」と大声を上げ、勢いよく立ち上がって「万歳！」と叫んで両手を上げた。


　金曜日、学校が終わった後で麻美の家に集まって、四人で「いじめ防止新聞第二号」の作業をした。麻美の家で夕食を摂り、九時過ぎには作業は終わった。

　月曜日の朝、今度は洋介も加わって、四人で登校して来る生徒に配った。

　新聞を配り終って教室に行くと、すぐに小林俊一が近づいて来て、「ちょっと廊下に来てくれ」と笑顔で言って、洋介を廊下に連れ出した。そして、洋介の手を握り締めて言った。

「洋ちゃんに黙っていて悪かったけど、先週お母さんが北川さんのお母さんの北川理恵デザイナー事務所の就職試験を受けて合格したんだ。これまで働いていたスーパーとも退職の話がすんで、今日から正式にデザイナー事務所で社員として働くことになったんだ。大野君の両親のおかげだと言って、近い内に挨拶に行くと言ってたよ。本当に、ありがとう。洋ちゃんはこれまで僕が出会った最高の親友だよ」俊一はそう言うと、手を取ったまま深々と頭を下げた。

　洋介は俊一の握っていた手を離して顔を上げさせ、笑顔で言った。

「僕の両親のおかげなんてことはまったくないよ。俊一君のお母さんの実力で就職できたんだよ。これで安心して暮らせるね。本当によかった」

そう言って、今度は洋介が俊一の手を強く握り締めた。

四　いじめの対応は学校が行うもの？

いじめの防止・処理は教師の責任？

午前の授業が終わり、給食を食べ終わったとき、堀北先生から、「大野君と北川さんは、これから教員室に来てください」と声をかけられた。二人は先生と一緒に教員室に向かった。

教員室に隣接している、先生と生徒の保護者との面談に使われている部屋に二人が入ると、堀北先生はドアを閉めた。先生は二人と向かい合って座ると、今朝生徒に配ったいじめ防止新聞を目の前に置いて言った。

「今日の新聞では、スマホによるいじめの例が書いてあるけど、先生も非常に関心を持っている問題です。暴力とかのいじめは他人から見て分かるけど、スマホによるいじめは外部からは見えないので、非常に困ったものです。いじめられている生徒が申し出ないといじめがあること自体発覚しないし、発覚しても、誰がいじめに加わっているのか特定できない場合がほとんどです」

堀北先生はここまで言うと、新聞を手に取って、困ったような表情を浮かべて言った。

「二人がいじめ問題を取り上げて、いじめ防止新聞第一号を出したときから、先生方の間で、『新聞配りはいちおう校長先生の許可をとっているが、生徒にこんないじめ防止活動を続けさせていいのか』との意見が出ています」

先生がここまで言ったとき、洋介は〈先生は僕らのいじめ防止活動をやめさせようと思ってるんだ〉と思って麻美と顔を合わせた。先生は話を続けた。

「ここ何年にもわたり、生徒のいじめが日本のいたるところの学校で起き、いじめられた生徒が自殺するような事件まで起きて、いじめ防止は学校教育での重要な問題となっています。いじめ問題については、学校、先生方は、法律やお役所が決めたいじめ防止基本方針、その基本方針に基づき学校が定めたいじめ防止基本方針を守って、いじめの防止、処理を行わなければならないのです。はっきり言うと、これらのいじめ防止基本方針では、いじめの防止と発見、いじめへの対処は、すべて学校、先生方が行わなければならないことになっています」

洋介は堀北先生の説明を正確には理解できなかったが、頭に浮かんできた疑問を口に出して言った。

「いじめはすべて大人が取り扱う問題で、生徒は余計なことをするなっていうことなの？」

堀北先生は一瞬目を伏せてから二人に目を向けて言った。

「生徒のいじめ問題への対処については基本的にはそうなっているので、大野君と北川さんが自分たちだけで新聞を作っていじめ防止活動をするのには問題があるということです。近々、教員会議があって、この問題を取り上げることになっています」

掘北先生の話に、洋介は多少腹立たしさを覚え、言葉を返した。

「法律とかお役所の指示とかは、僕たちには分かんないよ。僕たちは、生徒のことは生徒が一番よく知ってるんで、いじめの防止には生徒による防止活動が必要だと思ってるだけなんだ。堀北先生は僕たちの活動をまったく無駄で邪魔な活動だと思ってんの？」

洋介が言葉を切るのを待っていたかのように、麻美が言った。

「私たちが法律に反して活動しているのなら、これは犯罪で、警察に捕まるの？　そんなことになったらお母さんに迷惑をかけるから、今日帰ったらお母さんに堀北先生の話を伝え、本当に私たちが犯罪者なのか調べてもらうわ」

麻美の言葉に、堀北先生は、「そんな大袈裟な問題では……」と呟くように言って目を伏せた。

かなり長い沈黙の後で、堀北先生は二人に目を向けてはっきりと言った。

「大野君や北川さんが生徒同士のいじめ防止に取り組んでいるのを見て、先生も、いじめの早期発見のためには、生徒の力を借りるのが一番いい方法と考えるようになったの。先生としては、大野君や北川さんのいじめ防止活動を積極的に支援したいと考えているの」

堀北先生の言葉に、洋介が言った。

「先生の意見を聞いて安心したよ。教員会議があると言ってたけど、ほかの先生の意見はどうあれ、堀北先生としての意見を堂々と主張してもらいたいんだ。そうすれば、堀北先生をこれまで以上に好きになるよ」

堀北先生を残して部屋を出たとき、麻美が言った。

「今日も新聞第三号の打ち合わせをするでしょ？　ママの帰りが遅くなるので、洋ちゃんの食事も用意してあるの。それと、学校の帰りに洋ちゃんの家に寄って、洋ちゃんのお母様にご挨拶しておきたいの。ママから『一度ご挨拶しておきなさい』と言われているの」

〈僕が付き合っている女の子がこんなにカワイイ子だと知ったら、母が大騒ぎするに違いない〉との思いが洋介の頭に浮び出てきた。しかし、すぐに、こんなカワイイ女の子と友達になったことを母に自慢したい気持ちも湧き出てきて、洋介は言った。

「分かったよ。お母さんは僕が学校から帰る時間にはほとんど家にいるんで、大丈夫だと思うよ」

新聞第三号は「言葉の暴力」と「集団による無視」

学校の帰りに麻美を自宅に案内して玄関に入ると、洋介は「お母さん、ちょっと玄関に出て来て」と家の中に向かって大声で呼びかけた。すぐに母親が出て来て、「用があるのなら、家に入って来てから言いなさい」と、苛立ちのある声で言った。しかし、洋介の横のカワイイ女の子に気づいたのか、すぐに口を閉ざした。洋介は多少照れ臭さを感じ、手で頭を掻きながら言った。

「僕と同じクラスの北川麻美さん。北川さんのお母さんとはもう会ってるけど……」

母親が口を開くよりも早く麻美が言った。

「北川麻美です。大野君には色々とお世話になっています。お母様へのご挨拶が遅れてすいません。よろしくお願いします」

麻美の畏まった挨拶で、母親は恐縮した表情を浮かべて言葉を返した。

「洋介の母です。洋介はまったく勉強もせず困った子ですが、性格は優しくて、身体も頑丈で大きいので、麻美ちゃんを守ってくれると思うわ。よろしくお願いしますね」

これ以上いると母が何を言い出すのか分からないと思い、洋介は「さあ、行こう」と麻美に声をかけ、母に「今夜も麻美ちゃんの家で食事をしてくるから」と言って、玄関の外に出た。玄関の中から、「近々、麻美ちゃんのお宅にご挨拶に伺いますと伝えてくださいね」との母の声が聞こえてきた。

麻美と二人になったとき、麻美から母親のことについて聞かれるかもしれないと思い、洋介は男子仲間との付き合いの話題を持ち出して一方的に話した。麻美は黙って聞いていた。

麻美の家に行き、麻美の部屋に入ったとき、机の椅子に座って洋介の方に身体を向けて言った。

「第三号の新聞で、次にどんないじめの例を出すか考えなければならないわね」

「この前、お父さんとお母さんが、いじめで中学一年生が自殺した話をしてたんだ。数ヶ月も前から、ほかの生徒から『変態』『寝ぐせがひどい』とかの悪口を言われたり、消しゴムのかすをぶつけられたりしていじめられていたそうなんだ。親が担任の先生に会って、いじめをやめさせるように言ったんだって。それで、学校は、いじめに関係していた生徒に反省を促すために、学生集会などを開いて、『いじめはやめよう』と全生徒に話をしたんだ。すると、いじめをしていた生徒は、『いじめを先生にチクった』と言って、またいじめを行ったそうなんだ。お父さんが言っていたけど、生徒の間のいじめで一番多いのは、悪口を言ったり、からかったり、相手の嫌がることを言ったり、ときには脅したりする『言葉によるいじめ』なんだって。お父さんはこれを『言葉の暴力』と言ってたけど、相手を殴ったり蹴飛ばしたりする暴力とまったく同じ暴力だって」

洋介はいったん言葉を切ったが、すぐに続けて言った。

「一学期にC組で小林俊一君が『貧乏人』『ビンちゃん』と悪口を言われて、言葉の暴力で不登校に追い込まれただろ。第三号では、『言葉によるいじめは暴力と同じだ』ということを取り上げようよ」

「そうね、言葉によるいじめについては当然取り上げるべきよね。小林君が受けたいじめに比べればそんなに深刻なものではないけど、言葉によるいじめは、うちのクラスでも既にあるわ。石井良一君は、色白で身体も小さいし、ほかの生徒との付き合いもなく、余り口も利かない凄く大人しい生徒でしょ。だから、隣の席の伊藤友也君はいつも石井君を『白アリ』とか『白ネズミ』と呼んでからかってるの。時々私は『そんな悪口を言うのはやめなさい』と注意するけど、いっこうにやめないの。悪口を言われても石井君は何も言い返さないけど、考えてみると、頭の中では凄くいらいらが募っていて、いつか爆発するかもしれないわね」

「仲の良い友達同士では本気で相手を傷つけるような悪口は言わないし、たまに言われても余り気にならないよ。僕は宿題をやって行かなくて先生によく叱られてるだろ。それでも平気な顔をして何も気にしないから、友達から『お地蔵様』と呼ばれたりするんだ。そんなとき、『お地蔵様は仏様だから、悪口を言うと罰が当たって、歩いているときに屋根から物が落ちてきてひどい目にあうぞ』と言い返してやるんだ」

洋介の言葉に、麻美は声を出して笑いながら言った。

「洋ちゃんが『お地蔵様』とはよく言ったもんね。そのとおりかもしれない。普段は何を言われても平気な顔をしているのに、悪いことは絶対に許さないでしょ。私はそんなお地蔵様の洋ちゃんが大好きよ」

麻美の言葉に、洋介は顔に火照りを感じながら言葉を返した。

「悪口を言って弱い者いじめをしている生徒を見れば必ず注意すべきだろ。それなのに、さっき言った話では、自殺するほどに悪口を言われていたのに、どうしてクラスの仲間が止めようとしなかったんだろう。一人で止めるのが恐かったら、何人かでまとまって止めることができたはずだよ」

「それは、たぶん、いじめを止めようとしていじめている子に文句を言えば、今度は自分がいじめられると思っているからよ。それに、今の学校では、『勉強しなさい』という教育で、家に帰ると、両親が、また、『勉強しなさい』と言って学習塾に行かせるでしょ。勉強で頭がいっぱいで、他人のいじめに関心を持つ余裕なんかないの。自分さよければそれでいいと思っているのよ」

「僕のお母さんは、時々、『少しは勉強しなさい』と言うけれど、お父さんは、『小学生のときは色々と遊びたい、自分の好きなことをやりたい、と思う時期なので、家に閉じ籠《こも》ってブラブラしているのは許さないが、スポーツであれ、友達との付き合いであれ、習い事であれ、自分のしたいことを思い切ってすればいい。子供が遊びたいと思っている時期に、学校でも家庭でも勉強だけを押しつけるのは間違っている』と何度も言ってるよ」

「ママも同じことを言っているわ。『麻美がどうしてもやりたいことがあって、学校へ行く時間がないと言うのなら、それはそれでいいのよ』と言うの。でも、今のところ、学校の勉強に代わるやりたいことが思いつかないので、学校に通っているの。洋ちゃんと一緒にいじめ防止新聞を作るようになって、これまで感じたことがないように毎日が楽しいの」

洋介が言った。

「麻美ちゃんと話をしていて思ったんだけど、みんな、学校は、勉強するところだと思っているけど、もっと大事なことは、学校は、知らない子供同士が友達になるところなんだよ。別々の家で育てられ、食べ物の好き嫌いも違うし、性格も違うし、考え方も違う。何から何まで違う子供が集まって、どうしたら全員が仲の良い友達になって一緒に楽しいことができるかを、子供たちで考え、実行するのが学校というところなんだよ。それなのに、学校は、国語、算数、社会科、理科とか色々な勉強を押しつけて、学校での勉強だけを見て、『この子は優秀だ』『この子は努力が足りない』と言って、子供たちが仲良しになるのを邪魔してるんだ。親の方も、学校から知らせてくる試験の成績だけを見て、『勉強しなさい』と言って、文句を言う。もし、子供が全員仲の良い友達になったら、そもそもいじめなんて起こらないはずだよ。いじめを起こす原因は子供にあるのではなく、『学校は勉強するところ』としか考えない学校や先生や親にあると思うんだ」

洋介は話しながら感情が次第に高まってくるのを感じた。洋介が話を切ると麻美が言った。

「洋ちゃんが言ったことは、正しいと思うわ。全員が仲の良い友達同士だったら、いじめは起こらないでしょうね。でもね、先生が勉強を教えることも、生徒が学校で勉強することも大事なことよ。国語を習って、本を読んだり、文章の書き方を覚えなければ、大人にはなれないでしょ。算数で計算を学ばないと、買い物に行ってお釣りを誤魔化されても分からないでしょ。勉強をする。友達を作る。学校はこの二つのことを教えなければならないのよ」

「麻美ちゃんの言うとおりだよ。でも、勉強のことは先生が一番よく知っているから先生が教えればいいけど、子供たちのことは子供が一番よく知っているんで、先生も子供の言うことにもっと耳を傾けた方がいいと思うんだ」

「ママが言っていたけど、先生方は、先生になるとき、〈自分ならこうして子供たちが楽しく伸び伸びと成長できる教育をするんだ〉と考えていても、いざ学校での教育を始めると、お役所や学校から色々と言われて、自分のしたいと思っていた教育ができず、次第に、決められたことだけをする先生になってしまうんですって。先生も可哀想なのよ。だからこそ、先生のできないことを私たちでやるのよ」

　麻美が言葉を切ると、洋介は言った。

「それでは第三号では、言葉によるいじめを取り上げよう。それと、実は、俊一君がいじめ防止新聞の活動に加わりたいと言ってる。でも、俊一君が活動に加われば、いじめ防止新聞は、俊一君が受けたいじめに対する復讐のために出されたんだと誤解する子も出てくるだろ。彼を加えるのはもう少し待った方がいいと思うんだ。そうは言っても、俊一君は実際にひどいいじめを受け、いじめを受けた生徒の気持ちを実際に知ってるんだ。そこで考えたんだけど、第三号の言葉によるいじめの例については、さっき僕が言った新聞に載っていたいじめにして、言葉によるいじめを受けた生徒が実際にどんなに苦しみ、悩み、精神的に追い詰められて行くかを、俊一君の経験を書いてもらうんだ。俊一君は頭も良くて文章も上手なんで、立派な記事が出来ると思うんだ。でも、俊一君が書いたことは内緒にして、あくまでも僕たちが書いたことにするんだ」

「それはいい考えだわ」麻美がすぐに言葉を返した。「洋ちゃんから小林君に頼んでみて」

麻美が言葉を切ると、洋介が言った。

「それと、お父さんが言ってたけど、クラスのみんなに仲間外れにされたり、誰に話しかけてもそっぽを向かれてシカト（無視）される集団でのいじめもあるんだって。始めは一人、二人でしているけど、それが伝染病みたいにほかの生徒にも広がって行き、ひどいときにはクラスの生徒全員に広がるんだって。だから、これについても書こうよ。僕が書くんで、書き終わったら、また麻美ちゃんがちゃんとした文章に直してくれよ。麻美ちゃんと新聞を作るようになって、まともに文章も書けない自分が恥ずかしくなってきたんだ。麻美ちゃんの言うとおり、学校での勉強も大事だね」

洋介の言葉に、麻美は洋介の腕に手を絡ませながら言った。

「洋ちゃんと私は二人で一人なの。洋ちゃんがいないと私は新聞を作れないし、私がいないと洋ちゃんは新聞を書けない。とっても素敵な関係ね。それでは、洋ちゃんが小林君に頼んで『言葉の暴力』について書いてもらって。私と洋ちゃんは『集団による無視』のいじめについて書きましょう。今週の木曜日までに記事を書いて、金曜日にここに集まって最終的に第三号を完成することでみんなに連絡しておくわ。金曜日には小林君も参加できるように洋ちゃんから頼んでおいてね」

そのとき洋介は急に真剣な表情を浮かべて、考えながら言った。

「僕らのいじめ防止活動について、教員会議を開いて議論すると言ってたろ。新聞第三号は今週中に用意しておくとして、生徒へ配るのは教員会議での結論が出てからにしようよ。結論が出る前に配ると、掘北先生が苦しい立場に立たされるかもしれないからね」

洋介の話に、麻美はしばらく考えてから言葉を返した。

「ママにも迷惑をかけるかもしれないから、そうした方がいいかもしれないわね」

今の自分を思い切って楽しむ

お手伝いさんの「食事の用意が出来ました」との声で、麻美と洋介はリビング・ダイニングに行き、テーブルに向かい合って座った。

食事を始めると、二人はどちらからとなく家族についての話題を持ち出した。

麻美の話を聞きながら、〈麻美ちゃんのお父さんはどんな人なんだろう〉と思っていると、麻美が父親のことについて話し始めた。

麻美の父は、世界中で色々な製品を取り扱っている大手の貿易商社に勤めていて、今はロンドンにいる。ロンドンのアパートに住んでいるが、いつも色々な国に出張していて、ほとんどロンドンにはいない。母にはファッション・デザイナーとしての日本での仕事があるので、父とは別れて生活している。しかし、麻美が中学生以上になり、父が出張もほとんどなく一か所に留まって仕事をするようになれば、麻美だけでも父のところに行き、海外の学校に入学して勉強することになっている。

麻美が小学校を卒業した後で海外に行くと聞いて、洋介は食事の手を止めて言った。

「麻美ちゃんがいなくなると、僕は寂しくなるよ。麻美ちゃんと一緒に過ごすようになってまだ二週間ぐらいしか経ってないけど、ずっと前から一緒にいるような気がするんだ」

「私もそうよ。だから、私が海外に行くときには、洋ちゃんも一緒に行きましょうよ」

「そうしたいけど、海外で勉強するには凄くお金がかかるし……それよりも、麻美ちゃんは大人になったら、どんな仕事をしたいの？」

「今は大人になったら何をするかを考えないことにしているの。お友達の中には、将来何になるかを決めていて、そのためには、どこの中学、どこの高校、どこの大学に入り、どんな成績を取らなければならない、と言っている子もいるわ。でも、そんなことを考えたら、今の自分を思い切って楽しむことができないでしょ。洋ちゃんと一緒に新聞を作るときに、『これは自分の将来の夢とはまったく関係がないから時間の無駄だ』なんて考えるのは嫌でしょ。友達との付き合いでも、『この子との付き合いは将来役に立つけど、あの子との付き合いは何の役にも立たない』なんて考えるなんて、絶対に嫌なの。『みんなと友達になりたい。それにはどうしたらいいか』を考えて過ごしていた方が毎日が楽しいでしょ」

「僕はお母さんから、『勉強しないと、将来仕事をするときに良い会社には入れませんよ』と時々言われるけど、将来のことは何にも考えてないんだ。将来はなるようになると思って、毎日を楽しんでいるんだ。アリとキリギリスの話を知ってるだろ。お母さんは、『うちでは親はアリで、洋介はキリギリスだから、そのうち、玄関にカギを掛けて、キリギリスが食べ物を貰いに来ても鍵を開けないからね』と脅かすんだ。そんなとき、お父さんが、『今、思い切って遊んで身体を丈夫にしておけば、アリに食糧を貰わなくても冬を越せるよ』と言って笑ってるんだ」

洋介の言葉に、麻美は声を出して笑いながら言った。

「洋ちゃんはキリギリスなの？　安心して。冬になったら、私の部屋で飼って餌をあげるわ」

麻美の言葉に、洋介は突然立ち上がって声を張り上げて言った。

「一大ニュースです。北川麻美が大野洋介を魔法に掛けて、キリギリスにして部屋に飼うそうです！」

すると、麻美は立ち上がって「洋ちゃんってひどいわ。本当にひどいわ」と声を上げた。洋介ははっとして立ち上がって「ごめん。悪い冗談を言ってごめん」と言いながら麻美の手を握り締めた。

未成年者の犯罪の法的措置

今日は一人で歩いて帰るので、八時過ぎに麻美の家を出た。歩きながら、〈家に帰ったら、今日掘北先生が言っていたことをお父さんに相談しよう〉と思った。

玄関のドアを開けて家の中に入ると、「ただいま」と言ってリビングに向かった。母親はテレビを観ていて、画面に目を向けたまま、「お帰りなさい」と声をかけてきた。洋介が「お父さんはもう帰ってるの？」と訊くと、相変わらず画面に目を向けたまま、「書斎でお仕事をしているわよ」と答えた。

洋介が父の書斎のドアをノックして開けて、いきなり、「お父さんに訊きたいことがあるんだ」と声をかけると、父親は机から振り向き、「洋介か。何の用だい？」と言って立ち上がり、小型のコーヒー・テーブルを挟んで両側に置かれているソファのところに行き、「座って話を聞こう」と言って腰を下ろした。洋介は父と向かい合ってソファに座ると、すぐに口を開いた。

今日担任の掘北先生に言われたことを話して聞かせた上で、洋介は言った。

「僕らのいじめ防止新聞が法律やお役所の指示に反していて犯罪として警察に捕まったらお母さんに迷惑をかけると麻美ちゃんが心配してるんだ。お父さんは弁護士だろ。僕らは犯罪者なのか、はっきり訊きたいんだ。それと、もういじめ防止新聞は作れなくなるのか知りたいんだ」

父親は黙って聞いていたが、洋介が言葉を切るのを待って口を開いた。

「まず、麻美ちゃんの心配だが、たとえ君たちの活動が法律に反していたとしても、せいぜい学校や担任の先生からの生徒や保護者への口頭による注意だけで、犯罪として警察が関係することは絶対にないので安心しても大丈夫だよ。それと、生徒によるいじめ防止のための自主的活動だが、学校でのいじめ事案ではなかったが、一年ほど前にお父さんが処理した事件に関連して、学校での生徒同士のいじめ対策の基本方針を定めた法律に目をとおしたことがある。この法律で、生徒の自主的活動についてどう定められていたかまでは覚えていないので、今週中に時間を見て調べておこう。お父さんも洋介の活動の役に立たなければな」

「お父さんが言ったことを麻美ちゃんに伝えておくよ。確認しておくけど、学校で生徒のいじめがあって、学校や先生が処理するいじめは犯罪ではなくて、警察が出て来て処理するいじめだけが犯罪なの？」

父親は、「それはなかなかいい質問だな」と言って説明した。

いじめで相手に殴る、蹴るなどの暴力を加えれば暴行罪。いじめで相手に傷を負わせれば傷害罪。いじめで相手に危害を加えるような言葉や行為を示して脅かせば脅迫罪。いじめで相手が嫌がるのに無理に金や物を要求すれば恐喝罪。いじめで相手についてあることないことを他人に言いふらして相手の評判を傷つければ名誉棄損罪や侮辱罪等々と、いじめの内容、程度によって種々の犯罪行為になる。しかし、二十歳未満の者は、少年法により「少年」とされ、少年が犯罪行為を行った場合には、将来ある若者の更生、保護を考慮して二十歳以上の成人とは異なる法的手続きにより措置を決定することになっている。

十四歳以上で犯罪行為を行った少年は、これを「犯罪少年」として、少年の保護事件などを取り扱う家庭裁判所ですべて調査し、「保護観察」「少年院送致《そうち》」などの措置を決めることになっている。ただし、十六歳以上で殺人などの凶悪事件については、家庭裁判所の決定で、成人と同じ裁判手続きにより処分を行うことになっている。

また、十四歳未満で犯罪行為を行った少年は「触法《しょくほう》少年」として取り扱われ、児童福祉法による保護がなされる。「触法少年」は原則として刑事責任を問われず、児童相談所に通告される。ただし、おおむね十二歳以上の触法少年で悪質な者については、家庭裁判所の手続きにより少年院送致などの措置がとられる場合がある。

なお、二〇一六年に公職選挙法が改正され、選挙権年齢が「二十歳以上」から「十八歳以上」に引き下げられた。また、契約などの法律行為を自分の意思で行うことができる民法に定める「成人年齢」も二〇一八年に「二十歳以上」から「十八歳以上」に改正された。これらを受けて、少年法に定める「少年」を二十歳未満から十八歳未満に引き下げる方向で改正作業が進められている。しかし、少年法の適用年齢が十八歳未満になると、十八、十九歳は成人と同じ扱いとなり、厚生のための教育を受ける機会を持つことができなくなる。そこで、若者への新たな厚生のための手立てが必要となり、新たな処遇制度につき法務省で検討中である。

父の書斎から自分の部屋に行くと、洋介はすぐに机に座り、『仲間外れによるいじめ』、『集団での無視によるいじめ』についての文章を書き始めた。普段人と話をしているときには相手に意味が分かるように話せるのに、文章に書くとなると、頭が混乱して筋の通った文章を書くことができない。いらいらしながらいちおう文章を書き上げたが、声に出して読み返すと、自分でも意味が分からない文章となっている。何度も書き直したが、結局うまく書けず、続きは明日にすることにした。

ベッドに入ったときには二時を過ぎていた。ベッドで目を閉じたとき、急に、今日の掘北先生の話が頭に浮かび出てきた。掘北先生が言っていたことを思い出していると、次第に腹立たしさが込み上げてきて、頭は怒鳴り声を発していた。

〈学校も先生も、本当に真剣に生徒同士のいじめを防止したいと考えているのか？　いじめを完全に防止したいと思っているなら、もっと色々と防止する方法を考えるべきなんだ。防止新聞だって、法律やお役所の指示に反していると考える前に、いじめ防止に役立つものかどうかを考えるべきなんだ。掘北先生は個人的には、いじめ防止新聞はいじめ防止に役立つと考えている。ほかの先生の中にも、いじめ防止のために必要だと考えている先生もいるはずだ。生徒によるいじめ防止活動がいじめ防止に少しでも役立つものなら、生徒による防止活動を妨害している法律やお役所の指示を改めるべきなんだ。いじめ防止よりも法律やお役所の指示ばかり気にしている学校や先生のために、いじめはいつになってもなくならないんだ。生徒のいじめにより学校や先生が責任をとらされることになっても、まったく同情する気になれない〉

クラスでのいじめの解決

寝つきが悪く、あまりよくは眠れなかったが、火曜日の朝、いつものとおり目覚ましの音で目を覚ました。

学校に行き教室に入ったとき、石井良一が既に自分の机に座っていた。「お早う」と声をかけたとき、昨日麻美が言っていた、「白アリ」とか「白ネズミ」と言われていじめられていることを思い出した。

洋介の机は石井良一と同じ列の一番後ろの席で、まず、自分の机に行き、ランドセルから一時間目の教科書とノートを出した。「お早う」との大声に目を上げると、教室の入口から伊藤友也が入って来て石井良一の方に向かっている。伊藤友也は石井良一の隣の自分の机に来ると、「白アリ、元気かい」と声をかけた。そして、更に、「白アリは床下にいるもんで、教室にいて大丈夫かい」と笑いながら言った。その声に、洋介はすぐに友也のところに駆け寄り、明るく声をかけた。

「石井君は色白なんで、伊藤君は石井君を『白アリ』と呼んでいるのかい？　石井君が白アリなら、伊藤君は色が黒いから『黒アリ』だね。僕も日に焼けて色が黒いから『黒アリ』だけど、伊藤君より身体が大きいから、僕は『デカ黒アリ』、伊藤君は『チビ黒アリ』というところだね。面白いね。これからは、伊藤君を『チビ黒アリ』と呼ぶから、僕のことを『デカ黒アリ』と呼んでくれよ」

洋介の言葉に、友也は「俺はアリじゃない！」と強く言い返してきた。洋介は「それでは、昼休みに、デカ黒アリとチビ黒アリで、校庭に穴でも掘って遊ぼうよ」と言って、席に戻った。

二時間目の授業が終わったとき、洋介はふと思い、教科書を片づけずに良一と友也のところに行き、声をかけた。

「これからアリ同士三人で、腕相撲をしようじゃないか」

洋介の呼びかけに、友也は顔を上げて、むっとした表情で言い返した。

「大野君は身体も大きく腕も太いから、大野君が勝つに決まってるじゃないか」

「だから、こうしよう」洋介はすぐ言葉を返した。「石井君とするときには、石井君は両腕を使っていいよ。伊藤君のときは、そうだな、半分ぐらい押さえ込まれたところから始めよう」

洋介はそう言うと、良一の机の前の椅子に跨るように座って、良一の机に右肘を立てた。すると、良一は無言のまま両腕の肘を着いて、洋介の手を両掌で包み込むようにして構えた。洋介が「それじゃ、伊藤君が開始の合図をしてくれ」と言うと、友也は立ち上がり、「僕が一、二、三と数えるから、三で開始だ」と言って、洋介と良一の握り合った手に手をかけた。

友也の合図で腕相撲が始まった。良一の腕の力は予想外に強く、洋介は歯を食い縛って耐えていたが、たちまち机に押し倒された。洋介は「僕の負けだ。石井君は意外と腕力が強いんだね」と言って、今度は友也の前の椅子に跨って座り、友也の机の上に右肘を立てた。すぐに、友也は肘を着いて手を組んできた。洋介は半分ほど押し倒された形にして、「石井君、合図をしてくれ」と声をかけた。

良一の合図で腕相撲が開始された。友也は全身の力を込めていっきに押し倒そうとした。あと二センチほどで倒されそうになったが、洋介は歯を食い縛ってそれに耐え、全身の力を腕に集中して態勢を立て直し、何とか真ん中まで腕の位置を戻した。そして、ゆっくりと友也の腕を倒して行き、最後にいっきに力を込めて机に倒した。

洋介は握っている手を放して言った。

「伊藤君もたいしたもんだね。それでは、最後に、伊藤君と石井君の対決だね。どうする。石井君は両腕を使って……」

そのとき、良一が「右腕同士の対戦でいいよ」と言った。そして、席から立ち上がると、洋介と入れ替わって、友也と向かい合って座ると、右肘を立てて構えた。

洋介の合図で腕相撲が始まった。良一は友也に一歩も引けを取らず、両者互角の状態が続いたが、やがて、良一が「行くぞ！」と大声を上げて、友也の腕をいっきに机に倒した。

負けた友也が呆気にとられたような表情で良一と目を合わせたとき、良一は「僕は身体が小さくて腕も細いから、毎日腕立て伏せを朝百回、寝る前に百回やって鍛えているんだ」と誇らしげに言った。


午前の授業が終わり、洋介が給食を食べ終わったとき、「大野君に話があるんだ」と突然声をかけられた。顔を上げると、同じクラスの松井謙太と柿沢利明が立っている。

洋介が二人の後について校庭の片隅に行くと、謙太が口を開いた。

「五年生の間で、北川麻美さんのファン・クラブがあるのは知っているだろ。北川さんを巡って喧嘩やいさかいを起こさないように、みんなで話し合って、北川さんを一人占めにしないことにしたんだ。大野君にも声をかけたが、北川さんには関心がないと言って断ったよね」

謙太の話で、洋介は〈最近麻美ちゃんと付き合っているのでファン・クラブが怒ってるんだ〉と直感したが、とりあえず、あっさりと言葉を返した。

「僕は北川さんとは、今でも特別な関係はないよ」

洋介の言葉に、利明が洋介と向かい合って強い口調で言った。

「関心がないと言いながら、ここんところ北川さんと一緒に帰って、二人で何かしているじゃないか。

大野君が北川さんを一人占めにしているって、みんな怒ってるんだ」

「ああ、そのことか」洋介は意識的に明るい声で応えた。「いじめ防止新聞を作るのを手伝ってもらっているんだ。この前、『いじめ退治します』という旗竿を持って来たとき、北川さんから声をかけられ、いじめ防止新聞を作りたいと話したら、『手伝ってあげる』と言ってくれたんだ。僕は文章が下手だから本当に助かっているんだ」

洋介はここまで言って言葉を切り、少し間を置いてから言葉を継いだ。

「新聞を作るのに人手が足りないんだ。君たち二人も手伝ってくれないかな。そうすれば、北川さんとも一緒に過ごせるし」

すると、謙太が困惑した顔付きで言った。

「いじめ防止新聞を家に持って帰ってお母さんに見せたら、『こんなことをすると必ずいじめを受けることになるから、絶対にこんなことをしている生徒とは関わらないように』と言われているんだ」

「そうだったのか」洋介は利明の方に顔を向けながら言った。「柿沢君は手伝ってくれるかい？　柿沢君は勉強ができるんで、手伝ってくれれば北川さんは喜ぶと思うよ」

「僕は、学校のほかに、塾での勉強もあるし、新聞を手伝う余裕はないよ。分かったよ。みんなには、大野君が北川さんを一人占めにしているわけではないと伝えておくよ。北川さんだって、いじめ防止新聞には興味を持っているかもしれないけど、まったく勉強嫌いの大野君には好意を持っているとは思えないからね」

いじめ防止の法律についての説明会の開催

その日、学校が終わると、洋介は真っ直ぐに家に帰った。玄関に靴を脱いでリビングに行き、キッチンにいた母に「ただいま」と声をかけると、母がすぐにリビングに出て来て多少苛立ちのこもった声で言った。

「今日十時ごろ麻美ちゃんのお母さんから電話があったの。洋介たちがいじめ防止新聞を作って生徒に配布していることが法律やお役所の指示に反していると担任の掘北先生に言われたそうね？　この問題が近く教員会議で議論されるそうね？」

母親がいったん言葉を止めたとき、洋介が「そのことは、昨夜お父さんに話してあるんだ」と答えると、母は続けて言った。

「お母さんが言ったとおりじゃない。いじめ防止新聞なんて余計なことをするから、ろくなことにならないじゃない。いずれにせよ、お母さんでは分からないから、事務所にいるお父さんに電話を回したの。さっきお父さんから電話があって、今日は早目に帰宅できるので、食事の前に私と洋介に話があると言っていたわ。今日は遊びに行かないで、お父さんの帰りを待っているのよ」

洋介は、〈麻美ちゃんも心配してお母さんに話したんだ〉と思いながら自分の部屋に行き、机に座ると、昨夜書いた新聞の文章を読み返した。自分で読んでもおかしな文章で、こんな文章を見せたら麻美ちゃんに嫌われるに違いないと思った。

洋介は考えた。普段喋っているときには相手に意味が通じように喋れるのに、文章となるとなぜ意味が通じないようになるのか？　洋介は、はたと思った。口に出して喋って、それをそのまま文章にすれば、まともな文章が書けるのではないか？　洋介は、麻美に説明するように声に出して喋り、途中で喋るのを止めて、喋った言葉をすぐに文章として書いた。喋っては書き、また喋っては書くのを繰り返して書き続けた。

「お父さんが帰って来られましたよ」との部屋の外からの母の呼びかけで、洋介は作業を中断して、すぐにリビングへと向かった。テーブルには食器類が並べられていて、洋介を見ると、「お父さんは今手を洗いに行っているので、座って待ってらっしゃい」と声をかけられた。

洋介がいつも座る椅子に座ってしばらくすると、父親が戻って来て、いつもの父の席に座った。すると、母もキッチンから出て来て、いつもの席に座った。全員が席に着くと、父は口を開いた。

「北川理恵さんと電話で話したが、実にしっかりした人だと感じたよ。担任の掘北先生が指摘した生徒によるいじめ防止活動が法律に触れる活動なのかを知りたいとのことだった。更に、この際、いじめ防止活動を学校だけに任せておくのではなく、生徒の保護者としても何かできることがあるのかを知るために、関係する法律などにつき正確な知識を持っておきたいとのことだった。それで、生徒の保護者でもあり、弁護士でもある私に、学校での生徒のいじめ防止に関する法律につき説明してもらいたいと言ってきた。私の仕事の都合もあり、次の日曜日の午後一時から、北川さんのお宅で説明会を開くことになった。今回は、防止活動を行っている洋介を含む五人の生徒と、その保護者に対する説明会で、北川さんが全員に連絡して何とか都合をつけて集まってもらうとのことだ。久子にも出席依頼の連絡が入ると思うが、洋介と一緒に是非出席してもらいたいと思っている」

父は言葉を切って母の方に目を向けた。すると母は溜息混じりに言った。

「勉強もしないのにいじめ防止新聞を作るなんて、洋介がとんでもないことをするから、本当に迷惑なことですよ。あなたが説明者として出席するとなると、私も洋介の保護者として出席せざるをえません。でも、世界的に有名なファッション・デザイナーのお宅に伺うとなるとそれなりの服装が必要で、この際、新しいドレスを買わせてもらいますからね」

母の言葉に、父は笑顔で言葉を返した。

「洋介が生まれるまではお母さんもファッションには気を使っていたな。洋介も五年生になったので、これからはまた以前のようにファッションを楽しむといいよ。久子のファッション・センスはなかなかのものだから、久し振りに目を楽しませてもらうよ」

父の言葉に母は多少顔を紅らめ、それを隠すかのように立ち上がってキッチンへと向かった。

食事が終わると、洋介は自分の部屋の机に座り、麻美に説明するように声を出して喋ってから、喋ったことを忘れないうちに文章としてか書く作業を続けた。『仲間外れによるいじめ』、『集団での無視によるいじめ』につきいちおう文章を書き終えたときには一時を過ぎていた。何度か読み返してみると、自分がこれまで書いた文章としては一番まともな文章のように思えた。漢字の間違いを麻美に指摘されるので、初めて国語辞典を開いて漢字を調べた。間違いだらけで、これからは国語を勉強しなければならないと強く感じた。

作業が終わると、〈明日学校が終わったら麻美ちゃんの家に寄って文章を見てもらおう〉と、大事にランドセルに納めた。

生徒のことは生徒が一番よく知っている

水曜日、いつも通る通学路を歩いていると、後ろから「おはよう」と声をかけられ、肩を軽く叩かれた。振り向くと、麻美が美しい笑顔を向けている。洋介はふと思い出し、ランドセルから四つ折りの紙を出して麻美に渡しながら言った。

「新聞第三号の僕と麻美ちゃんの分担の記事を書いてみたんだ。下手な文章で、これからは真剣に国語を勉強しなければならないと思ったんだ。申し訳ないけど、文章を直してくれない？」

麻美は紙を受け取ると、ランドセルに納めながら言った。

「今夜見ておくわ。それと、小林君には声をかけてくれた？　美穂ちゃん、千恵ちゃんには私から声をかけてあるので、金曜日に全員私の家に集まって、第三号の新聞を仕上げましょうよ。そうすれば、掘北先生が言っていた問題が解決すれば、すぐに生徒に配れるでしょ。それと、日曜日はよろしくね。美穂ちゃん、千恵ちゃんはお母様と一緒に参加することで確認ずみよ。ママが言ってたけど、小林君のお母様も親子で参加するそうよ」

そのとき、柿沢利明が「お早う」と言って現れた。洋介は、すぐに、「今、北川さんと新聞の話をしてたんだ。それならば、そう言うことで」と言って、麻美と利明を残して駆け出した。

その日の授業では、洋介はノートを出し、先生の授業に集中し、先生が黒板に書いたことをノートに書き取った。堀北先生はそんな洋介の態度に目を向けていた。

その日の授業が終わり、教科書やノートをランドセルに納めていると、堀北先生が、「訊きたいことがあります。教員室に来てください」と声をかけてきた。

教員室に入ってソファに先生と向かい合って座らされ、何事かと思っていると、堀北先生が授業をしているときと同じ口調で言った。

「いじめ防止新聞を毎回読んでいるけど、第二号に、『いじめにあっている生徒、いじめについて情報を持っている生徒は、大野君の家に連絡してください』と書いてありました。何か連絡がありましたか？」

「今のところ、何の連絡もないよ」

「もし、生徒から、『いじめにあいそうだ』、『いじめられている』との連絡があったら、必ずすぐに先生に知らせてください。自分で何とか処理しようなんて考えないでね」

「いじめを知らせてくる生徒は、先生に知らせると、すぐに保護者に連絡して騒ぎ出すので、生徒の問題は生徒に処理して欲しいと思ってるはずだよ。先生に知らせることは、いじめられている生徒を裏切ることになるよ」洋介はきっぱりと答えた。

洋介の返事に、堀北先生はソファから身を乗り出すようにして多少きつい声で言った。

「そうはいかないの。生徒のいじめは、学校、先生の問題として、常に学校、先生が把握して処理するよう、前にも言ったけど、そういう決まりになっているの。生徒だけが知っていて、学校、先生方が知らないということになると責任問題になるんです」

「先生が知っていたり、先生が見つけたいじめは、先生が処理するのが当たり前でしょ。でも、いじめがあるのを先生が知らないときはどうすんの。先生は一人でクラス四一人の生徒を見てるんで、みんなが、いつ、どこで何をしているのか分からないよ。生徒は四一人で四一人の生徒を見てるし、友達と話したり、生徒の間の噂で、学校の中でも外でも、生徒が何をしてるのか分かるんだ。親は子供の気持ちが分からない。先生は生徒の気持ちが分からない。子供のこと、生徒のことは、子供や生徒が一番よく知ってるんで、自分たちで処理して解決するのが一番いいと思ってるんだ」

「そうは言っても、いじめには子供や生徒だけでは解決できないものもあるのよ。大したいじめではないと思っていても、いじめられる子にとっては深刻な問題で、自殺する子だっています。学校、先生だけでは処理できなくて、警察で処理しなければならないいじめもあるのよ。そのいじめがどういういじめなのかの判断は、小学校五年生ではできない問題です」

掘北先生の言葉は、洋介には、洋介へのいじめのように響いた。洋介は考えながら言った。

「『いじめはなぜ起きるのか?』『いじめを防ぐのにはどうすればいいのか?』、それと、『生徒のいじめには、どんないじめがあるのか』を調べてみたいと思ってるんだ。先生が言うように、生徒ではどうしようもないこともあると思うけど、そんなときは先生に相談するよ」

洋介が言葉を切ると、掘北先生が立ち上がりながら言った。

「この前話したけど、生徒によるいじめ防止活動が法律やお役所の指示、また、学校の決まりに反しているのか、明日木曜日に教員会議で取り上げることになりました。教員会議での結論が出るまで、いじめ防止新聞の生徒への配布を控えてください。教員会議では、先生は、生徒による自主的ないじめ防止活動は、いじめの早期発見、いじめの防止に非常に有効な活動であると主張するつもりです。これだけは約束します」

僕はスマホはいらない

その晩、父も夕食までには帰宅して、家族三人で食事をした。食事をしながら、父が洋介に言った。

「今は小学校の生徒でも携帯やスマホを持っている子が多くなって、洋介も五年生になったんで持ちたいかい？」

「クラスの半分ぐらいがスマホを持っていて、スマホで話すとお金がかかるとかで、メールでやり取りしてるんだ。ほとんどの用事はメールですむんで便利だと言ってるけど、僕は、友達とメールでやり取りして用事をすませるなんて嫌なんだ。用事があったら直接会って、ついでに色々な話をしたり、一緒に遊んだりできるでしょ。その方が楽しいから、スマホはいらないよ」

「人と直接会ってお互いに相手の表情を見ながら話をすると、気持ちが通じ合って、相手の言葉を誤解して仲たがいすることはない。メールだと短い文章でやり取りするので、色々と誤解が生じ、仲の良い友達と仲たがいすることになる。それに、メールだと相手の顔が見えないので、ひどいことを書いて相手の感情を傷つけたりするいじめを生むことになる。洋介は勉強をしない代わりに、ちゃんと人間としての道を心得ているから偉いもんだ」

そのとき、玄関の呼び鈴の音が鳴った。「こんな時間に誰かしら?」と言って母は立ち上がって玄関に向かった。

しばらくすると、「あなた、洋介、玄関に来て」との母の声が聞こえた。何事かと思って父と一緒に玄関に行くと、小林俊一と母親が立っている。すると、俊一の母親がすぐに言葉を発した。

「突然、夜分にお伺いして申し訳ございません。一日も早くご報告をしてお礼を申し上げたいと思いつつご報告が遅くなりました」

小林由美子はここで言葉を切り、玄関の上がりかまちに立っている三人に目を向けて言葉を継いだ。

「実は、今週の月曜日から北川理恵デザイナー事務所の社員として働くことになりました。大野先生ご夫妻のご好意、北川先生のご好意により、これで安心して生活を送れるようになりました。こんな幸せが訪れるなんて夢にも思ったこともなく、まだ戸惑っていますが、一生懸命頑張ってみなさまのご恩に報いたいと思っております。本当にありがとうございました。これからもよろしくお願いいたします」

小林由美子はそう言うと深々と頭を下げ、俊一もそれに倣った。すると、洋介の母親が彼女の手を握り締め、「本当に良かったですね。自分のことのように嬉しいです」と感激のこもった声で言った。

父は母の言葉を継ぐように笑顔で言った。

「おめでとうございます。あなたに初めてお会いしたときから、実に有能で聡明な方だと思っていました。北川さんはあなたを有能な人材として認めて採用したのでしょう。私にできることがあれば何でも言ってください。喜んで協力します」

小林由美子は何度もお礼の言葉を繰り返し、俊一の肩を抱え込むようにして帰って行った。

新聞発行の効果

金曜日、学校が終わって、いじめ防止新聞第三号を作成するために、洋介は麻美の家に行った。

麻美の部屋に入ると、まだ誰も来ていなかった。洋介が「昨日、僕たちの活動の件が教員会議で議論されたようだよ」と話すと、麻美は「そのようね」と言って、プリントした新聞を洋介に手渡しながら笑顔を浮かべて言った。

「昨日、学校で小林君が書いた記事をもらったけど、きちんとした文章で、さすがだと思ったわ。洋ちゃんの文章もだいぶ良くなってきたわね。最初のときは、めちゃくちゃで、大人になって洋ちゃんと結婚して一緒に暮らすようになったら、私が洋ちゃんの手紙をすべて書いてあげなければならないと思うとうんざりしたわ」

洋介は、「結婚」という言葉にはぴんとこなかったが、〈麻美ちゃんに嫌われないように一生懸命勉強しなければ〉と感じた。

そのとき、松坂美穂と大浦千恵が部屋に入って来た。しばらくすると、お手伝いさんに案内されて小林俊一が入って来た。麻美は「お互いに知っているから紹介はいいわね」と言いながら三人に新聞のプリントを渡し、「一通り読んでみて。訂正するところがあればすぐに直すわ」

四人は黙ってプリントを読んでいたが、やがて、美穂と千恵がほぼ同時に、「これでいいと思うわ」と答えた。そして、少し遅れて、俊一が「これでいいと思うよ」と答えた。最後に洋介が「みんな文章が上手いね。これでいいんじゃない」と答えた。

すると、麻美が、掘北先生から言われた、「いじめ防止新聞の生徒への配布は法律やお役所の指示に反する」との指摘を三人に説明し、更に、「昨日この問題で教員会議が開かれた」と説明した後で、「そんなわけで、新聞第三号の用意はできたけど、配布は教員会議での結論を聞くまで待つことにしたいの」

千恵が「その方がいいかもしれないわね」と答えると、美穂が「日曜日には私もお母さんも出席するけど、その後の方がいいかもしれないわね」と答えた。すると、俊一が、「日曜日は僕もお母さんと一緒に出席するよ」と答えた。

しばらく沈黙が続いた後で、美穂が明るい声で言った。

「いじめ防止新聞は、いじめ防止に実に効果があることが分かったわ。第二号で取り上げたA組のA子さんのいじめがあったでしょ。もう完全に解決したわ。いじめられている二人に同時にA子さんからのメールをブロックさせたの。もし脅してきたらメールで『いじめをやめなさい』と発信するために、私と友達三人で待機していたの。でも、たぶん、新聞を読んで自分のことだと気づいて、A子さんはいじめをストップしたのよ」

美穂が言葉を切ると、洋介が「僕のクラスの『白アリ』騒動も片づいたよ」と言って、例の腕相撲対決につき説明した。

洋介が話し終ると、千恵がしみじみと言った。

「学校は勉強のためだけに行くところだと思ってたけど、いじめ防止新聞に参加して、〈学校で学ぶ勉強はこれが本当の勉強だ〉とつくづく感じているの。だから、この活動は六年生になっても続けましょうよ」

五「いじめ防止対策推進法」

説明会への出席

土曜日にリトル・リーグの手伝いが終わった後で、監督にラーメンをご馳走になっているときに、洋介は「明日、日曜日は両親と出かけることになったので休ませてもらいます」と告げた。

日曜日、早目に昼食を摂り、麻美の家まで徒歩で十五分ぐらいだったが、全員着替えて十二時半にリビングに集合した。父は事務所に行くときと同じようにスーツを着ていた。しかし、母は朝からヘア・サロンに行って髪をセットし、化粧もして、初めて見る多少派手目の格好の良いドレスを着ている。いつも見ている母とは違って若々しく、洋介が思わず、「お母さんはまだ若くて美しいんだね」と言葉を発すると、横にいた父が「やっぱり久子はなかなかのもんだ」と笑顔で言った。母は多少顔を紅らめて、「よしてくださいよ。恥ずかしいじゃありませんか」と言って、その場から逃れるように玄関に向かった。

麻美の家に行くと、お手伝いさんにすぐにリビングに案内された。

リビングに入ると、北川理恵が笑顔で出迎え、「お忙しいところ、今日はよろしくお願いいたします」

と挨拶してから、リビングのソファの方に顔を向けて、「全員お揃いになりましたので、テーブルに着いていただきます」と声をかけた。洋介がテーブルの方に目をやると、いつも見ていた片側三客ずつのテーブルが長い大きなテーブルに変わっていて、両側に四客ずつ、一方の脇に一客、もう一方の脇に二客の椅子が置かれ、花柄模様のクロスがかけられている。

テーブルの回りに全員が近寄ると、北川理恵が言った。

「ほとんどの方がお互いにお知り合いと思いますが、初めてお会いする方もおられますので、私にみなさんのお席を決めさせていただいて、お席に着くときに、私から紹介させていただきます」

北川理恵はそう言うと、全員の意向を確認するかのように少し間を置いてから言った。

「それでは、一番奥の脇の席に、今日の講師をお願いしております弁護士の大野英樹先生に座っていただきます。大野先生は大野洋介君のお父様です」

大野英樹が席に着くと、北川理恵は続けて言った。

「それでは、大野先生の左横に大野先生の奥様の久子さん、その横に大野洋介君、私の娘の麻美、そして、小林俊一君が座ってください」

四人が席に着くと、続けて言った。

「それでは、大野先生の右横に、松坂美穂さんのお母様の郁子さん、大浦千恵さんのお母様の由衣さん、そして、松坂美穂ちゃん、大浦千恵ちゃんの順で座ってください」

四人が席に着くと、残された脇の二席の前に立っている女性の腕に軽く手を掛けながら言った。

「私の横の女性は、小林俊一君のお母様の小林由美子さんです。先週から私のデザイナー事務所で私の第二秘書として働いていただいております」

北川理恵の紹介に、由美子が「よろしくお願いいたします」と頭を下げて席に着くと、北川理恵も席に着いた。そして、言った。

「本日の集まりの目的については、既にお話ししてあるとおりですので、早速、大野先生より、学校での生徒同士のいじめ問題に関する法律の定めなどにつきご説明を始めていただきたいと思います。それでは、大野先生、よろしくお願いいたします」

学校でのいじめの件数

北川理恵が言葉を切ると、大野英樹は持って来たファイリング・ホールダーから資料を出し、「各人に一部ずつ配って」と言って、左横に座っている久子に渡した。そして、全員に資料が行きわたるのを待って口を開いた。

「自己紹介は抜きにさせていただきます。私は、これからお話しする、学校での生徒のいじめ問題については専門分野ではありませんが、事務所の専門弁護士の意見も聞いて今日の準備をしています。まずは、学校での生徒のいじめ防止対策の基本法について一通り説明し、ご質問があればお答えしたいと思います」

そう言っていったん言葉を切ると、少し間を置いてから話し始めた。

二〇一八年一〇月二四日、文部科学省は全国の国公立小中高、特別支援学校を対象とした二〇一七年度児童・生徒の行動に関する調査結果を公表した。学校でのいじめについては、前回の調査から、喧嘩やふざけ合いといった軽微なものも、一方的であればいじめに含むものとして積極的に把握するとの文科省の方針の下での調査であった。調査結果は、前年度から全体で九万一二三五件増の四一万四三七八件と過去最多を更新した。

認知件数は、小学校が三一万七一二一件（七万九八六五件増）で、特に、小一～小五の増加が顕著になっている。中学校は八万四二二四件（九一一五件増）、高校は一万四七八九件（一九一五件増）、特別支援学校二〇四四件（三四〇件増）となっている。いじめを一件も把握していない学校は全体の二五・八％だった。

いじめを内容別（複数回答）で見ると、冷やかしやからかいなどが最多の六二・三％。インターネット上や会員制交流サイト（ＳＮＳ）などの誹謗中傷は三・〇％だった。

暴力行為は小中高校の合計で過去最多の六万三三二五件（二六五一件増）であった。

心身に大きな被害を受けるなど、後ほど説明する「いじめ防止対策推進法」で規定する「重大事態」は四七四件（七八件増）、自殺した児童・生徒は二五〇人で、うち一〇人がいじめにあい、七人が教職員との関係で悩みを抱えていた。

文部科学省が二〇一八年一〇月二五日に公表した二〇一七年度問題行動・不登校調査では、不登校の小中学生が二〇一六年度より一万四〇三一人増の一四万四〇三一人で、過去最多となった。小一から中三まで全学年で増加した。小学生は三万五〇三二人（前年度より四五八四人増）で、年度内に三〇日以上の欠席を不登校の要件とするようになった一九九一年度以降最多である。中学生は一〇万八九九九人（五七六四人増）で、二〇〇一年度に次いで過去二番目に多かった。千人当たりの不登校児童・生徒数は、小学校五・四人、中学校三二・五人で、いずれも過去最多だった。要因別では「家庭状況」が三六・五％で最も多く、「いじめを除く友人関係」二六・〇％、「学業の不振」一九・九％の順であった。

大野弁護士は話を続けた。

「もう十五年以上前から学校での生徒によるいじめが社会問題化し、文部科学省は色々といじめ防止対策を策定し、教育委員会や学校に行政指導を行ってきました。しかし、生徒のいじめは増加する一方で、抜本的な対策を確立する必要に迫られていました。

「そんな中、二〇一一年一〇月一一日に、滋賀県大津市の中学二年の男子生徒が自宅のマンションから飛び降り自殺をしました。当初、中学校の校長は『いじめはなかった』と一貫して主張していました。全生徒に対しアンケート調査を実施したところ、『学校で自殺の練習をさせられていた』などの記述がありましたが、学校や教育委員会はアンケート結果を隠していました。しかし、その後隠ぺいが発覚して、滋賀県警が学校や教育委員会への強制捜査（家宅捜索）に乗り出し、マスコミも大々的に取り上げ、前代未聞の事態となりました。この事件が切っかけとなって、国は学校でのいじめに対して抜本的対策に乗り出したわけです。

「それでは、お手元にお配りした資料に沿って説明します。法律の条文は一般の方にとっては読みにくいので、本日の説明会の資料として、いじめ防止法の概要を分かり易く整理しました。資料を見ながら説明を聞いてください」

大野弁護士はそう言うと、全員が資料に目をやるのを待って、資料に書いてある内容を子供たちにも分かるように噛み砕いた言葉を使ってゆっくりとした口調で説明を始めた。

いじめ防止対策推進法の概要

「学校に在籍する児童又は生徒はいじめを行ってはならない」と明文をもって定める「いじめ防止対策推進法」（いじめ防止法）が二〇一三年六月二八日に公布され、同年九月二八日から施行された。これを受けて、全国の学校教育全般を管理している文部科学省は、同年一〇月一一日に、いじめ防止対策の基本的な方向とその対策の内容その他のいじめ対策の重要事項を示した「いじめ防止等のための基本的な方針」（文部科学省いじめ防止基本方針）を定めた。地方公共団体も、各地域の実情に応じ、文部科学省のいじめ防止基本方針を参考として、「地方いじめ防止基本方針」を定めるように努力することになった。また、各学校は、文部科学省と地方公共団体の定めたいじめ防止基本方針を参考として、学校ごとにいじめ防止のための対策に関する基本的な方針を定めた。

いじめ防止法は、学校の設置者（公立学校では教育委員会、私立学校では学校法人を指す。以下、同じ）

及びその設置する学校が行うべきいじめ防止の基本的施策として、次のことを定めている。

（一）すべての教育活動を通じて、いじめを防止するための生徒に対する道徳教育及び体験活動などを充実する。

（二）生徒の保護者、地域住民などとの連携を図りつつ、生徒が自主的に行ういじめ防止に資する活動を支援する。また、生徒、保護者及び教職員に対しいじめ防止の重要性に関する理解を深めるための啓発などの措置をとる。

（三）いじめを早期に発見するため、生徒に対するアンケートなどによる定期的な調査を実施する。

（四）生徒及びその保護者、並びに学校の教職員のためのいじめ相談体制を整備する。

（五）教職員に対しいじめ防止のための対策に関する研修などを行い、対策に関する資質の向上に必要な措置を計画的に実施する。

（六）インターネットを通じて行われるいじめの防止及び効果的な対処について、生徒及び保護者へ啓発活動を実施する。

（七）いじめ防止に関する措置を実効的に行うため、複数の教職員、心理、福祉等の専門知識を有する者その他の関係者により構成される「いじめ防止等の対策のための組織」の設置を推進する。

（八）地方公共団体が置く「いじめ問題対策連絡協議会」を実効的に行うため、教育委員会による「附属機関」の設置を検討する。

一方、国や地方公共団体が行うべきいじめ防止の基本的施策として、次のことを定めている。

(一)いじめに関する通報及び相談を受け付けるための体制の整備に必要な施策を実施する。

(二)国の関係役所や、学校、家庭、地域社会及び民間団体の間の連携の強化、民間団体への支援その他の必要な体制の整備につき努力する。

(三)いじめ防止の対策に従事する人材の確保及び資質の向上につき必要な措置を講じる。

(四)インターネットを通じて行われるいじめを監視する関係機関などの取組への支援及び同事案に対処する体制の整備につき努力する。

(五)いじめの防止対策の実地状況についての調査、研究及び検証を行い、その成果の普及を図る。

(六)いじめによる生徒の心身に及ぼす影響、いじめ防止の重要性、いじめの相談制度又は救済制度について啓発活動を行う。

(七)地方公共団体による条例での、学校、教育委員会、児童相談所、法務局又は地方法務局、都道府県警察その他の関係者により構成される「いじめ問題対策連絡協議会」の設置を推進する。

(八)いじめを受けた生徒又はその保護者に対する支援及びいじめを行った生徒に対する指導又はその保護者に対する助言を適切に行うことができるようにするために学校相互間の連携・協力体制を整備する。

いじめ防止などに関して学校の設置者及び学校などがとる措置としては、次のことを定めている。

（一）学校はいじめ防止などに関する措置を実効的に行うため、複数の教職員、心理、福祉などに関する専門的な知識を有する者その他の関係者により構成されるいじめ防止対策のための「組織」を置く。

（二）学校の教職員その他の生徒からの相談に応じる者及び生徒の保護者は、生徒からいじめの相談を受けた場合は、その生徒が在籍する学校へ通報する。通報を受けた学校は、速やかにいじめの事実の有無の確認を行う。いじめがあったと確認された場合は、その結果を学校の設置者に報告するとともに、いじめをやめさせ、その再発を防止するため、複数の教職員によって、心理、福祉などに関する専門的な知識を有する者の協力を得つつ、いじめを受けた生徒又はその保護者に対する支援、いじめを行った生徒に対する指導又はその保護者に対する助言を継続的に行う。

（三）学校が必要と認めるときは、いじめを行った生徒を別の教室で学習させるなど、いじめを受けた生徒が安心して教育を受けられるように必要な措置をとる。

（四）学校は、いじめが犯罪行為として取り扱われるべきものであると認めたときは、所轄警察署と連携して対処する。また、生徒の生命、身体又は財産に重大な被害が生じた疑いがあるときは、直ちに所轄警察署に通報し、適切な援助を求めなければならない。

（五）学校の設置者は学校からいじめの事実の有無の確認結果の報告を受けたときには、必要に応じ、学校に対し支援を行い、必要な措置を講ずることを指示し、又は報告にかかわる事実について自ら必要な調査を行う。

（六）校長及び教員は、いじめを行っている生徒に対し、必要に応じ、学校教育法に基づき、懲戒、出席停止制度の運用などによる措置をとる。

（七）いじめにより生徒の生命、身心又は財産に重大な被害が生じた疑いがあると認めるとき、及び、いじめにより生徒が相当な期間（文部科学省いじめ防止基本方針では「年間三十日を目安」としている）学校を欠席することを余儀なくされている疑いがあると認めるときは、「重大事態」として対処し、同種の事態の発生の防止に資するため、速やかに、当該学校の設置者又は学校の下に組織（文部科学省いじめ防止基本方針では、その構成は、弁護士、精神科医、学識経験者、心理と福祉の専門家などの専門的知識及び経験を有する者としている。通常、その組織を「第三者調査委員会」と呼んでいる）を設け、質問票の使用その他の適切な方法により、その重大事態に関する事実関係を明確にするための調査を行うものとし、調査した事実関係その他の情報をいじめを受けた生徒及びその保護者に対し適切に提供する。学校による情報の提供について、学校の設置者は必要な指導及び支援を行う。

（八）重大事態が発生した場合には、地方公共団体が設置する学校（公立学校）は当該地方公共団体の教育委員会を通じて当該地方公共団体の長に、学校法人が設置する学校（私立学校）は当該学校を所管する都道府県知事に、それぞれ報告しなければならない。報告を受けた地方公共団体の長、あるいは、都道府県知事は、当該報告に係る重大事態への対処又は同種の事態の発生を防止するため必要があると認めるときは、附属機関を設けて調査を行う等の方法により、学校の設置者又は学校が行った調査の結果について調査を行うことができる。

なお、いじめ調査に関しては、文部科学省の指針で、新たに重要な事実が判明したり、教育委員会などの調査が尽くされていなかったりした場合は、学校や教育委員会と利害関係が少ない「首長部局」が再調査をするよう定めている。

いじめ防止法の改正要望事項及び問題点

いじめ防止法は付則で「施行後三年」の二〇一六年をめどに見直すことになっているが、既に五年以上が経過し、実効性のある法改正が求められている。現在、超党派の国会議員による勉強会（座長は元文部科学相）が改正作業を進めている。勉強会は二〇一八年一一月に「条文イメージ（たたき台）」を公表した。その中には、各学校へのいじめ対策委員会の設置や学校がいじめ防止基本計画に盛り込むべき項目など、学校現場が取り組みを強化する具体策がきめ細かく盛り込まれていた。しかし、二〇一九年四月の座長試案では、学校現場での負担増を理由に、これらが大幅に削れていた。これに対し、いじめ自殺や不登校被害者の保護者ら四十三組が連名で座長試案に対する意見書を提出し、「たたき台」に述べられている重要項目の復活を求めている。

いじめ被害者などが求めている改正要望及び実際のいじめ調査をめぐって浮かび上がってきた問題点としては次の事項がある。

(一)いじめ防止法では、児童・生徒はいじめを行ってはならない、とのみ規定しているが、いじめが子供の命を奪う違法な行為であることを法文に明記する必要がある。

(二)いじめ防止などの学校の取組みを外部機関がチェックする仕組みを作る必要がある。また、各学校にいじめ対策委員会を設置し、いじめ対策主任を置いて、学校でのいじめ防止対策を強化し、更に、教職員がいじめを放置したり隠蔽《いんぺい》するなど、適切な対応をしなかった場合には、懲戒処分の対象となることを条文化する必要がある。

(三)いじめ防止法は被害者や遺族への適切な情報提供について定めているが、情報の提供範囲について明示していない。そのため、情報提供の対応は自治体、学校、教育委員会によって異なる上に、すべての関係情報の開示には消極的であることから、全情報の開示義務を明文化する必要がある。

なお、情報提供及び調査結果の公表については、「公表されなければいじめの検証や再発防止策の共有が困難になる」との指摘がある一方で、「加害者のプライバシーの保護を考えるべきである」との学校、教育委員会からの意見もある。文部科学省は、この点に関し、「自治体側だけで判断せず、公表の方法や内容を被害者と事前に確認して、特に、重大事態の調査結果については、特別な事情がない限り公表するのが原則である」としている。

(四)いじめにより自殺などの重大事態が発生した場合、真相究明のために教育委員会に有識者などによる第三者調査委員会などが設置されるが、委員の具体的人選方法については規定がなく、多くの場合、行政の都合で人選がなされている。被害者や遺族の意向を尊重して人選し、加害者側はもとより、教育委員会や学校からの独立性を担保することによって原因究明を徹底的に行い、再発防止のための有効な対策が立てられるように改正すべきである。

（五）「重大事態」の趣旨が教育現場で十分に理解されていず、対応の遅れで深刻化を招くケースが後を絶たない。二〇一五年五月～九月、東京の私立高校の男子生徒が、体育祭の練習中に転倒させられて手首を骨折したり、同級生の肩に担がれた状態から地面に落とされて脳震盪を起こしたり、セミの幼虫を舐めさせられたりするいじめを受けていた。男子生徒は二〇一五年六月、学校が行ったいじめ調査の定期アンケートで被害を訴えたが、学校側は十分に事実確認しなかった。同年九月に生徒の保護者が被害を学校に申し出て問題が発覚。学校は調査を進め、二〇一六年三月になって初めて教育委員会に報告した。二〇一六年一〇月、文部科学省の有識者会議は、重大事態の定義をより明確にするため具体例を示すように同省に求めている。

（六）二〇一六年に青森市の女子中学生が自殺した事例では、市教育委員会の第三者機関が「いじめは自殺の直接の引き金とは言い切れず、思春期鬱である」としてまとめかけた結論に遺族が反発し、調査が棚上げ状態に陥った。第三者機関は「第三者機関は相手の刑事、民事の責任を追及するための調査ではない。いじめに無関係の領域を子細に分析する権限があるのか。また、なぜその必要性があるのか」につき疑問を呈している。

（七）二〇一六年八月に青森県の町立中学の男子生徒が自殺した事例では、原因調査に当たった町の調査委員会が調査の過程で、自殺前の同年五月に学校が全校生徒を対象に行ったいじめに関するアンケートの回答用紙の提出を求めたところ、学校側がすでに破棄していた。そのため、学校がいじめを把握した時期を第三者が正確に事後検証するのが難しくなった。いじめ防止法、文部科学省いじめ防止基本方針では、アンケートの保存期間については触れられていない。従って、地方公共団体及び学校が作成するいじめ防止基本方針にも触れられていない。アンケートは、生徒のいじめが発生した場合、特に重大事態が発生した場合のいじめ防止調査上重要な資料であり、少なくても文部科学省方針で相当なる期間保存すべきことを明示する必要がある。

（八）山口県光市の県立高校二年の男子生徒が二〇一六年七月、周南市の駅で貨物列車にはねられて死亡した。この事例では県常設の「県いじめ調査検証委員会」が再調査に当たった。二〇一九年二月五日に検証委は調査報告書を知事に提出した。報告書の中で、部活顧問ら教職員が関与した五つの事例について、男子生徒のストレス要因になったとして「いじめに類する行為」と判断している。いじめ防止法は生徒の行為のみをいじめと定義し、教職員は含まれていないので「いじめに類する行為」としているが、いじめ防止法にも教職員によるいじめについて規定を盛り込むことも今後検討する必要がある。

なお、文部科学省は二〇一七年八月、学校でのいじめが原因とみられる子供の自殺などが起きた際、現地に赴き、学校や教育委員会への指導のほか、遺族対応などを担う「いじめ・自殺等対策専門官」を省内に配置する方針を決めている。教育経験者や有識者など外部人材の活用を検討し、二〇一八年度から実施する方針である。また、二〇一八年度から、教員や保護者の法的な相談に乗るなど仲介役を果たす弁護士を派遣する「スクール・ロイヤー制度」の創設も決めており、将来的には両者が連携して対応を充実させて行くことも想定している。

資料の説明が終わると、全員に顔を向けて言った。

「以上、いじめ防止法の概要などについて説明しました。『いじめ防止対策推進法』と、文部科学省の『いじめ防止等のための基本的な方針』はインターネットで検索すると入手できます。機会があれば、保護者の方は一通り目を通すことをお勧めします」

いじめ防止のための生徒の自主的活動の適否

大野弁護士はここでまた言葉を切り、少し間を置いてから言った。

「それでは、生徒による自主的ないじめ防止活動がいじめ防止法やそれに基づく文部科学省のいじめ防止基本方針に反して問題があるのかという点について説明したいと思います」

いじめ防止法では、「生徒が自主的に行ういじめ防止に資する活動の支援」を学校が行うべきいじめ防止の基本施策の一つとして定めている。また、いじめ防止法案を審議した参議院文教科学委員会で、二〇一三年六月二〇日に、『いじめの防止等について児童等の主体的かつ積極的な参加が確保できるよう留意すること』という附帯決議もなされている。文部科学省のいじめ防止基本方針でも、文部科学省が実施すべき施策として、児童生徒の主体的な活動について、「児童会、生徒会において、校内でいじめ撲滅や命の大切さを呼びかける活動や、相談箱を置くなどして、子供同士で悩みを聞き合う活動など、子供自身の主体的な活動を推進する」と述べられている。

その一方で、教育委員会、学校、教師など、現場で学校教育に関係している人たちは、生徒はまだ知識も経験も浅いので、生徒にはいじめを解決する能力はないと考えている向きがある。学校でのいじめを含め、学校で起きることはすべて学校の教師や教育委員会などが解決すべき問題だと考え、生徒は学校での勉強を真面目にしていればそれでよく、勉強以外の問題に取り組んでいることは、自分たちの仕事を妨害していると考えている面がある。しかし、いじめ防止法の趣旨からすれば、生徒による自主的活動は法律などに反するものではないと断言できる。

大野弁護士がここまで言ったときに、北川理恵が発言した。

「子供たちの自主的活動が法律とかに反するものではないと伺って、安心しました。実は、先週の木曜日に教員会議でこの問題が議論され、翌金曜日に娘の担任の先生に電話して、教員会議の結論を伺いました。教員会議では結論が出ず、教育委員会に照会することになったそうです」

大野弁護士は北川理恵と顔を合わせながら言った。

「学校での生徒のいじめ問題は社会的にも関心が高く、学校としても慎重に対応するために教育委員会に照会することにしたのだと思います。学校が慎重な態度をとるのももっともな面があります。法律やその他の定めの趣旨からすれば、生徒による自主的活動はすべてを生徒に任せて自由な活動として認めているものではなく、自ずと制限があると考えられるからです。いじめ防止活動において、生徒がほかのいじめに巻き込まれたり、身心に危険が及ぶような活動は認められないし、また、防止活動事態が過激化して、いじめを行っている生徒の身心に影響をもたらしたり、ほかの生徒に恐怖を与えるようなものとなることは絶対に許されません。いじめには大人が関係している場合もあるし、大人が出て行かなければ解決できない場合もあります。無理して生徒だけで解決しようとすると、社会的にも大混乱を起こすこともあります。また、現在のいじめ防止新聞を発行しての活動も、いじめを行っている未成年の生徒の名前を公表したり、人間の外見や生まれによって人を差別したり、ことさら相手の感情を害するような言葉、いわゆる『差別用語』を使ったり、更には、いじめを助長するような記事を書くことは許されません。問題がないか、生徒への配布前に必ず責任ある保護者が事前に目を通し、また、いじめ防止活動の状況を常に把握しておく必要があります。そのためには、保護者と子が良好な信頼関係を維持し、常に両者間の意思疎通を確保しておく必要があります。同時に、生徒と保護者だけでは処理できず、学校や先生方の協力が必要な場合もあるので、保護者と学校、先生方との連携も日頃から確立しておく必要があります」

大野弁護士が言葉を切ると、北川理恵が言った。

「大野先生が指摘された親子間の信頼関係、意思疎通は、親としての子供の教育の基本と思っていつも心に留めていることです。いじめ防止新聞はこれまで私の家に集まって作業していたので、生徒への配布前に必ず娘から見せてもらっています。これからもここで作業させることにして、事前に必ず見せてもらって、問題点があれば指摘することにします。私では判断がつかない問題があれば、大野先生に事前にご相談することにします。これで、いかがでしょうか？」

大野弁護士が「それで結構です」と答えると、松坂郁子が「デザイナーのお仕事でご多忙なところ、北川さんにはお負担をおかけしますが、よろしくお願いいたします」と発言し、大浦由衣も同じ趣旨の言葉を返した。

すると、北川理恵が言った。

「それではそういうことで、明日、あるいは、明後日、担任の掘北先生、場合によっては、副校長先生と連絡を取り、いじめ防止新聞やその他の生徒によるいじめ防止活動に対する保護者の対応について伝えておきます。同時に、いじめ防止新聞の生徒への配布をいつから再開できるかも話し合いたいと思います」

北川理恵が言葉を切ると、それまで黙って聞いていた麻美が立ち上がって言った。

「いじめ防止新聞第三号の記事ができているの。丁度いい機会だから、これから持って来るから、問題がないか見てみて」

そう言うと、麻美はリビングから早足で出て行った。

多少時間がかかって戻って来ると、「プリントしていたので……」と言いながら六人の大人の前に紙を置いた。六人ともすぐに紙を取り上げて読み始めた。

五分ほど沈黙が続くと、大野弁護士が紙をテーブルに置き、ボールペンで紙に何かを書き込んだ後で言った。

「なかなかよく書けている。二ヵ所ほど訂正したが、これで問題はないよ」

そう言って麻美に紙を戻しながら言葉を継いだ。

「これまでは、いじめの具体的な例を出して、『こういうことはやめましょう』ということで新聞を作っている。だが、いじめ防止を考えるとき、どうしていじめが起きるのかを調べたり、考えることも大切じゃないかな。生れたときから、他人をいじめる性格を持っている人はいないと思う。誰もが他人をいじめるのは悪いことだと知っている。それなのに他人をいじめるのは、何か理由があるからだろう。その理由を取り除かなければ、いじめはなくならない。君たちの新聞で、このいじめの理由について考えたら、もっといじめの防止に役立つ新聞になると思うがね」

どういう範囲のいじめが「いじめ」なのか

大野弁護士は少し間を置いてからきさくな口調で子供たちに向かって言った。

「私の説明など、この際生徒として訊きたいこと、言っておきたいことがあれば言ってくれたまえ」

洋介がすぐに口を開いた。

「新聞ができたら学校で配る前に必ずお父さんか麻美ちゃんのお母さんに見てもらうようにするよ。いじめ防止活動で危ない目にあいそうになったらすぐに相談するよ。それと、今日のお父さんの説明で、法律でもってお役所や学校がいじめ防止についてやることを色々と決めていることを初めて知ったけど、一つ質問があるんだ。こんなにまで問題にしている『いじめ』ってどういう範囲のいじめなの？」

大野弁護士は笑顔を作って言葉を返した。

「なかなかいい質問だな。問題にしている『いじめ』については、いじめ防止法に定められている。それによると、学校の生徒が行う心理的または物理的な影響を与える行為、その行為には、インターネットを通じて行われるものも含まれるが、その行為によって、その行為の対象となった生徒が身心の苦痛を感じるものを『いじめ』と言っているんだ。難しい言葉を使っての定義だが、分かり易く言えば、学校の生徒がほかの生徒に対し、言葉によって不快感や恐怖などを与えたり、暴力によって怪我をさせたり、金品をたかったり、金品を隠したり、物を盗んだり、壊したり、捨てたり、嫌なことや恥ずかしいことや危険なことをさせたり、スマホなどで根拠のない悪口を言ったりなど、要は、相手に悩みや苦しみを感じさせる行為を『いじめ』と言っている。だから、同じことをされても、それをされた子供の受け止め方によっては悪ふざけであって、いじめにはならない場合もある。この定義では、いじめの範囲を広く解釈することもできるし、狭く解釈することもできる。学校や先生の考え方によって必ずしも一定していないという問題がある。先ほど述べた文部科学省による二〇一七年度の生徒のいじめ件数の調査では、喧嘩やふざけ合いといった軽微なものも、一方的であればいじめに含むとしての調査であり、いじめの定義を広く解釈していじめを積極的に把握しようとしている。君たちの学校で実際にどう運用されているのか、機会があれば担任の先生などに確認しておこう」

大野弁護士がここまで言ったとき、洋介が父親の言葉を遮るように言った。

「『いじめ』と『けんか』はどう違うの？」

「これもなかなかいい質問だな。『けんか』は、けんかをする両方の意見や主張などが異なっていて、自分たちの考えのぶつかり合いによって起こるものだよ。だが、『いじめ』は、いじめられる側にとっては関係がない、いじめる側の勝手な理由によって、ときには、何の理由もなしに、言葉や暴力によって一方的に相手を攻撃するものだ。しかも、自分よりも体力的やその他の色々な面で弱い者をターゲットとして行う場合が多く、実に恥ずべき行動と言える」

学校でのアンケートによるいじめ調査の問題点

大野弁護士が言葉を切って洋介に目を向けると、洋介はすぐに言葉を返した。

「学校でのいじめのアンケートはいじめが実際に起こったときには必ず取るけど、いじめがなくても学期毎に定期的に年三回、いじめについてアンケートを取ってるんだ。でも、定期アンケートを書くときにみんないつも困ってるのは、いったい、どんなことがいじめになるかということなんだ。先生の説明では、悪口や嫌なことを言われたり、仲間外れにされたりして、不愉快な思いをしたときも『いじめ』だと言ってるんだ。友達との付き合いで、悪口を言い合ったり嫌なことを言い合うことは、毎日当り前のようにやってるよ。たまたまけんかになれば、多少相手を叩いたりすることもあるでしょ。ほかの友達から声をかけられても無視することもあるんだ。それでときには頭にくるけど、それは一時的なもので、すぐにそんなことは忘れてお互いに仲良く付き合ってるんだ。誰もそんなことをいじめだとは思ってないよ。それなのに、定期アンケートのときは、それも『いじめ』に数えて書かされてるんだ。先生がアンケートに基づき、誰と誰との間にいじめがあったかを調査しても、生徒が『いじめ』だと思ってる『いじめ』じゃないんで、誰もが『いじめはなかった』と答えるよ。それに、学校や先生が本当に助けなければならないいじめを受けている生徒は、アンケートでは、ほとんどの場合、いじめを受けていることを隠そうとするんだ。アンケートに正直に書いて先生が調査することになれば、生徒の間でも、学校、先生、保護者も大騒ぎするし、いじめている生徒からは『先生にチクった』と言われ、もっとひどいいじめを受けることになるんだ。もう一つ言えば、いじめを受けている生徒の中には、いじめを受けているときも、それを隠すために、まるで遊びでふざけているように振舞う生徒もいるんだ。そのため、ほかから見ても友達同士で多少ひどい遊びをしていると思うだけなんだ。それに、ほかの生徒がいじめを受けている生徒がいることを知っていても、それを学校や先生に報告したりはしないんだ。学校や先生に告げ口すれば、自分もいじめに巻き込まれたり、学校や先生の騒ぎに巻き込まれることになるからなんだ。定期アンケートによるいじめの早期発見という方法は考え直した方がいいと思うんだ」

洋介が言葉を切ると、麻美がすぐに言った。

「ほかのクラスやほかの学年の友達の話だと、アンケートに書くいじめは、殴られたり蹴られたり、脅かされたりして、誰が見ても分かるいじめだけを書くように先生に言われているんですって。生徒の間の話では、自分の担任するクラスでいじめの数が多いと、校長先生が付ける先生の成績が悪くなるので、先生はいじめの数をできるだけ少なくしようとしているということよ。先生も可哀想なのよ」

麻美が言葉を切ると、大野弁護士はテーブルに置いてあるファイルの中を調べていが、資料を目の前に取り出して言った。

「二〇一五年度に全国の小中高校を対象とした文部科学省の調査によると、いじめが発覚したきっかけはアンケートが五一・四%と最多で、アンケートを実施した学校ではいじめの認知が六割を超えていたのに対し、未実施校では約一三%と低い数字となっています。この調査からすると、現行のアンケート方式によるいじめの早期発見も一定の効果があると言えます。しかし、その一方で、東京都が学校関係者、警察などでつくる『都いじめ問題対策連絡協議会』の二〇一六年八月に開かれた会合で、『アンケートは抑止力の一つだが、形骸化している面もある』との指摘がなされています。この問題は保護者会などの機会に保護者から学校に問題提起されたらいかがでしょうか」

大野弁護士はここで目を上げて出席者全員に目を向けながら言った。

「ほかにご質問、ご意見がございますか？　よろしければ、私の説明はこれで終わらせていただきます」

誰も口を開く者はいず、少し間を置いてから北川理恵が大野弁護士にお礼を述べ、説明会は終わった。

六　「いじめ」って、どんなものなの？

高校のお兄さんによる説明

北川理恵が大嶋道太副校長と会って、生徒と保護者の連携と、生徒の保護者と学校、先生方との緊密な連携の下に生徒がいじめ防止活動を行うことで話し合いが着き、いじめ防止新聞の生徒への配布を木曜日に再開することになった。

木曜日の朝、早目に登校して洋介と麻美、美穂と千恵の四人で、登校して来る生徒にいじめ防止新聞第三号を配っていると、柿沢利明が「僕も手伝うよ」と言ってやって来た。

全部配り終って校舎に向かうとき、麻美が利明に、「柿沢君って頼りになるのね」と声をかけると、利明は「そんな……」と言って照れ臭そうに笑っていた。

昼休みに麻美がほかの生徒を気にしながら洋介のところにやって来て、声を落として「日曜日の午後三時から空けておいてね。詳しいことは夕方電話するわ」と声をかけてきた。洋介が用件を訊く間もなく、麻美は離れて行った。

学校から家に戻って、遊びに行こうにも麻美からの電話が気になり、机に座ってあまり気が乗らずに教科書を読んでいた。

もうそろそろ夕食の時間というときに、母の声で、「洋介、麻美ちゃんから電話ですよ」と声をかけられた。急いで電話に出ると、麻美の甘えるような声が聞こえてきた。

「日曜日の三時に家に来られる?」

洋介は、日曜日の午前中はリトル・リーグの監督の手伝いをして、二時過ぎには家に戻って麻美の家に行けるので、その旨答えると、麻美は言った。

「松坂美穂ちゃんが高校二年のお兄さんを連れて私の家に来てくれることになったの。お兄さんは学校での生徒のいじめについてよく知っていると言うので、一度話を聞きたいと頼んでおいたの。日曜日の三時過ぎなら都合がいいと言うので、せっかくの機会だから、私たち四人と小林俊一君も呼んで話を聞きましょうよ」

「分かったよ。是非話を聞きたいから、俊一君を誘って三時までには必ず行くよ」

日曜日、午前中はリトル・リーグの手伝いをして二時過ぎに家に戻ってすぐに食事をし、麻美の家へと向かった。

お手伝いさんに案内されて応接室に入ると、既にみんな集まっていた。松坂美穂から高校二年生の松坂貴志を紹介され、「大野洋介です。今日はよろしくお願いします」と畏まった挨拶をして頭を下げた。背が高く、がっしりとした体格だが恐そうな感じはない。初対面でも緊張せずに話ができそうだと感じた。

全員がソファに座ると、麻美が言い出すよりも早く、松坂貴志が話し始めた。

「妹の美穂から、いじめ防止新聞を見せてもらったよ。自分たちのことを自分たちで解決しようと取り組む。これは素晴らしいことで、感心したよ。僕はこれまで幸いなことに、僕自身や友達がいじめにあったり、僕のクラスで生徒同士のいじめが起きたことがなかった。しかし、ほかのクラスや学年でのいじめ事件は何回か見てきた。美穂の上にもう一人中学二年の兄がいる。弟の親友が中学一年のときにほかの生徒数人からいじめを受け、それを解決しようとした弟もいじめに巻き込まれたんだ。それ以来、弟は生徒のいじめに強い関心を持っている。弟がよく生徒のいじめについて話をするので、学校での生徒同士のいじめについて多少は知っている。又聞きと言ったところだが、それでよかったら話すよ」

ここまで言って話を切ったとき、麻美が立ち上がりながら言った。

「せっかくなので、録音してもいいですか？」

「ここにいる五人だけで聞くのなら録音しても構わないよ」

麻美は「分かったわ」とはっきりと答えた。

麻美が自分の部屋に行って持ってきた小型のレコーダーを前に置くと、松坂貴志は話を続けた。

初めから他人の物や金を盗んだり、脅かしたり、脅かして物を取ったり、暴行を加えたり、傷を負わせたり、無理矢理に嫌なことをさせたり、具体的な事実を示さずに公然と他人を侮辱したり、具体的な事実を示して公然と他人の名誉を毀損したり、人を殺すことを目的としてこれを行えば、これは窃盗、強盗、強要、暴行、傷害、侮辱、名誉毀損、殺人などの犯罪である。犯罪は犯罪を犯す意思を持って行われるので、警察が処理する。ところが、いじめは、悪口などの言葉の暴力で相手を困らせて、相手の困る様子、悩む様子、苦しむ様子を眺めて楽しんだり、快感を覚えたりするために行われる。この限りでは犯罪ではないので、学校や先生方が処理することになる。いじめでは、いじめられる方は、苦しんだり、悩んだり、怪我を負わされたりするので、精神的にも肉体的にも大きな損害を受ける。ある場合には、精神的な損害は一生続くことになる。一方、いじめる方は相手の困った姿を見て楽しむだけで、犯罪として警察に捕まらなければ特別な損害を受けることはない。だからと言って、特別に得をするわけではない。いじめられる方は確実に損害を受け、いじめる方は得をすることは特にない。だから、いじめは許しがたい馬鹿げたことである。

松坂貴志がここで話を切ったとき、麻美が訊いた。

「いじめは悪いことだと誰でも知ってるでしょう。それなのに、どうしていじめが起きるんですか?」

「その点は、僕にもはっきりとは説明できないな。生まれつき人をいじめる性格を持って生まれてくる人間はいないと信じたいけど、現実には、確かに、いじめを行う者といじめを行わない者がいる。いったいこれはどういうことなのか……」

ここまで言って、松坂貴志は目を伏せたが、やがて目を上げて話を続けた。

幼稚園、小学校から始まって、中学、高校、大学での学生生活で、児童、生徒、学生は、色々な悩みを抱える。その悩みには、「両親が喧嘩ばかりしていて離婚寸前の状態にある悩み」、「離婚して両親と一緒に暮らせない悩み」、「親からの暴力や両親間の暴力への悩み」、「有名な学校に進学するために、ほかにやりたいことがあるのに両親から勉強を強いられる悩み」、「親の色々な都合により、親からほったらかしにされていることへの悩み」など、家庭での問題に関する悩みもある。また、学校では、「友達を作りたいがうまく友達ができず、友達の仲間に入れてもらえない悩み」、「信じていた親友から裏切られたことへの悩み」、「いくら勉強しても成績が悪い自分の能力への悩み」、「進学への悩み」、「先生が自分に対して冷たい態度をとっているのではないかとの悩み」、「ほかの生徒に比べ自分があらゆる面で劣っているのでないかと自分に自信が持てない悩み」、「どうしても担任の先生を好きになれない悩み」、「過去にいじめにあったことがあり、またいじめにあうのではないかとの悩み」、「足が遅くて運動会でいつもビリになる悩み」、「好きな子に持てない悩み」、「生徒の親同士が気が合わなくて、自由に友達とは付き合えない悩み」などと、色々な悩みを抱えている。これらの色々な悩みで、不安と心配で気持ちが落ち込んだり、怒りを覚えたり、いらいらしたりする。ある場合には、そのストレスで体調を壊したりもする。ほとんどの生徒は、色々な悩みを抱えても自分でそれに耐えて、自分で自分を慰めて生活している。ある生徒はその悩みを踏み台にして強く成長する。だが、そんな悩みを自分でコントロールして解消できない子もいる。一人で悩んで、苦しんで、もうこれ以上耐えられなくなったとき、もう生きて行けないと思って自殺する子もいる。しかし、ある子は、そんないらいらした気持ちや自分へのむかつきを、誰かにぶつけて解消したくなる。そこで、ほかの子をいじめて、その子が苦しんだり悩んだりしているのを見て優越感、存在感、快感を味わうことになる。

いじめは通常は特定の子が特定の子に対するいじめとして開始される。すると、ときにはほかの子がいじめを行っている子の側に加わってくる。ひどいときにはクラスのほぼ全員がいじめる側に付き、いじめている子をシカト（無視）するいじめへと発展する。もともとはその子を嫌っていた複数の子がいじめに加わるのだろうが、中にはいじめる側に付いていないと自分もいじめのターゲットにされるかもしれないと思って漠然といじめに加わる子もいる。

だが、いじめる側に加わっているだけでは安心できない場合もある。いじめられる子が順番に代わる場合がある。いじめる側にいてもいつ自分がいじめられる番になるのかいつも不安に駆られていることになる。

松坂貴志はここでいったん話を切って、しばらくしてから話を続けた。

「今言ったことが、通常のいじめの原因と思っているけど、これだけでは説明できないいじめもあるんだ。最近では、小学生でも高学年になると、スマホを持っている生徒も多くなっているが、中学、高校以上になると、誰でも持っている。スマホにはインターネットの機能があるが、パソコンとかタブレットもインターネット機能を持っている。このインターネット機能を利用して行う『ネットいじめ』が増えているんだ。ネットいじめでは、特に恨みを持っていない相手、あるいは、まったく知らない相手に対しても、ネット上でゲーム感覚でいじめを行っているんだ。また、彼らと一緒に面白半分に行ういじめもあるよ。ネットの機能を操作する技術を自慢するかのように行ういじめもあるんだ。

まあ、何が何だか分からないと言ったところだよ」

　松坂貴志が言葉を切ってジュースを飲んだとき、大浦千恵が訊いた。

「いじめでは、いじめられ易い子というのがいるのですか？」

「ネットいじめでは、いじめている子がいじめている相手を分からない場合が多いんだ。誰でもいじめの対象となるから、特にいじめられやすい子というのはないと思うよ。一般的に言えば、目立ちたがり屋で他人から反感を買いやすい生徒、大口を叩いて仲間から嫌われている生徒、人付き合いが悪くて陰気な生徒、大人しい生徒など、要は、生徒の集団の中でほかの生徒とは違う要素を持っている生徒が狙われやすいようだね。小学校でのいじめの方は、君たちの方がよく知ってるだろう」

スマホのネット機能

　松坂貴志が話を切ると、すかさず洋介が訊いた。

「僕はスマホを持ってないけど、インターネットとはどういうものなのか、インターネットによるいじめとはどういうものなのか、僕たちに分かりやすく説明してくれない？」

　松坂貴志は何かを考えるかのように首を倒して天井に顔を向けた後で言った。

　インターネットとは、複数のコンピュータ・ネットワークを回線で接続したネットワークのことで、現在我々が利用しているインターネットは世界中のコンピュータ・ネットワークとつながっている。我々が利用しているパソコン、スマートフォン（スマホ）、ガラケー携帯、タブレットなどは、「プロバイダー」というインターネットへの接続サービスを行う業者を通じ、インターネットにつながっている端末である。従って、これらの機器を利用すれば、同じようにインターネットの端末機器を持っている者とコミュニケーションを取ることができる。

通常は、電話、メールでのコミュニケーションであるが、そのほか、目的に応じて自己で設定した機能や、事業者が開設した色々な機能を利用できる。

誰かがメッセージを入力すると、リアルタイムですべての参加者に送信され、複数の友達の間でチャット（おしゃべり）するように会話することができる機能を利用することができる。

自分の生活での出来事、物事に対する自分の考え方や意見などを述べて公開するために、個人でサイトを設定することができる。このサイトを「ブログ」（ウエブログ）と呼んでいる（携帯電話などを利用して更新するブログは「モブログ」と呼んでいる）。ブログは日記風に情報を追加・更新できる。また、ブログを閲覧した者は、ブログに書かれている内容につき書き込みを行うことができ、コミュニケーションの場としても活用できる。ブログは個人だけではなく、企業が自社の情報や商品・サービスの情報の提供にも利用されている。

個人や複数の人、または事業者などが、テーマを決めて記事（トピックス）を書き込み、ほかの人が自由に閲覧したり、意見を書き込んだりしてコミュニケーションを取り合うサイトを設定することができる。このサイトを「掲示板」と呼んでいる。掲示板には様々なタイプがあるが、書き込まれたメッセージを新しい順に連続して表示するもの、特定の話題ごとに個別のまとまりで表示するものが一般的である。掲示板では、多くの場合、本名ではない名前（ハンドルネーム）で書き込みが行われる。本人で設定したり、事業者（プロバイダー）が行っている無料での作成用サービスを利用したりして、自分のプロフィール、趣味、誕生日などの自己紹介を登録して友人を求めたりする「プロフ」（プロフィール・サイト）を設定することができる。

人と人との結びつきの機能を持っていて、更に、その結びつきを強める機能を持っているインターネット・サービスを事業者が提供し、登録された利用者同士が交流できる会員制サービスがある。このサービスを「ＳＮＳ」（ソーシャル・ネットワーキング・サービス）と総称している。ＳＮＳには様々な機能を持っているものがあり、パソコン、スマホなどのインターネットに接続できる機器で、いつでも、どこでも使うことができる。

代表的なＳＮＳとしては、

○　入力文字は一四〇字までの投稿が可能で、思いついた言葉を即つぶやく（ツイート）ように書き込める会員制交流サイト「ツイッター」

○　自分が撮った写真を無料で投稿でき、世界共通語の「写真」でコミュニケーションができ、見栄えのする写真（「インスタ映え」の写真）を競って投稿し合う写真共有アプリ（アプリケーション。事業者によってパソコンやスマホに組み込まれている専用のプログラム）の「インスタグラム」

○　無料での通話や、個人同士、グループでメールのやり取りができる無料通話アプリ「ライン（Ｌ

ＩＮＥ)」

○　実名登録を原則とし、自分の近況を写真とともに投稿したりして知人のみとのコミュニケーションを図ったり、ニュースの投稿を図ったり、新しく出会った人の友達や経歴のチェック、思い出せない名前や誕生日・年齢などもチェックできる「フェイスブック」等々がある。

そのほか、無料で自作の動画を投稿したり、ほかの人が投稿した画像を視聴できる動画共有サービス「ユーチューブ」、レッストランの料理やサービスなど、種々の物事の評判を情報交換するために作られた「口コミサイト」、コンピュータ・ネットワークを利用して別々の場所にいてもオンラインで同時に同じゲームができ、チャットなどの書き込みを行うことでコミュニケーションを取ることができる「オンラインゲーム」、インターネット上でフリーマーケットのように個人同士で洋服、雑貨、書籍などの私物を売買することができるスマホ向けのソフト「プリマアプリ」等々と色々な機能を利用できる。

「ネットいじめ」

松坂貴志は話を続けた。

これらの機能を本来の目的に沿って利用している限りでは問題はないが、これらの機能を悪用しての「ネットいじめ」が現在社会問題となっている。

メールによるいじめでは、「非通知設定」と言って、発信者のメールアドレスを相手に知られないようにして発信する。また、インターネット上無料で複数のメールアドレスを取得できるので、相手が知らないアドレスで悪口メールを何十通も発信する。そのため、受信者は発信者が誰か分からない。また、特定の相手に対する悪口や、ありもしない情報を書いたメールを複数の仲間に送信し、そのメールをほかの仲間に送信するよう促す「チェーン・メール」という手口のいじめもある。チェーン・メールによって、学校全体にその悪口や情報が広がることになる。

いじめのための悪口の書き込みは、掲示板、ブログ、プロフ、ツイッター、チャット、ライン、口こみサイト、オンラインゲームなどの色々な機能を利用して行われている。デマや悪口どころか、「万引きをした」「援交中」などと、ありもしないことを書き加えたり、いじめの際の動画、恥ずかしい画像をほかのサイトから勝手に持ってきて書き込んだりしている。これらのことは、ほとんどが自分の名前を隠して別の名前、いわゆる「匿名《とくめい》」で行われるので、本人には悪口などを言っている相手が分からない。ネットのいじめは仮想世界（バーチャル）で行われるので、現実に生きている人間に危害を加えるという実感がないため、ゲーム感覚で行われている。

「ツイッター」では、自分のつぶやきを「ツイート」として投稿して公開すると、誰でも閲覧できて「リプライ」としてつぶやきへの感想などを送ることができる。また、閲覧者が「ダイレクト・メッセージ（DM）」を送り、メールのように二人でやり取りすることもできる。投稿をキーワード検索し、自分と同じ分野に関心のある人を探すこともできる。このツイートの機能を利用して普通の子が小遣い欲しさに児童売春や援助交際を行っているという。こうした子供は「援垢《えんあか》」や「円《えん》」という言葉をよく使う。「援」「円」は援助交際、「垢」はアカウントの隠語である。「ツイッター」などで行われている「裏アカ」もある。ユーザーがサイト内の名前に当たる「アカウント」を作り、ページに嬉しかったことなどを投稿する。これが「表」のアカウントである。しかし、別にもう一つアカウントを作って、友達の悪口などを書き込むこともできる。これが裏のアカウント「裏アカ」である。

スマホなどで画面を撮影する機能や撮影した画像を「スクショ」（スクリーン・ショット）と呼んでいる。やり取りを証拠写真のように残すことができる。無料通信アプリのライン（ＬＩＮＥ）でひどいスクショが流されたりする。特に、女子生徒の学年では通称「学年ライン」というものがある。学年のうち半数近くでグループを作っている場合がある。「学年ライン」でスクショした画像を載せたりすると、自分もラインのやり取りをスクショされたり悪用されたりする。

更に、「なりすまし」でのネットいじめがある。例えば、クラスの多くの子になりすまして悪口などを特定の子に何十通も発信したりする。また、他人になりすまして、本人には無断でブログやプロフを作成し、特定の子の電話番号、メールアドレスなどの個人情報を掲載して、「電話してね」などと書いて本人に迷惑メールを送らせるようにしたり、本人の容姿や性格などにつき名誉を傷つけるような書き込みをする。他人になりすまして脅迫メールを送り、犯人でない人が誤認逮捕される事件まで発生している。最初にいじめを始めた者は、いじめる相手に何らかの恨みとか、いじめる理由を持っている場合がほとんどだが、いじめが拡大すると、いじめられている者とは無関係な者までが、いじめに加わることになる。悪質な投稿に対して、その発信者を特定したり、それを解決するために裁判手続をとるケースも増えている。

ネット上で問題となる発言、違法な行為、他人から非難されるような内容を投稿すると、ある場合には、大勢の人がその投稿に集まってきて、いっせいに発信者を袋叩きする「ネット炎上」が起きる。ひとたびネット上に投稿した記述や写真画像などはもう二度と消去することができず、世界中の人の目に触れるものと覚悟しなければならない。投稿が非難の嵐にさらされて慌てて投稿を削除しようとしても、その前にスクショされていて、「ツイッター」「2ちゃんねる」を通じていよいよ拡散することになる。

投稿が拡散すると、多くの場合、発信者を特定する者が出てくる。米国の心理学者スタンレー・ミルグラムの実験で、「六次の隔たり」（six degrees of separation）という法則がある。「人間は誰でも五人介せばつながってしまう」というものである。投稿を見た何十万人もの人の中には発信者に心当たりがある人がいて、それがきっかけとなって人とのつながりを辿ると、五人介せば個人を特定できることになる。また、ブログやツイッターの記述や写真画像の分析やスマホに埋め込んである位置情報によって個人を特定することもできる。違法な行為などで炎上し、個人が特定されると、その後の学校への入学、就職などの際にその行為が学校や就職先に通報されたりして、人生を送る上でダメージを受けることにもなりかねない。

松坂貴志はいったん言葉を切って、少し間を置いてから話を続けた。

「学校裏サイト」

中学校以上になると、学校が『学校サイト』という掲示板を作る。掲示板には、学校の紹介や、授業のこと、学校の日程や行事、そのほか、生徒に知らせたいことが書いてある。生徒は自由に学校の掲示板を見て、学校からの情報を得ることができる。同時に、生徒は、学校への注文、授業への注文・意見を書き込んだり、授業や自宅での勉強で理解できないところを質問することもできる。学校側は学校サイトへの書き込みを見て、生徒の質問や意見に対し、学校サイトを通じて答えることになる。学校サイトは学校が管理していて、四六時中先生方が書き込みを見ているので、ほかの生徒の悪口とかは書き込むことはできない。

そこで、複数の生徒やその他の人たちが、『学校裏サイト』という掲示板を立ちあげている。この掲示板の本来の目的は、学校や先生の監視の下ではなく、授業、宿題、学生生活について生徒同士で自由に相談、情報・意見交換したり生徒が悩んでいることについてほかの生徒の意見を求めたりして、生徒同士で助け合って楽しい学生生活を送れるようにすることにある。気楽に学生間で話し合えるように、掲示板は誰でも自由に見ることができるし、誰でも自由に匿名《とくめい》で書き込みができるようになっている。この学校裏サイトがいじめに悪用され、現在大きな社会問題になっている。匿名で書き込みができるので、誰と誰とが付き合っているなどの噂、先生への不満や悪口、友達の悪口などを書き込み、それらの書き込みをほかの生徒が見て、もっとひどい書き込みをする。その書き込みがほかの生徒に広まり、いじめられている本人が気づかないところでいじめが進行することになる。学校、先生、本人がいじめに気づいたときには、もう食い止めることができない状況になっている。学校や本人がいじめを行っている者を特定しようとしても、匿名で行っているので、そう簡単には分からない。いじめられている生徒はいじめている生徒の影に怯えて苦しみ悩むことになる。

「ネットいじめ」の記録は残る

ここまで言って松坂貴志はいったん言葉を切ったが、すぐに多少怒りのこもった声で言葉を継いだ。

「ネットいじめを行っている連中に言っておきたいことがあるんだ。身体への暴力を伴わない『言葉の攻撃』では、『言った。言わない』の水掛け論になる。だが、スマホによる悪口などは、受信者のスマホに動かぬ証拠が残り、発信者を特定して法的に訴えることもできるんだ。非通知設定や色々な手を使って発信者がばれないようにしたり画面から悪口などを消去しても、いじめに使ったパソコンやスマホの記録は、使った機器を完全に破壊しない限り、機器の内部にバッチリ記録として残っている。発信者を特定しようと思えば、機器に残っている記録を復元して再び画面に取り出すことができる。だから、いじめを行った連中は、自分の悪事の証拠が残っている機器を持ち歩くことになるんだ。そんな悪事の証拠を平気で持ち歩く連中は、人間としては下の下の人間なんだよ。ネットいじめを行っている連中のほとんどが、自分は完全に安全で、相手にだけダメージを与えていると思っているが、それは大きな間違いなんだ」

松坂貴志は話し終って目を伏せていたが、しばらくして洋介が口を開いた。

「僕はインターネットの世界は分からないので、お兄さんの話は、まるでSF映画の世界としか思えないよ。僕たちは、生徒同士のいじめは生徒が解決するのが一番いいと考えていじめ防止新聞を出してるけど、お兄さんが言った『ネットいじめ』は、生徒同士で解決できる問題じゃないでしょ。僕らのクラス、僕らの学校では、まだお兄さんが言うようないじめは行われていないと信じたいよ。そう信じて、これからもいじめ防止に取り組むことにするよ」

するど、松坂貴志は洋介と目を合わせながらはっきりと言った。

「それでいいと思うよ。小学校のときに、いじめがいかに愚かなことであるかを知れば、中学、高校、大学へと進学したときに、一人でも多くいじめを行う生徒を減らすことができるかもしれないからね。僕が言ったネットでのいじめは、SF映画での出来事だと信じて、自分たちが直面しているいじめ問題に真剣に取り組んだ方がいいよ」

どんないじめ方があるのか

松坂貴志が話を切ると、松坂美穂がすぐに訊いた。

「お兄ちゃんがこないだ話してくれた、いじめにはどんないじめ方があるのか、みんなに話して」

「そうだね。小学校程度のいじめでは、悪口を言ったり、からかったり、相手の嫌がることをしたり、相手にわざとぶつかったり、校内用の靴や下足用の靴を隠したり、体操着を汚したり、使い走りをさせたり、ランドセルの中身をベランダから校庭にまき散らしたり、教室の黒板に悪口を書いたり、授業中に悪口を書いた紙を生徒に回したり、遊ぶときに仲間外れにしたり、相手が嫌がるアダナで呼んだり、トイレなどに悪口を落書きしたり、人に笑われたり叱られたりすることを無理やりやらせたりするなどが一般的だと思うよ。ひどいときは、教室や外でパンツを脱がしてからかったり、コンビニや本屋で万引きさせたりすることもあるようだね。それが中学生以上になると、個人や集団で殴る蹴るの暴力を加えたり、人が集まっているところでズボンやパンツを下ろさせたり、金銭を要求したり、自宅の金や物を持って来るよう命令したり、次第に犯罪的なものになるんだ」

許せない「いじめの傍観者」

ここまで言っていったん言葉を切ったが、すぐに多少怒りのこもった声で言葉を続けた。

「学校でのいじめで僕が一番腹が立つのは、いじめを見ているだけで何の行動も起こさない生徒、こういう連中を『傍観者《ぼうかんしゃ》』と言うんだが、彼らに対してなんだ。一人でいるときに、目の前で転んで怪我をして立ち上がれない人を見れば、ほかに助ける人がいなければ、ほとんどの人が怪我人を何とか助けようとする。しかし、見ている人が大勢いるような場合には、見ている者全員が傍観者となって誰も助けようとしないんだ。学校でのいじめが、まさにそうだんだよ」

「どうしてそうなるの？　友達がたくさんいた方が助けてくれる人が多くなるんじゃない？」洋介が訊いた。

「確かに、親しい友達は何とか助けようと考えてくれる。それでも、いじめを行っている者が複数とか、肉体的に強い相手だと尻込みしてしまう。周りにいるほかの大勢の生徒たちは、『誰かほかの人が助けてあげるだろう』『単にふざけ合っているだけで大したいじめではない』『いじめられている生徒だって、助けてもらうと格好が悪くて恥をかいて迷惑と思うだろう』『ほかの生徒だってただ見ているだけなので、自分だけが余計なことをすることはないんだ』『自分がいじめの止めに入ってうまくやめさせることができなかったら馬鹿にされる』などと無意識のうちに考えて、いじめられている生徒を助けようとしないんだ。学校でのいじめではほかの大勢の生徒が傍観者になるんで、いじめを行う生徒をはびこらせることになるんだよ」

「そんなのおかしいよ」洋介が多少怒りのこもった声で言った。「僕なら必ず助けるよ」

「『困っている人がいたら助けなさい』と家庭でも学校でも教えられているだろ。だから、目の前でいじめを見ていない者は、必ず、『自分なら助ける』と言うんだよ。でも、その一方で、『決して危ないことはしないこと』と教えられている。いじめられている生徒を助けることは、人を助けるとともに、自分を危ない目にあわせることになる。この二つの教えを同時に守ることができない状況に直面すると、積極的に行動できなくなるんだ。そして、いじめを眺めているだけの傍観者になるんだよ。周りにたくさん人がいれば、それだけ安全が守られると考えるのは愚かなことなんだよ」

「でも、困っている人を見て何もしなければ、後で、何で助けなかったのか後悔が残るでしょ」洋介が更に言った。

「そのとおりだろう。一人しかいないときは強い後悔が残るけど、周りに大勢の人がいて自分と同じ傍観者だったら、一人のときよりも後悔の念はずっと薄まってくるんだよ」

そのとき、俊一がつくづくと言った。

「僕がいじめにあったときを考えると、お兄さんの言っていることはそのとおりだと思います。クラスの誰もがお兄さんのいう傍観者で、僕に何にもしてくれなかたんだ」

俊一が口を閉じたとき、麻美が、「ほかのことを訊いてもいい？」と言って松坂貴志の方に顔を向けた。すると、松坂貴志は、「ついでだから、もう一つ余計なことを言っておこう」と前置きして言った。

「僕には女の子の心理は分からないけど、女子は何人かで集まって集団でいる場合が多いよね。弟が言うには、女の子の集団にはリーダー格の子がいて、リーダーの好き、嫌いでその集団全員の好みが決まるんだそうだ。だから、いじめる相手についてもリーダーの意向に従うことになるんだそうだ。僕には女子のこんなグループ意識は理解できないがね」

悪口として使う言葉

松坂貴志が言葉を切ると、麻美が言った。

「私はお兄さんの言うことに意見があるけど、それはそれとして、悪口にはどんな言葉を使うの？」

「『バカ』『キモイ』、『ウザイ』、『カス』、『死ね』、『消えろ』、『アイツに触るとバイキンが移る』、『マジ、死んでくれ』、『マジ、消えてくれ』とかの悪口を、何人かの仲間でスマホのメールとかサイトで言い続けるようだね。それに、『隠語《いんご》』と言ってね、いじめ仲間にだけ通じる言葉を作って、本人の前で使って、笑ったり、からかったりするんだ」

洋介は溜息混じりに言った。

「お兄さんから話を聞いて、いじめには思っていた以上に難しい問題があることが分かった、でも、〈難しい問題だから僕たちには何もできない〉と考えるのは嫌なんだ。僕たちに何ができるか考えてみるよ」

「何でも諦めずに考えることはいいことだよ」松坂貴志は笑顔で言った。「それでは、これからは同い年同士の仲間での話し合いの時間ということで、僕は帰らせてもらっていいかな？　また何か役に立つことがあれば、いつでも応援するよ」

そう言うと、松坂貴志は立ち上がった。すると、麻美が「玄関まで送ります」と言って立ち上がった。

しばらくすると、麻美が戻って来て、ソファに腰を下ろしながら言った。

「これからどうする？　美穂ちゃんのお兄さんの話を聞いて、いじめの情報で頭がいっぱいになってこれからどうすればいいのか頭がまとまらないの」

洋介は考えながら言った。

「僕はちょっと考えたいことがあるんで、麻美ちゃん、大浦さん、松坂さんの三人でお兄さんの話を聞き直してまとめてくれないかな？　その上で、お兄さんの話をいじめ防止新聞第四号でどう取り扱うか五人で話し合うことのしようよ。僕らは小学生なので、中学、高校、大学で行われているいじめとは関係なく、あくまでも小学生としていじめの問題にどう取り組むかを考えればいいと思うんだ」

小林俊一と一緒に麻美の家から出たとき、洋介の頭の中には、「小学生の段階でいじめを防止できれば、中学以上に進学したときにいじめが減少するかもしれない」という松坂貴志の言葉が強く残っていた。そして、「どうすればいじめを防ぐことができるのか？」との考えが頭から離れなかった。

夕食のとき、頭がいっぱいで一言も喋らずに食事していると、母から「洋介、何かあったの？　身体の具合が悪いの？」と、心配顔で言われた。

七　いじめの傍観者とは？

新聞第四号でのお兄さんの話の取扱い

それから三日後の水曜日、学校から帰って、遊びに出ようと思っていると、麻美から電話が入った。松坂貴志お兄さんの話を三人でまとめたので、いじめ防止新聞第四号にどう載せるか相談するため、明日木曜に麻美の家でいつもの五人で集まりたいとのことだった。洋介は「どうすればいじめを防ぐことができるのか」につきまだ考えがまとまっていないのであまり乗り気ではなかったが、麻美と会いたい気持ちが強く、「それじゃ、明日、学校の帰りに寄るよ」と返事した。

木曜日に学校が終わると、洋介は俊一と一緒に麻美の家に行った。麻美の部屋に入ると、松坂美穂と大浦千恵が既に来ている。

洋介と俊一が椅子に座ると、麻美が、「これが三人でまとめた第四号の記事よ」と言って、二人に四ページの紙を渡した。洋介はすぐに読み始めた。先日お兄さんが話した内容に沿い、いじめの原因、小学校程度でのいじめの例、いじめで使われる悪口の例などが書かれている。非常に分かりやすい文章で、洋介は〈僕もこういう文章が早く書けるようになりたい〉と思いながら読んでいた。

四枚を読み終えたとき、洋介は多少ためらいがちに言った。

「せっかくまとめてもらったけど、この文章をそのまま新聞に載せない方がいいと思うんだ。今までどおり一つ、二つのいじめの例を書いて、それを防止するためにはどうすればいいかを書いた方がいいと思うんだ」

　すると、麻美が不満そうな口調で言葉を返してきた。

「せっかくまとめたのに、どうして新聞に載せられないの？」

「この文章をお母さんに見てもらってるの？」

「ママには渡してあるけど、まだ意見は聞いていないわ」

「いじめの原因として、家庭でのこと、学校でのことが具体的に書いてあるけど、このままだと、新聞を読んだ先生や生徒の保護者から必ず文句が出て、新聞の発行を止められることだってありうるよ。いじめの例も、これだけ並べて書けば、『生徒にいじめの仕方を教えるようなもんだ』と言って、先生から文句が出てくるかもしれない。悪口の種類だって、『わざわざ悪口の言葉をいじめっ子に教えている』と言って、学校から文句が出てくるかもしれない。僕たちは決して先生や学校を恐れているわけじゃないけど、これからもいじめ防止活動を続けるには、先生や学校と対立するようなやり方は避けた方がいいと思うんだ」

　そのときドアをノックする音がして、お手伝いさんが入って来て麻美に声をかけた。麻美はお手伝いさんのところに行き何か話していたが、戻って来ると、四人に言った。

「これからママが五人と書斎で話をしたいそうよ。どうする？」

五人で麻美の母親の書斎に行きテーブルに座ると、麻美の母親がいつものとおり落ち着いた口調で言った。

「麻美ちゃんから渡された、松坂美穂さんのお兄さんの話をまとめた記事だけど、これを新聞に載せるか五人で話し合ったの？」

母親の質問に、麻美が不機嫌そうに答えた。

「このまま新聞に載せると、学校や先生と対立して新聞を出せなくなるかもしれないと言って大野君が反対しているの」

母親は洋介の方に目をやり、頷きながら言った。

「私は、大野君の考えに賛成よ。この記事をそのまま新聞に出したら、必ず学校や先生方だけではなく、新聞を見た生徒の保護者から意見が出るわ。場合によっては、いじめ防止新聞の発行を止められることにもなりかねないわよ。それはそれとして、記事の中で、『学校でのいじめで問題なのは、目の前でいじめが行われているのを黙って見ているだけで何もしない生徒、傍観者と呼ばれる生徒が多数いるので、これらの生徒がいじめを行う生徒をいよいよはびこらせている』と書いてあるでしょ。これは松坂さんのお兄さんが言ったことなの？」

「もっと長く言ってたけど、それを短く書いたの」麻美が答えた。

「松坂さんのお兄さんがどんな説明をしたのか詳しく知りたいの。お兄さんのお話を録音してあるんでしょ。レコーダーを持って来て、その部分を聞かせてもらえないかしら？」

麻美は「分かったわ」と言って書斎から出て行き、すぐにレコーダーを持って戻って来た。そして、テーブルに座ると、イヤホーンをセットして早送りで聞いていたが、「ママが聞きたいところが出たわ」と言って、イヤホーンを母親に渡した。

母親はイヤホーンを耳に入れ、レコーダーをオンにして目を閉じて聞いていた。五人は黙ってその様子に目を向けていた。

書斎は物音一つしない静寂に包まれていたが、やがて母親はイヤホーンを外してレコーダーをオフにすると、口を開いた。

「松坂さんのお兄さんの『傍観者』についての話を五人で何度も聞き直してみて。学校での生徒のいじめ問題の解決について非常に重要なことを言っているの。目の前で行われているいじめを黙って見ているだけの傍観者。どうしたら傍観者をなくし、減らすことができるのか。それを考えて欲しの。いじめ防止新聞第四号では、私が今話した問題を取り上げたらどうかしら？」

五人は無言のまま母親に目を向けていたが、しばらくして麻美が言った。

「分かったわ。みんなで話し合ってみる」

生徒全員が仲の良い友達になるとは

すると、洋介が母親と目を合わせながら言った。

「僕はこないだから、生徒のいじめをなくすために何か良い方法はないかと考え続けてるんだ。いじめをなくすには、生徒全員が仲の良い友達になって、お互いに何でも相談できるようになるのが一番良い方法だと思ってるんだ。それには、どうすればいいのか？　生徒がいじめ防止新聞を発行しているだけでは駄目なんだ。学校、先生方も変わってもらわなければ駄目なんだ。そうなると、誰か大人の助けや協力が必要になるんだ。僕の考えがまとまったら、大人の人に聞いてもらいたいと思ってるんだ」

洋介が言葉を切ったとき、麻美がすかさず訊いた。

「洋ちゃんは、いじめをなくすには、生徒全員が仲の良い友達になるのが一番良い方法だと以前から言ってるでしょう。一度訊いてみたいと思ってたんだけど、仲の良い友達ってどういう意味なの？生徒の中には、嫌いな子もいるし、どうしても気が合わない子もいるわ。全員と同じように親しい友達になるなんて無理なんじゃない？」

洋介は〈せっかく書いた記事をダメにしてしまったので、麻美が意地悪な質問をしてきた〉と思いながら頭を集中して答えた。

「『仲の良い友達』と言っても、生徒全員が親しい友達になると言ってるわけじゃないんだ。何となく気が合わない子、どうしても好きになれない子もいる。話をしてもまったく気が合わない子もいる。それはそれでいいんだよ。でも、だからと言って、その子に差別的な態度をとったり、嫌がらせをしたり、意識的に無視したり付き合いを避けたりせずに、生徒同士の仲間として認め合う。お父さんが言ってたけど、お互いに人間として認め合って付き合うということだよ。危険な目にあったら助ける。普通にお互いに言葉をかけ合う。相談を受けたら真剣に相談に乗る。そういうことが生徒全員が仲の良い友達となるということだと思ってるんだ」

洋介が言葉を切って麻美と目を合わせると、麻美は「分かったわ」と呟くように応えた。すると洋介は、麻美の母親の方に目を向けて明るい声で言った。

「いじめ防止新聞を作るようになって、勉強もしないで、まともな文章も書けない自分が恥ずかしくなったんだ。昨日、お父さんに『勉強を始めたくなった』と言ったんだ。すると、『勉強するためには、本を読み、文章が書けなければならない。だから、まず、国語の勉強が大事だ。また、算数を勉強しておかないと、日常生活で損をするので、これも大事だ。それともう一つ、これからは世界中で生活する世の中になるので英語を勉強しなさい。この三科目を勉強しておけば、ほかの科目は勉強したくなったときにできる』と言われたんだ。だから僕は、これから国語、算数、英語の勉強を真剣に始めるんだ」

大人同士の意見交換会への生徒の参加

洋介の話に、麻美の母親は頷きながら、「洋介君のお父様の言うとおりよ。頑張ってね」と言った後で、全員に顔を向けて、「それと、あなた方に伝えておくけど」と前置きして言った。

一昨日、大野英樹弁護士から北川理恵に電話があった。学校でのいじめ防止につき生徒による活動だけに任せておくのではなく、保護者として何ができるかにつき話し合うべきではないかとのことだった。打ち合わせの結果、再来週日曜日にこの前の説明会に出席した生徒の保護者が集まって、第一回の意見交換会を行うことになった。松坂さん、大浦さんのご主人も参加できないか確認中である。また、既に吉村和則校長と大嶋道太副校長の了解を得ているが、学校の現場で生徒を実際に教育している先生の立場から意見を述べてもらうために、五年生の担任の咲坂裕康先生、堀北涼子先生、坂下繁夫先生の参加につき各人の意向を打診中である。当日の話合いを円滑に進めるために、小林由美子が事務局となって、当日意見交換する事項の整理や意見交換に必要な情報を収集することになっている。場所は北川理恵デザイナー事務所の会議室を予定している。

北川理恵が言葉を切ると、すぐに洋介が訊いた。

「僕たち生徒は参加できないの？」

「今回は大人同士の意見交換で、小学五年生では十分には理解できない議論が中心となるので、あなた方には声をかけてないの」

「でも、さっきも言ったけど」洋介がすぐに言葉を返した。「僕たちのいじめ防止活動は生徒だけでは駄目で、生徒、学校、先生、保護者全員の協力が必要だと考えてるんだ。大人の議論を邪魔するつもりはないいけど、今考えていることがあるんで、せっかくの機会なんで僕の意見を聞いてもらいたいんだ」

北川理恵はしばらく考えているようだったが、やがて洋介に顔を向けて言った。

「いじめは最終的には生徒同士の問題なので、生徒の意見を聞くのも大事なことね。洋介君のお父様とも相談して、意見交換会で洋介君の考えている意見を発表する時間を用意することにするわ。資料があるのなら、当日会場に早めに来てもらえば、小林さんに必要部数コピーしてもらうことにするわ」

麻美の部屋に戻り、麻美が、「これから松坂さんのお兄さんが話した傍観者のところを全員で聞き直しましょうよ」と言ったとき、洋介は言った。

「レコーダーで聞くよりも、お兄さんの話を書き取って、家に持ち帰って何度も読んで、いじめの防止とどう関係があるのか考えることにしようよ。その上で、近々五人で集まって第四号の記事としてまとめようよ」

洋介の提案を全員が受け入れたので、レコーダーを少しずつ再生しながら書き取って行った。半分ほど書き取ったところで、麻美がパソコンに入力して清書を始めた。

作業が終わり、五部プリントしたときには六時半となっていた。日曜日の三時に麻美の家に再度集まって第四号の記事について話し合うことで麻美の家を出た。

麻美の家を出て俊一と一緒に歩いているとき、洋介が「土曜日の三時過ぎに家に来てくれないかな。二人だけで記事について話し合いたいんだ」と話しかけると、俊一はすぐに、「いいよ」と言葉を返してきた。

「傍観者」についての父への質問

父の帰りが多少遅くなるとのことで、洋介は風呂から出ると、すぐに母と二人で食事をした。食事が終わったとき、「お父さんに訊きたいことがあるんだ。帰って来て食事がすんだら教えてくれないかな？」と言って、自分の部屋に向かった。

松坂貴志が話した「傍観者」の話を何度も読み返したが、一人でいるときには困っている人を助けるのに、なぜ大勢でいるときには誰も助けようとしないのか、その点がどうしても理解できなかった。何度も読み返していると、いらいらするような気持ちが募ってきた。

ドアをノックする音で机から振り向くと、父が「何か用があるようだな」と言いながら部屋に入って来て、洋介のベッドに腰を下ろした。洋介は椅子をずらして父と向かい合うと、麻美らが書いたいじめ防止新聞第四号の記事に関するこれまでの経緯を説明した。そして、記事を父に渡した。

父はじっと記事に目を向けて読んでいたが、読み終わって顔を上げたとき、洋介は、この記事に対する洋介と麻美の母親の意見を説明した後で、レコーダーから書き取った紙を父親に差し出しながら言葉を継いだ。

「松坂さんのお兄さんの話を聞いているときには僕もほかの四人もあまり気にしてなかったんだけど、麻美ちゃんのお母さんが、お兄さんが話したこの部分の説明は非常に重要な問題で、これを新聞で取り上げた方がいいと言うんだ」

父は黙って紙に目を向けていたが、やがて目を上げて洋介に顔を向けて言った。

「松坂さんのお兄さんはなかなかの勉強家のようだな。実に興味ある問題を提起している」

　洋介はすぐに言葉を返した。

「何度も読み返したけど、僕にはこの話が理解できないんだ。なぜ一人だと助けて、大勢だとただ見ているだけで傍観者となって誰も助けようとしないの？」

「だいぶ前に、ラダネとダーリーという二人の社会心理学者が書いた『冷淡な傍観者』（巻末の参考文献を参照）という本を読んだことがある。現実に起きた事件として、目の前で殺人が行われているのを周囲で大勢の人が見ていたのに、ただ見ているだけで誰も助けに行ったり、警察に通報しなかった事件が紹介されていた。これに類するような事件はけっこう起きているようだ。これらの事件は目の前での殺人とかの緊急事態に出あったときの人間の心理を示している。この人間の行動が実際にどう起こるのか、その本では、一般人を使って同じような場面を再現しての実証実験も行っていたな」

　父親がいったん言葉を切ったとき、洋介が訊いた。

「人間は生まれたときからそんなひどい性格を誰でも持ってるの？」

「性格というよりは、緊急を要する異常事態に実際に直面したときに人間が示す心理、人間の心の状態ということだよ。周りに大勢の人がいれば、自分がやらなくても誰かが助けに行く、誰かが警察に通報すると考えてしまうのだろう。何もしないで見ている傍観者が大勢いれば、たとえ自分が助けに行かなくても、人間としての罪の意識は薄れてしまうのだろう。周りにたくさん人がいれば安心だと考えるのは危険ということになる」

「人間って恐ろしい動物なんだね。でも、中には助けに行く人もいるんでしょ？」

「周りの人はどうあれ、人間としての使命感とか正義感、もっと言えば、人間愛が強く働いて助けに行く人もいるだろう。被害を受けている人が親しい友達や肉親だったら、友情や肉親愛が強く働いて助けに行くこともあるだろう。だが、助けに行くことで自分の命を危険に晒すことへの恐怖やためらいが強く働けば、助けに行くことはできなくなる。人間は非常に複雑な生き物なんだよ」

「今お父さんが言ったことは目の前での殺人とかのひどい事態の場合だけど、学校でのいじめの場合にも同じことが言えるの？」

「松坂さんのお兄さんは、学校でのいじめでも同じことが言えると考えているようだが、悪口を言うのを聞いたりするいじめの場合には、目の前での殺人などの緊急事態で示す人間の心理とは違うような気がするよ。しかしだ、使命感、正義感、友情が強ければ、大勢の傍観者の生徒がいても、自分一人だけでも助けに行くということは同じだろう。それと、緊急事態で周りにいる大勢の人々が傍観者となって眺めているだけということは、犯罪者にとっては都合がいいことであるように、いじめの場合にも、黙って見ている傍観者が多ければ、いじめを行う者をはびこらせることになるのもたしかだろう」

「それなら、『いじめを黙って見ている生徒は、いじめを行っている生徒と同じだ』ということでいじめ防止新聞の記事を書いても問題ないの？」

「殺人などの緊急事態への対応については法的にはそこまでは言い切れないが、一般的な学校での生徒同士のいじめについてはそういう方向で書いても問題ないと思うよ。いじめを行う生徒にとっては、周りの生徒たちが黙ってそれを見ていることは、いじめの行動をとるのに都合がいいことだよ。〈周りの生徒たちも自分と同じ考えを持っているので自分の味方だ〉と誤解するんだ。一方、いじめを受けている生徒から見ると、周りの生徒が黙って見ていることは、〈周りの生徒たちはすべて自分の敵だ〉と思うことになるんだ」

ネットの記録は必ず残るのか？

父親がそう言ってベッドから立ち上がろうとしたとき、突然洋介の頭の中に松坂貴志の言葉が浮かび出てきて、口を開いた。

「それと、もう一つ訊きたいことがあるんだ。松坂さんのお兄さんの話では、スマホやパソコンを使ってほかの人に悪口などをメールし、その後で画面からそれを消去しても、スマホなどにはその記録が残っていて再び画面に取り出すことができると言ってたけど、本当にそんなことができるの？　それに、悪口を送った人が色々な手を使って自分の名前を隠そうとしても、必ず名前を突き止めることができるって本当なの？」

父親はベッドに腰を戻し、少し間を置いてから答えた。

「警察による犯罪捜査で、警察が犯人の自宅などからパソコンやスマホを押収してきて、機器に記録されている証拠を復元させて調べることは日常的に行われている。単に、犯人が発信、受信したメールだけではなく、犯人がその機器を使って書いた文章、その機器を使って調べた資料や情報などのすべての記録が残っていて復元させることができるんだよ。それに、建物や公園に時限爆弾を仕掛けたなどの脅迫メールなどの発信者も、警察の捜査では比較的容易に特定している。警察は犯罪を捜査する法的な権限を持っているので、裁判所の令状を取れば直ちにこれらの捜査ができるが、一般人がこういうことを行うためには、裁判を起こして裁判所の判決を得なければならない。こんな事例があった」

父親はいったん言葉を切ったが、すぐに話を続けた。

埼玉県川口市の市立中学の男子生徒が入学まもなくサッカー部内で仲間外れや暴言、暴力を受け、二年生の秋には自殺未遂を起こした。三年生の二学期ごろ、誰でも見られるインターネット上の「掲示板」に、学校名入りで男子生徒のいじめが話題（スレッド）に設定され、男子生徒や母親を「虚言癖がある」「モンスター・ペアレント」などと中傷し、男性生徒の実名やあだ名をさらす匿名の書き込みが相次いだ。男子生徒の親は実名やあだ名をさらした四件の書き込みについてプライバシーを侵害されたとして、二〇一八年六月に地方裁判所に提訴し、書き込みを行った発信者の名前と住所、メールアドレスの開示をプロバイダー（インターネット接続業者）三社に求めた。同年十二月に裁判所は判決でプロバイダー三社に対し開示命令を出した。判決では「いじめを受けた事実は無限定に広まると偏見や中傷を招きやすい」とし、実名やあだ名の書き込みがプライバシーの侵害に当たると認めた。プロバイダーから発信者情報が提供されれば、男子生徒側は精神的苦痛などの損害賠償請求も可能となる。本件では二〇一九年三月に書き込み投稿者に対し損害賠償を求める訴訟を提起している。

　インターネットで無責任な書き込みを行うと、たとえ匿名でも裁判手続きにより発信者を特定することができる。しかし、発信者を特定する裁判には時間と費用もかかるので、いじめ被害者が誰でも簡単に使えないという問題がある。

　洋介が「そうだったのか。ありがとう」と応えると、父親は「お父さんに訊きたいことがあったら、いつでも応えるよ」と言いながらベッドから腰を上げた。しかし、「ああ、そうそう」と言って、再び腰を下ろして言った。

「再来週の日曜日に、いじめ問題につき意見交換会を開くことは既に聞いているだろ。今日夕方に北川さんのお母さんから電話があって、『生徒からも提案があるようなので生徒も出席する時間を持つことにした』と言われていたが……」

「僕も出席して、いじめ防止方法について提案したいことがあるので今準備してるんだ」

　洋介が言葉を返すと、父親は話を続けた。

「生徒のいじめ問題については、いじめ防止法についてみなさんに説明して以来、色々と勉強しているんだ。これまでいじめは、教育委員会、学校、先生方と生徒の問題と思っていたが、勉強してみると、いじめ防止には親などの生徒の保護者の果たす役割が重要であると分かってきたんだ。そこで、北川理恵さんと話をして、保護者として何ができるかを話し合うことにしたんだ」

「意見交換会には、五年生担任の三人の先生も出るんでしょ？」洋介が口を挟んだ。

「洋介たち五年生の担任ということではなく、学校の現場で生徒と実際に接触して教育している人の代表として出席して、各先生方の率直な気持ち、考えを述べてもらいたいと思っているんだ。洋介が先生方や保護者のみなさんに聞いてもらいたい意見があるというので、意見交換会ではまず洋介の意見を聞き、必要に応じ先生方や保護者に意見を述べてもらう時間を持つことにしたよ。その上で今度は生徒には席を外してもらって、先生方と保護者だけでざっくばらんな意見交換をしたいと思っている」

「大人だけで議論するって、何を話し合うの？」

「そもそもいじめの根本的原因はどこにあるのか？　現在行われている保護者による養育や保育施設での育児教育、幼稚園や学校での教育制度は子供の健全な心の発達に適ったものなのか？　等々と、難しい議論なると思うよ」

そう言うと、父親は「早く休みなさい」と言って立ち上がった。

新聞第四号は「いじめの傍観者」

土曜日三時過ぎに、約束どおり俊一が洋介の家にやって来た。

洋介が木曜日に父から聞いた話を俊一に話し、二人で話し合って、松坂貴志の「傍観者」の話を学校での生徒のいじめの話に絞って、次の三点を強調して記事に書くことにした。

○　ほかの生徒のいじめを黙って眺めていて、いじめをやめさせるために何の行動も起こさない生徒は、いじめを行っている生徒と同じである。いじめの結果、生徒が不登校になったり、万が一自殺をした場合には、直接いじめを行っていた生徒と同じように、加害者の一人として一生後悔という責任を背負って生きることになる。

○　周囲の生徒はいじめに巻き込まれたくなくて、黙って見ていたり、その子の指示に従っているだけである。いじめを行う生徒はそれを勘違いして自分は強い子だと思っている愚かな生徒である。放っておくとますます愚かになるので、みんなで声を上げていじめを止めさせ、一刻も早く愚かさに気づかせる必要がある。

○　ほかの生徒をいじめない。ほかの生徒がいじめられるのを見たらそれをやめさせる。いじめられている生徒を助ける。そのための原動力となるのは、お互いに何でも自由に話し合える友情である。生徒全体が深い友情で結ばれていればいじめは起こらない。

俊一は文章も上手で字も綺麗なので、二人で話し合いながら俊一が記事として清書することにした。記事としての清書が終わると、二人で一緒に何度か記事を読み返した。そして数ヵ所に訂正を加えた。

すべて書き終わったときには七時を少し回っていた。俊一が帰宅しようと立ち上がったとき、洋介の母親が部屋をノックして入って来て言った。

「夕食を食べて帰るように、今俊一君のお母さんに電話したの。徹夜して片づけなければならない仕事が急に入って、いったん帰宅して俊一君の食事を作り、また事務所に戻ろうと考えていたそうよ。

これからは、そんなときは、必ず私に連絡して洋介と一緒に食事を摂るように言っておいたわ。私は二人の息子と一緒に食事ができるのでとっても嬉しいわ」

母の言葉に、俊一は申し訳なさそうに「よろしくお願いします」と頭を下げた。

父は急ぎの仕事があるとのことで朝から事務所に出かけ、夕方から事務所の若手弁護士と会食するので帰りが遅くなるとのことだった。

三人で食事を始めてしばらくは俊一の口数は少なかったが、やがて色々な話題で盛り上がった。

母が「息子が一人増えると話が尽きないわね。話の続きは次の機会にして、今日はここまでにしましょう」と言って立ち上がったときには、リビングの時計は十時を回っていた。

母と一緒に俊一が帰るのを玄関で見送ったとき、洋介は「お父さんに今日中に見てもらいたいものがあるんだ。帰って来たら教えて」と言って自分の部屋に向かった。

机に座り、さっき書いた記事を読み返していると、ドアをノックする音がして、「お父さんに相談したいことがあるのかい？」と言って父が部屋に入って来た。洋介は記事を持って立ち上がり、「俊一君と一緒に傍観者の記事を書いたんでお父さんに見てもらいたいんだ」と言いながら父に記事を差し出した。

父は受け取ると、洋介の机に座り、記事を読み始めた。一通り読むと、胸ポケットから赤のボールペンを出して、何カ所か書き加えたり、文章を削ったりしていた。そして洋介の方に振り向き、記事を差し出しながら言った。

「なかなかよく書けている。特に、『傍観者』という難しい言葉を使わずに表現しているので記事に説得力が出ている。お父さんは小学生への分かりやすい表現で書くのは苦手なんで、明日北川さんのお母さんにも見てもらいなさい」


翌日曜日、洋介は前日に書いた記事を持って、麻美の都合に合わせて、夕方麻美の家に行った。洋介は父親との話や俊一との打ち合わせを説明した後で麻美に記事を渡した。麻美はすぐに目をとおしていたが、読み終わって顔を上げると、「ちょっと待ってて」と言って部屋から出て行った。

十五分ほど待っていると、麻美が母親とともに部屋に戻って来た。母親は立ったまま口を開いた。

「素晴らしい記事ができたわ。大野先生にも見てもらっているようだけど、文章を分かりやすくするために二カ所ほど直したけど……」

洋介は椅子から立ち上がって言葉を返した。

「傍観者にいついてお父さんから詳しく説明してもらったんだ。そして、昨日俊一君と二人で記事にしてお父さんに見てもらったんだ」

「そうだったの。それでは麻美ちゃんにパソコンに入力してもらって、プリントしたらもう一度見せてね。それと、今日は夕食を一緒にしましょう。洋介君のお母様に連絡しておくわね」

新聞第五号は「ネット記録の消去問題」

月曜日の授業が終わってから、五人で麻美の家に集まっていじめ防止新聞第四号の記事を最終的に確認した。そして、水曜日の朝、学校で登校して来る生徒に配ることにした。

打ち合わせが終わったとき、洋介が言った。

「松坂さんのお兄さんの話で、スマホやパソコンでいじめの悪口を発信すると、画面から消去しても記録が残っていて、それを再び調べることができるし、その上悪口を発信した人も調べることができると言っていただろ。そんなことが本当にできるのかお父さんに訊いたら、本当にできるそうなんだ。そこで考えたんだけど、ネットいじめを行っている生徒、ネットいじめを行おうとしている生徒に対する警告として、いじめ防止新聞第五号でこのことを取り上げたらどうだろう？」

洋介の発言に、松坂美穂がすぐに反応して口を開いた。

「私もそう思っていたの。あのときお兄ちゃんは珍しく怒っているように言っていたので、家に帰ってからお兄ちゃんにもう一度訊いたの。ネットいじめをする生徒への警告だと言っていたわ」

美穂が言葉を切ると、麻美が立ち上がって机の引き出しからレコーダーを持ってきた。早送りして松坂貴志の話の関係個所を出して録音を再生した。

五人は無言のまま聞いていたが、関係部分の話が終わると、麻美がレコーダーを止めて言った。

「これからこの前みたいにレコーダーを少しずつ聞きながら、お兄さんの話を書き取りましょうよ。

私がパソコンで清書するわ」

「そうしよう」洋介がすぐに言葉を継いだ。「清書した紙を今日はとりあえず各人持って帰って、どういう記事にするか考えて、近々全員で集まって最終的に記事を完成させようよ」

八　いじめ防止のための生徒の提案

学校に通う第二の目的

いじめ防止新聞第四号を配ってから四日後の日曜日、洋介は両親とともに青山の北川理恵デザイナー事務所に向かった。

一時からの予定だったが、十分ほど早く会議室に入ると、ほかの出席者は既に来ているようだった。北川理恵がきびきびと動き回り、出席者に初対面の人を紹介している。

見ると、五年生の学級担任の咲坂先生、堀北先生、坂下先生も来ている。すぐに麻美が近寄って来て洋介の両親に挨拶してから洋介に向かい、「美穂ちゃんと千恵ちゃんのお父様は都合が悪くて来られないそうよ」と話しかけた。

しばらくすると、小林由美子が「全員お揃いになりましたので、テーブルのネーム・プレートのお席にお座りください。なお、コーヒーメーカーと紅茶のパック、サンドイッチとクッキィーが用意してございますので、各自、適宜ご利用ください」と全員に声をかけた。

全員が席に着くと、小林由美子が立ち上がって言った。

「本日の目的は、学校の現場で教育に携わっておられる先生方と生徒の保護者による生徒のいじめ問題に関する胸襟を開いての意見交換ですが、大野洋介君から，この機会を利用して是非提案したいことがあるとのことです。まず大野君から提案、意見を聞き、その問題につき先生方、保護者から意見を述べる時間を持つことにしました。提案が終わって生徒のみなさんが退席した後で、本日の目的である意見交換に入りたいと思います」

ここまで言うといったん言葉を切り、大野洋介の方に目を向けて「それでは、大野洋介君、説明をお願いします」と言って腰を下ろした。

洋介は緊張気味に口を開いた。

「いじめの問題を考えるようになって、もし小学校がなければ、小学校での生徒同士のいじめは起こらないんで、何のために小学校が必要なのかを考えたんだ。僕は、小学校には二つの目的があると思うんだ。一つは、これから中学、高校、大学へと進学して多くの知識を得るために、勉強の仕方を学ぶために必要だと思ったんだ。もう一つは、小学校に入学するまではまったく知らなかった子と、仲の良い友達になることを学ぶために必要だと思ったんだ。ところが、今の小学校では、勉強の仕方だけを教え、学校も先生も保護者もそれで当り前と思ってるんだ。二番目の目的を完全に忘れてるんだ。生徒全員が自由に意見を述べる仲の良い友達になれば、いじめの問題は起こらないでしょ。いじめが起こるのは、学校や先生が、生徒全員が仲の良い友達になるような教育をまったく忘れているからなんだ。単に忘れているどころか、勉強のために生徒同士が仲の良い友達になるのを邪魔してるんだ。

だから、いじめを防止するためには、学校や先生が二番目の目的に気づき、勉強とともに、生徒全員が仲の良い友達になる方法を考えて、それを実行しなければならないんだ。僕はその方法について考えたんだ」

洋介がここまで言ったとき、小林由美子が洋介の言葉を遮るように言った。

「大野君が考えている具体的方法に入る前に、今大野君が言った学校の第二の目的について意見交換したいと思います」

すると松坂郁子が多少緊張した表情を浮かべて言った。

「私は大野君が言った『学校での勉強の二つ目の目的』に賛成です。今の学校での教育は生徒への知識の詰め込みに偏り過ぎていると思います。そのため、まだ小学生なのに子供らしさが完全に失せて、まるで、大人の社会の縮図みたいな競争生活を送っているんです。これから大人へと成長して行く過程で、学校で勉強した知識は忘れても必要に応じ自分で勉強すれば取り戻せます。しかし、人間同士の付き合い方の基礎とか、友情に結ばれた人間関係を作る基礎については、小学生のころから学んでおかないとなかなか身に着かないものです」

次に、大浦由衣が発言した。

「小学校から大学までの十六年間の学校生活で、今一番自分の生活を支えてくれているものは、学生時代に知り合った友達との関係です。専門分野で仕事をされている人も、もちろん学生時代に学んだ知識も役立っていますが、学校での勉強のほかに、各自で仕事に必要な専門分野の勉強をして仕事をしています。自分が目指す仕事の勉強は最終的には自分で勉強することになるのです。でも、どんな分野で仕事をするにせよ、ほかの人との良好な人間関係は非常に大切なことで、その基礎を小学生のときから学ぶことは理想的な教育だと思います」

北川理恵が言った。

「洋介君が言った、学校での勉強の二つ目の目的は実に重要なことだと思います。社会生活を送る上で、知らない者同士が親しく話し合えるようになるということは絶対に必要なことです。その基礎を小学生のときに勉強することは、ある意味では、学問的知識を得る以上に重要なことだと思います。実際問題として、大人になると小学校で何を学んだのかは覚えていませんが、仲の良い友達のことは一生忘れません。ただ、問題なのは、この第二の目的を現在行われている学校教育とどう両立させることができるかです」

堀北涼子先生が口を開いた。

「大野君の考え方は、大野君らしい実に率直な考え方だと思います。しかし、義務教育では、教員は文部科学省の定める学習指導要領に従って教育を行います。学習指導要領では、生徒への学校教育の目的は『小学生としての必要な知識の修得』となっています。担任教員は自分が担任する生徒全員にいかにしたら学習指導要領に定める知識を修得させることができるのかに全力で取り組んでおり、正直に言って、友達作りは保護者や生徒自身に任せざるをえません。それでも教室での授業やそのほか教員としてやるべき仕事で、一日一二時間ぐらいは取られています」

次に、咲坂裕康先生が発言した。

「国が定める現行の学習指導要領の問題につては、必要ならば後ほど説明しますが、堀北先生の言われるとおり、現行の学校教育の下では、生徒の人間関係に重点を置いた教育には無理があります」

生徒同士が仲良くなるための机の配置

大野弁護士が言った。

「現状の学校教育を前提として、生徒同士が仲の良い友達になることを推進する方策はないのか。この点について、洋介君は何か考えがありますか？」

洋介は父親の方に目を向けながら口を開いた。

「今の学校では、生徒は学校の授業が終わると、塾に行く、習い事がある、と言って、全員がバラバラになるんだ。生徒が一緒に過ごす時間は、朝授業が始まってから、午後授業が終わるまでの時間しかないんだ。そこで、全員が学校にいる時間を利用して、全員が仲良くなれる方法はないかと考えたんだ」

洋介はカバンから紙を出し、「これは、今の学校の教室での机の並べ方なんだ」と言って立ち上がって全員に配った。そして、席に戻ると、自分の前にも同じ図面を置いて言った。

「一列に八席で、五列、机は合計で四〇なんだ。生徒がどの机に座るかは先生が決めるんだ。黒板が見えるように背の低い子は前の方、背の高い子は後ろの方に座らせるようだけど、背の高さ以外にも、先生は色々と考えて各生徒の机の位置を決めてるようなんだ。各生徒の机の位置は一学期の初めに決められ、だいたい一年間、同じ席に座るんだ。そんなこともあり、席が隣とか前後の生徒とは、話をしたり、文房具の貸し借りで話す機会が多くなるんだ。でも、席が離れている生徒とは、授業の休憩時間とか昼休みにしか話す機会がないんだ。全員が話し合う機会を増やすためには、全員につき席が隣り合わせになる機会を増やす必要があるんだ。そこで、その方法を考えたんだ。二枚目の図面を見てください」

洋介は説明した。

各列の机に番号を振る。一列目は、一―一から一―八までの番号。二列目は、二―一から二―八までの番号、同じように、三列目、四列目、五列目も番号を振る。そして、各机番号を書いた厚紙の札を作って、くじ引きのように、中が見えない箱に入れる。一ヶ月に一度、登校して教室に入るときに、教壇の上に置いてある箱の中から各人が一枚札を取り出す。その札に書いてある机の番号がその生徒の机になる。こうして、一ヶ月に一回、先生が決めるのではなく、くじ引きによって机を決めて、引いた机に移動することにする。こうすれば、隣り合わせになる生徒が毎月変わることになるので、生徒同士の付き合いが授業をとおして増えることになる。

洋介がここまで説明したとき、北川理恵が口を開こうとした。すると、洋介は「僕の説明を最後まで聞いて」と言って、もう一枚の図面を全員に配った。

「これまでの授業では、共同研究とかの授業を除いて、先生と生徒が一対一の関係で行われてるんだ。

先生が一人の生徒を名指しして、意見を聞いたり、解答を聞いたり、教科書を読ませたりしている。その一対一の授業の仕方を変えるんだ。各列で四つの机を寄せ合って四人のグループを二つずつ作る。例えば、一列目では、一―一から一―四の机を黒板が見えやすいように縦に二つずつくっつけて、二人ずつ向かい合うようにするんだ。四つの机のどこに座るかは、四人で話し合って決める。こうして、四人グループの机を十組作る。そして、先生が各グループに質問をしたり意見を聞くようにするんだ。質問され、意見を聞かれたグループは、四人で話し合ってグループとしての解答、意見を述べるようにするんだ。また、同じ質問の解答や意見を同時に十の全グループにすることもできる。こうすることによって、生徒同士で話し合う時間が増え、お互いに理解を深めることができるようになるんだ。グループのメンバーは一ヶ月毎に変わるんで、生徒は今まで付き合わなかった生徒と顔を合わせることになる。これが、僕が考えた、生徒全員が仲の良い友達になる方法なんだ」

洋介が言葉を切ると、北川理恵が言った。

「洋介君の言った学習方法は、どこかほかの学校で行っているかもしれないけど、私としては初めて聞いたわ。実に興味深いもので、考えるに値する学習方法だと思うわ。何かこの方法を考える切っかけがあったの?」

「僕はただ、〈生徒全員が仲良くなるためにはどうしたらいいか〉、それだけを考えて、〈この方法ならばどうか〉と思っただけなんだ。僕はこれまで、〈生徒の問題は生徒で解決する〉とだけ考えてたんだ。でも、先生からは『いじめは学校や先生の処理する問題で、生徒が処理する問題ではない』と言われたんだ。それで、〈それならば、学校や先生の方も生徒の立場に立って、いじめ防止のためにもっと積極的に何かをすべきではないか〉と思ったんだ。僕が今説明した方法は、学校や先生がやらなければ実現できないものなんだ。今日ここで話をしたのは、生徒の保護者として、この問題について学校や先生、場合によっては、お役所と話をして、説得してもらいたいと思ったからなんだ。法律やお役所などの決まりに反してるんなら、何とかその決まりを改めるように働きかけてもらいたいと考えたからなんだ」

洋介が言葉を切ったとき、小林由美子が言った。

「学校の教室での机の配置については、東京都江戸川区立の中学校の事例があります。二〇〇五年から、黒板の前に開放されたスペースを設け、生徒たちは窓側、廊下側、教室の後ろの壁をそれぞれ背にしてコの字に座る配置にしています。これにより教員も生徒も教室にいるみんなの顔が見えるし、教員は歩きながら一人一人に近づいて授業を進めることができるようになったとのことです。また、グループ学習の時間は机を並べ変えて、男女四人で『島』をつくるそうです。これにより教師の目が一人一人に行き届き、生徒もほかの生徒に『分からないから教えて』と言える環境ができ、生徒が勉強に前向きの姿勢を示すようになったそうです。この事例に注目した出版社が、生徒のやる気を引き出す授業の実践例として、その取り組みにつき本を出版しています。また、そのほかの中学でも教室の机の配置を工夫しているところがあるようです。小学校では、特に私立小学校で机の配置を工夫している学校もあるようです。くじ引きによる座席の決定ですが、私の定期購読している新聞の記事

（二〇一八年七月一三日東京新聞朝刊の『暮らし』欄）に、『小学校教員、育児雑誌編集者』が、『教室の席順は一ヶ月ごとに〈運命のいたずら方式〉、つまり、くじ引きで決めていた』と書かれています。『用意された出会いだけではなく偶然の出会いを受けとめてプラスに生かしていかなければならない』と言われていますが、公立、私立なのかは調べておりません」

大野弁護士が口を開いた。

「洋介君の提案は実に興味があるものだが、『生徒全員が仲良くなるための座席替え』となると、これまで行ってきた先生方の学習方法を大きく変える必要があるので、教える先生方からの反対意見が出てくと思います。また、生徒の保護者からも、グループによる勉強となると、グループの成績の悪い子のために時間が取られ、積極的に勉強する生徒の学力を低下させるのではないかとの指摘も出てくるでしょう。この問題についての先生方のご意見を是非伺いたいと思います」

学級担任制と教科担任制

すると、坂下繁夫先生が発言した。

江戸川区立中学の机の配置については新聞でも紹介されていたので、興味を持って本を買って読んだ。ほかの中学でも机の配置を工夫して授業を行っているところがあると聞いている。しかし、小学校と中学校とでは授業制度に違いがある。

現行の小学校では一人の担任の教師が全教科について教える「学級担任制」となっており、教員配置は学級担任制による指導を前提に考えられている。しかし、学級担任が指導するか、教科ごとに別の教員が教えるかに関する法令上の規定はない。そこで、学級担任制の下でも、音楽、理科、英語、家庭科などを中心に担任以外の教師が教えることがある。しかし、一部の教科につき教科担任制が行われても、ほかの教師が教える教科を含めて学級担任の教師が生徒をすべて管理するのが原則になっている。

なお、二〇一九年四月一七日、文部科学省は、小学校から高校段階に至る今後の教育のあり方に関する総合的な検討を中央教育審議会に諮問している。諮問事項の中には、二〇二〇年度から小学五年、六年で英語が教科され、プログラミングが必須化されることもあり、指導の質確保と教員負担軽減などを目的として、小学校でも専門の教員が教える教科担任制の推進が盛り込まれている。従って、現行の学級担任制と新たに導入される教科担任制とをどう調整して運用するかも議論されることになる。

一方、中学校からは「教科担任制」となっている。学級担任の教師はいるが、各教科について専門の教師が授業を行っている。教科担任制では、各教科の教師は自分の専門の分野のみの授業であり、授業の準備に十分な時間をかけることができる。

江戸川区立中学の場合、コの字の机配置は、ほとんどの生徒が黒板に正対できないことになるので、極力黒板を使わない授業にする必要がある。そのため、生徒に配るための資料の作成、生徒の前に立ち直接生徒に話しかける授業方法の工夫など、従来の授業とは大きく異なる面が出てくる。一人で全教科につき授業を行う学級担任制の下では、各教科につき資料の作成とか授業方法の工夫をするのは荷が重過ぎる。しかし、学級担任制と教科担任制の違いがあるが、江戸川区立中学の実例を書いた本では教師しとして見習うべき多くの問題が述べられており、一度授業を見学したいと思っている。

また、二〇二〇年からの小・中・高の学習指導要領では、授業の方法として「アクティブ・ラーニング」、先生が一方的に教えるのではなく、子供たちが主役となって議論したり、調べたりして、協力しながら考え、学ぶ方法を据えることになっている。更に、人材の配置や学習の進め方、時間割編成といった学校運営につき、各学校が取り組み、改善して行く「カリキュラム・マネジメント」を採用することになっている。そんな中で、大野洋介君の座席配置の対策についても議論される可能性がある。

坂下先生はここで一息ついてから言葉を続けた。

「大野君の言っていた四人学習については、授業の内容により現在でも行う場合があります。しかし、一ヶ月一回のくじ引き方式による座席替えは一般の授業では無理だと思います。黒板を利用する授業では前の席の生徒の背丈によって黒板が見えないという苦情が出ます。授業中によそ見をしたり、マンガを読んだり、ノートに落書きをしたりして授業に身が入らない生徒に対しては、教師としては常に注意を払う必要があります。そのために常に生徒の座席位置を頭に入れておかなければならないんです。しかし、グループ学習の場合には、くじ引き方式による生徒の組み合わせは、クラスの生徒同士の触れ合いの機会を増やす観点から、実施する価値はあると思います」

坂下先生が口を閉じると、大野弁護士が言った。

「洋介君が提案した教室の座席配置と生徒の座席替えの問題は、生徒の保護者が考える問題というよりは、先生方がいかに授業を効果的に実施するかの問題だと思います。今日ご出席の先生方で話し合い、機会があれば教員会議で取り上げて議論していただきたいと思います」

定期アンケートの対象となる「いじめ」

大野弁護士はいったん言葉を切ったが、すぐに言葉を継いだ。

「教室での座席配置とは関連はありませんが、もう一つ先生方に検討していただきたいことがあります。いじめの早期発見のために定期的に行うアンケート調査ですが、生徒からの指摘によると、アンケートの対象となるいじめが、どういう内容のいじめなのか、担任の先生方によって説明が異なるので混乱しているとのことです。生徒同士がふざけ合って悪口を言い合ったり、どついたりするのは、これらは調査対象となるいじめではないなど、先生方のいじめの定義を具体的な例を挙げて教員会議で統一しておく必要があると思います。また、アンケートでいじめを発見した場合の先生方や学校の守秘義務などのへ対応の仕方についても、生徒に事前に説明して、生徒と先生との信頼関係を高めておく必要があると思います。この件も先生方でご検討いただければと思います」

大野弁護士が言葉を切って三人の教師の方に目を向けると、坂下先生が「いじめの定義についてですが……」と言いながら手持ちの資料をめくって一枚の紙を取り出して口を開いた。

「いじめ」についてはいじめ防止対策推進法で「心理的又は物理的な影響を与え、児童らが心身の苦痛を感じている」と定義されている。抽象的な定義であるが、二〇一六年度の文部科学省の児童生徒の行動に関する調査では、喧嘩やふざけ合った軽微なものも、一方的であればいじめに含むことにして、いじめの予防発見のために、いじめを積極的に把握する方針を打ち出している。

二〇一八年三月一六日、総務省行政評価局は、いじめの定義を巡り全国の公立小中高二四九校を抽出して二〇一六年一二月～二〇一七年三月に実施した調査の結果を発表した。それによると、調査対象の学校のうち、二四％に当たる五九校が、いじめの定義として「継続性」「集団性」「陰湿《いんしつ》」など、法律の定義にない要素を採用して定義より狭く解釈していた。理由は「すぐに解消した事案を含めると相当な数になる」などだった。定義に沿っていると回答した学校でも、実際の判断で「継続性」などを考慮していたケースもあった。この結果、「児童が下着を下ろされ、ひどく傷ついた」（小学校）、「体育後服を取り上げられた生徒が泣いていた」（中学校）といった事例も学校側は一過性のいやがらせなどとしていた。また、本人が「大丈夫」と言えば、いじめには当たらないと認識するといった問題も見つかった。法律で定めているいじめに該当すると考えられるものでも学校では単なるトラブルとして取り扱われ、いじめとみなされなかったケースが三二校で四五件あった。

これを踏まえて総務省は、これらの独自に加えた解釈は、いじめを見逃したり、深刻な事態を招いたりする恐れがあるとし、文部科学省に改善を勧告した。

また、二〇一四年四月九日に東京都葛飾区立中学三年の男子生徒が自殺し、この問題を再調査するために区が設置した第三者委員会が、二〇一八年三月二八日に区に提出した報告書で、いじめ防止法に定めたいじめの定義を用いず、部活動でほかの部員から受けた行為を「社会通念上のいじめではない」と指摘して論議を呼んでいる。

坂下先生は資料から目を上げて話を続けた。

「いじめに該当すると思われる生徒の具体的な行動や行為を羅列《られつ》することとなると切りがありません。そこで、うちの学校では、アンケートに答える生徒自身がほかの生徒からされて不快感を覚えたり嫌だと思ったこと、自分がほかの生徒に行って相手が不快感を示したり嫌がったりしたこと、ほかの生徒同士が行っていて、行われている生徒が嫌がったり困ったりしていて、そんなことはしない方がいいと思ったことについて、いつ、どんな状況で行われていたかを回答してもらうことにしていきます。回答内容をクラスの担任が見て、いじめに該当するものはないか判断することにしています。ほかのクラスや学年に関係する場合には、関係する担任が集まって判断する場合もあります。定期アンケートは年三回、五月、九月、一月に行いますが、アンケートの度に、生徒より、『不快感を覚える』『嫌だと思う』とはどの範囲のものなのか質問がありました。質問に対し、これまでは、いじめを発見するためのアンケートであることを強調して狭い範囲で説明する担任と、いじめを意識せずに広い範囲で説明する担任がいたことは確かです。早急に咲坂先生、堀北先生と話し合い、必要ならば教員会議で取り上げて、生徒への説明を統一したいと思います。また、アンケート結果に対する学校や教師の秘守義務の生徒への説明についても、必要な措置を講じたいと思います」

記名式アンケートの問題点

坂下先生が言葉を切ったとき、大野弁護士が訊いた。

「ついでと言っては何ですが、アンケートは記名式ですか？　無記名式ですか？」

坂下先生が答えた。

「うちの学校では、定期アンケートは無記名式で行います。いじめが表面化して調査、情報収集を行う場合には、校長または副校長と協議して記名式とする場合もあります。いじめが『重大事態』に該当したり、その可能性が強い場合には、記名式で行うことになっています」

坂下先生が言葉を切ると、堀北先生が言葉を継ぐように言った。

「定期アンケートを記名式にしている学校もあります。記名式としている学校の中には、『生徒自身が受けたいじめ』『ほかの生徒が受けたいじめ』について、いじめの行為、行動をカテゴライズして具体的に示し、各項目ごとにいじめの有無を『イエス』『ノー』で回答させ、『イエス』と答えた生徒には、いじめを行った生徒の名前を書かせている学校もあります。同時に、保護者にもアンケートを実施して、わが子に起こったいじめに関係がありそうなこと、いじめの結果発症することが考えられる具体的な身体症状や行動、わが子がいじめを受けていると思う場合にはその理由、わが子の友達や地域の子供のことで気になることや気になる噂などを記入させています。これにより生徒に『いじめ』を認識させ、いじめを自制させ、自覚させる効果、いじめを行うと自分の名前が書かれるのでいじめ行動を抑制する効果、いじめはしてはならないとの共同認識を生徒全員が持って生徒の自制を促して生徒に安心感を与える効果があるとしています。しかし、ここまで徹底したアンケートを実施するためには、保護者、教師、生徒にいじめに対する強い共通認識が必要です。保護者の生活レベル、生活環境、教育に関する考え方がある程度一定していること、更に、中学、高校、大学へ進学するための学校での学習の重要性の認識が保護者、教師、生徒にも強く働いていて、『いじめ』などという学習を妨害する要因の排除意識が共有されている必要があります。それに、アンケート結果のまとめ・分析作業、いじめに関係している生徒一人ひとりへの対処・措置についての検討、問題の生徒への具体的対応を行うために教師も十分に配置されている必要があります。これらの前提がなければ、このようなアンケート方式は採用できません」

堀北先生はここで少し間を置いてから言葉を続けた。

「一般の公立の小中学校では、各生徒の保護者の生活レベルや生活環境、社会常識、学習に対する考え方が大きく異なっていて、保護者の影響で生徒の考え方も各生徒によって大きな開きがあります。そんな中で記名式のアンケートで、しかも、いじめを行っている生徒の名前を書かせれば、保護者や生徒からはすぐに『犯人探し』との指摘が寄せられ、犯人探しを行う担任教師への不信感が募って学級崩壊につながりかねません。それに、公立の小中学校の教師は通常の仕事だけでも一日十二時間も働いています。これが公立学校の現状です」

堀北先生が言葉を切ったとき大野弁護士が言った。

「新聞などで報道された生徒のいじめ事件の事例を見ると、いじめの早期発見のための生徒に対するアンケート方式による調査については三つの問題があると思います。一つは、アンケートには、いじめを受けている生徒が必ずしも正直にいじめの事実を書かないということです。その背景には、学校や先生方に対する不信感や、いじめを行っている生徒からの仕返しへの心配、ほかの仲間の生徒たちのいじめに対する無関心などがあると思います。二つ目は、ほかの生徒がいじめを受けているのを知っていても、学校の勉強や塾での勉強で忙しい中で、いじめの処理をめぐる学校や先生方の騒ぎには巻き込まれたくないとの意識が強く働き、アンケートには正直に答えないということです。三つ目は、アンケートで生徒がいじめについて書いても、学校も先生方が必ずしも生徒の意向を的確に理解して対処しないという点です。『たいしたことではない』『生徒のわがままだ』『遊びの延長でいじめではない』などと勝手に判断し、ただでさえも多忙な生活の中で、いじめの処理という面倒で時間がかかる問題に関わりたくないという意識があるからでしょう。アンケートに頼らずに、日常の学校生活の中でどうしたらいじめを早期に発見していじめられている生徒を守ることができるのか、いじめの発生をどうしたら防ぐことができるのか、もう一度真剣に考え直す必要があるのではないでしょうか」

大野弁護士はそう言って、少し間を置いてから、「それでは、次の問題に移ります」と言って、小林由美子に目を向けた。

いじめ防止のための学校での取組例

小林由美子が「それでは、ここで、いじめ防止のための学校での取組例について紹介しておきます」と言って、目の前の資料に目を落として説明した。

「いじめ防止への取組は、学校での校長以下の教師による取組、学校が策定した防止策に基づく生徒による取組、生徒による学校内での自主的取組、地域のほかの学校と連携しての取組等々と色々あります。これらの取組みにつき、二〇〇七年二月に文部科学省と国立教育政策研究所生徒指導研究センターが協同して刊行した『いじめ問題に関する取組事例集』、二〇一四年一一月に文部科学省初等中等教育局児童生徒課が刊行した『いじめ問題に対する取組事例集』で紹介されています。後者の事例集は、各都道府県、指定都市から応募した取組の中から、特に優れた事例であると判断した事例を掲載しています。この二つの事例集を既に先生方はお持ちかと思いますが、後ほど本日出席のみなさんにコピーをお渡しします。今後の、保護者としての防止活動、生徒による自主的防止活動に役に立つと思います」

小林由美子はここでいったん言葉を切り、目の前の資料に目を落として言葉を継いだ。

「事例集で取り上げられている取組事例と重複するものもありますが、インターネットで検索したいくつかの学校での取組事例について、生徒のみなさんにも参考となるので紹介しておきます」

小林由美子は項目別に説明した。

（一）「ネット・パトロール」—小学校では開設している学校は少ないが、中学校以上になると、学校が「学校サイト」を開設している。「学校サイト」は学校によって管理されていて、生徒名を示して利用するので、生徒同士で自由に意見交換ができない面もある。そこで生徒などが「学校裏サイト」と呼ばれている学校非公式サイトを作ったりしている。「学校裏サイト」は匿名で書き込みができるので、このサイトがほかの生徒に対する誹謗・中傷の書き込みに使われている。そのため、学校や教職員は「学校裏サイト」の存在や、生徒に対するに誹謗・中傷の書き込みを見つけるために「ネット・パトロール」を定期的に行っている。ネット・パトロールはブログ、プロフなどへのいじめの書き込みに対しても行われている。

（二）「いじめ防止宣言といじめ防止バッジ」――始業式に校長がいじめ防止宣言を読み上げている学校がある。いじめ被害は口頭で友人や教員に訴えにくいので、学校がいじめ防止バッジを作って「みんなと仲良くする」「誰とでも笑顔で接する」と校長に誓ってバッジを校長から受け取って胸元に着けさせ、いじめを見つけたり、いじめられているときはバッジを外してSOSを伝える学校がある。

生徒の自主的活動でいじめ防止宣言を作り、それに賛同する生徒や保護者にバッジを渡して着けてもらう学校がある。

それぞれのクラスで生徒がスマホによるいじめについて議論し、クラス毎にスマホの利用に関する宣言を作成する学校がある。

県内の他校に呼びかけていじめ防止フォーラムを開き、「いじめをなくすために私たちができること」を論議し、更に、県内代表生徒による「いじめ防止ネット」で「いじめ防止宣言」を採択する学校がある。

（三）学校で「いじめ防止スローガン」「いじめ防止標語」を掲示したり、年間を通じて全校で「あいさつ運動」、「ピア・サポート（仲間への思いやり）運動」を実施したり、いじめ防止強化月間を設定していじめ防止キャンペーンを実施している学校がある。

（四）夏休みなどを利用して生徒会の委員、学級代表者を集めてピア・サポート学習会を開き、講習を受けた生徒を「サポーター」として、学校生活の中でクラスや部活動で仲間を支援する活動を行っている学校がある。

（五）生徒の自主活動としていじめ防止のための芝居を上演したり、いじめ意見箱を設置したり、学校によるいじめ防止作文（人権作文）の募集と表彰を行っている学校がある。

（六）地域にある高校の生徒たちが小学校を訪ね、スマホの健全な使用につき小学生に説明したり、小学生と話し合う活動を行っている学校がある。

小林由美子の説明が終わると、坂下繁夫先生が発言した。

「ネット・パトロールなどですが、私どもの小学校では各教師が手が空いたときに自主的に行っていますす。現在のところ学校として重点的に行っているのは、休み時間や放課後での教師による校内パトロールです。それと、今のところ『学校裏サイト』はありませんが、小学高学年ともなると、生徒の中にはＩＴにつき高度の知識を持っている生徒もいるので警戒しています」

大野弁護士が坂下先生に訊いた。

「学校裏サイトの存在はチェックすればすぐに分かるものなのですか？」

「インターネットで『学校名､地域､掲示板』のキーワードで検索すれば､ほとんどの場合分かります。また、『学校裏サイト・チェッカー』というサイトを利用すれば、かなりの確率で見つけることができます。『学校裏サイト』に対する対処が進み、いじめ防止対策上は､現在では以前ほどには脅威となっていません。現在問題となっているのは、外部からは見えないところで起きるネットのいじめ、特にＬＩＮＥでのいじめです。ＬＩＮＥでのいじめがこれまでのネットいじめと異なるのは、GoogleやYahooなどの検索サービスの検索対象となっていないことです。友達になったり、グループに招待されたりしなければやり取りされている内容は第三者からは読めないので、いじめがあるのかは分かりません。そんな中で、特定の子だけをグループから外したり、特定の子だけ除いたグループを作ってその子の悪口を言い合ったり、特定の子の書き込みだけを無視したり、その子が嫌がるような写真や動画をクラスのグループなどで共有するいじめが起きています。その上、やり取りは端末から削除してしまうと証拠が残らないので、いじめている子がやり取りを削除して『やり取りなんかしていない。いじめもしていない』と主張すれば、いじめの究明が困難になります。ＬＩＮＥによるいじめは子供を精神的に追い詰める傾向が強く、注意が必要です」

するのと、北川理恵が言った。

「それぞれの学校で色々といじめ防止策を考えておりますが、何か良い防止策はないかと試行錯誤しているのが現状だと思います。でも一つ言えることは、どんな取り組みでもしないよりはした方がいいと思います。ネット・パトロールなどは学校と連携して､保護者会や保護者のボランティアも加わっての態勢を作れば、もっと有効なパトロールができるのではないでしょうか？　この問題は次の機会に議論しましょう」

生徒による「いじめ防止宣言」と「いじめ救助グループ」

そのとき、洋介が口を開いた。

「いじめ防止宣言のことは僕も考えてるんだ。学校の作った宣言だと、〈いつもの学校や先生のお説教かよ〉と思うので、僕たちで作っていじめ防止新聞に書くんだ。そして、宣言に賛成する生徒の署名を集めるんだ。誰が署名したかは公表しないけど、学年、クラス別に署名した人数を新聞で発表するんだ。署名がたくさん集まれば、いじめをしようと思っている生徒にプレッシャーをかけられると思うんだ」

洋介が言葉を切ったとき、麻美が不満そうに言った。

「私はそんな話は洋ちゃんから聞いていないわよ」

麻美の言葉に、洋介は「僕は文章が下手だから、これからが麻美ちゃんの出番だよ」と言葉を返して、話を続けた。

「さっき、学校が生徒会の委員や学級代表者を集めて学習会を開いて、生徒を支援するサポーターにすると言ってたけど、学校から指名されたサポーターは生徒から見ると学校や先生の回し者と見られて、いじめを受けている生徒からは信用されないと思うんだ。これも僕は考えていたんだけど、いじめを防止したいと真剣に考えている生徒に僕らが呼びかけて、クラス単位、または学年単位に『いじめ救助グループ』を作りたいと思ってるんだ。このグループはいじめを行っている生徒に積極的に近づき、いじめの原因となっている悩みを友達として聞いてあげるんだ。また、いじめを受けている生徒にも積極的に接触して、いじめで追い詰められている生徒の苦しみを友達として聞いてあげるんだ。前から気になっているんだけど、クラスの中にいつも独りぼっちでいる生徒がいるんだ。自分からはほかの生徒に声をかけないし、ほかの生徒も彼を誘わないんだ。学校での休み時間にはどの生徒も勉強から解放されて遊びたいと思ってるはずなんだ。何か特別な理由があって、遊びたくても遊べないのかもしれない。そういう生徒にいじめ救助グループが積極的に声をかけて、ほかの生徒と一緒に遊ぶようにしたいんだ。ほかの生徒と一緒に遊ぶときに、その生徒だけを無視したり、嫌なことをしたり、その子だけにボールを拾いに行かせたりする生徒がいれば、いじめを行っている可能性があるので、救助グループがいじめに関係している生徒と話し合っていじめを解決したいと思ってるんだ。もし自殺を考えている生徒がいれば、それを絶対に食い止めるんだ。いじめ救助グループの活動は生徒同士で問題を解決するための生徒だけの自主的な活動だけど、必要なときは、是非学校、先生、保護者にも協力してもらいたいんだ。このグループについては新聞を作っている五人の仲間で話し合って、できるだけ早く活動を開始したいんだ」

洋介がいったん言葉を切ったとき、小林由美子が目の前の資料に目を向けながら口を開いた。

「小林君が言ったいじめ救助グループですが、東京の足立区立小学校が二〇一二年、児童の有志による『キッズレスキュー隊』を組織し、校内を見回って声をかけるなどを行い、いじめの芽を摘む活動を始め、年数回あったいじめのトラブルがなくなる効果を上げたという事例があります。なお、同校の校長はいじめ防止活動を行っている一般社団法人『明るい未来を紡ぐ有識者の会』の代表と組んで、二〇一八年四月に一般社団法人『ヒューマン・ラブ・エイド（ＨＬＡ）』を立ち上げ、個別のいじめ解決にも動き、ＨＬＡを被害者の駆け込み寺にし、関係機関をつなぐハブ的組織を作っています」

小林由美子が言葉を切ると、洋介が話を続けた。

「それからもう一つあるんだ。いじめ防止新聞は大野洋介新聞社として発行し、いじめに関する情報や相談があれば手紙を送ってもらうことになってるだろ。新聞社名を『いじめ防止新聞社』に改めて、その新聞社に『いじめ相談郵便ポスト』を作ったらどうかと考えているんだ。いじめを受けているのに親にも、親友にも、先生にも相談できない生徒が必ずいるはずなんだ。『いじめ相談郵便ポスト』を作って、いじめについて知らせてもらうんだ。いじめがあると分かったら、いじめ救助グループがいじめを解決するために動き出すんだ。さっき『いじめ意見箱』を作っている学校もあると言ってたけど、意見箱を学校に設置すると、ほかの生徒の目があるんでなかなか利用できないと思うんだ。とりあえず僕の家の住所を使って『いじめ防止新聞社いじめ相談郵便ポスト』を作って、鍵を掛けて厳重に管理するんだ。このことも五人で話し合って早急に決めたいと思ってるんだ」

洋介が言葉を切ると、麻美が言った。

「いじめ救助グループの話も、いじめ相談郵便ポストの話も初めて聞いたわ。私に内緒でそんなことを考えていたなんて。このことは後で二人で話さなければならないわね。でも、大野君の提案は私も大賛成よ。五人で話し合って早急に進めることにしましょう」

　そのとき北川理恵が言った。

「洋介君が言ったいじめ防止宣言の問題と、いじめ救助グループの活動、それに、いじめ相談郵便ポストの設置については、洋介君たちに任せるのが一番いいと思います。しかし、ここではっきりと言っておきますが、いじめ救助グループの活動は、何が何でも生徒だけで解決しようとせず、常に先生方との緊密な連絡をとって行ってください。先生方と意見が対立したときは、私たち保護者にすぐに相談してください。保護者と先生方と話し合い、最善の解決策を考えます。また、郵便ポストに届けられたいじめに関する情報も、先生方に必ず伝えて、その対処方法について話し合ってください。生徒と先生の意見が対立する場合には、私たち保護者と先生方とで話し合います。今私が言ったことは必ず守ってください」

　そう言って北川理恵が洋介の方に目を向けると、洋介は「分かった」とはっきりと答えた。

　すると、大野弁護士が口を開いた。

「それでは、いじめ防止宣言、いじめ救助グループ、いじめ相談郵便ポストの問題については当面は五人の生徒に任せ、私たちに協力依頼があれば積極的に協力することにしましょう。しかしながら、いじめ、特に、いじめによる自殺の防止は学校と家庭に加え地域を越えて総合的に取り組むべき問題です。いじめなどの人間関係で悩んでいる生徒が、悩みや苦しみを気軽に相談でき、その原因を取り除く態勢を大人がどう構築するかは緊急な問題で、この点については次の機会に議論することにしましょう」

　すると、大野久子が口を開いた。

「うちの息子は学校の勉強はまったくしないのに、学校の生徒とは誰でも仲良く遊び回っています。少しは勉強しないと頭が空っぽになると心配していましたが、いじめ防止新聞を作ったり、今度は、小学校でのいじめ防止のための方法を考えたりして、今つくづく感じていることは、仲間との遊びをとおして、ガリ勉の生徒では考えられない発想を養っていたということです。私は洋介の親としてではなく、小学校教育に関心を抱く一人の保護者として、これからは広い視野で教育問題に関心を持って行きたいと考えています」

　大野久子が言葉を切ると、小林由美子は洋介の方に目を向けて言った。

「小林君はほかに提案したいこと、意見を聞いてもらいたいことがありますか？」

　洋介は突然立ち上がると、「今日は僕の意見を聞いてもらってありがとうございました」と言って頭を下げた。そして腰を下ろすと、「いじめの定義とかアンケートの話、小学校と中学校の授業に仕方の違いなどの話が出て、もっと聞いていたいけど、これ以上大人同士の話し合いを邪魔しないようにするよ。僕はもうないけど、北川さんたちが言いたいことがあるかも……」と言うと、麻美が洋介の言葉を遮って言った。

「特にありません。大野君が私に前もって知らせないで提案したことについては、これから大野君と話をしなければならないけど」

北川理恵が口を開こうとしたとき、一瞬早く小林由美子が言った。

「それでは生徒のみなさんには退席してもらって、先生方と保護者の意見交換会に入りたいと思います」

すると、北川理恵が言った。

「この近くに素敵なテラス・カフェがあって、席を予約してあるの。事務所の井上さんにあなた方の世話を頼んであるの。小林さん、生徒のみなさんに井上さんを紹介してあげてください。小林さんが戻るまで、私たちは休憩を取りましょう」

小林由美子が「それでは私に付いて来てね」と声をかけると、生徒は立ち上がり、小林由美子の後に付いて会議室から出て行った。

第二部

いじめ防止のために
生徒の保護者と教育関係者に読んでもらいたいこと

一　教育の第一義的責任者は保護者

小林由美子は五分ほどして会議室に戻って来た。しばらくは飲み物を飲み、クッキーやサンドイッチを摘まみながら歓談しいていたが、小林由美子の「それでは、そろそろ始めましょう」との呼びかけで、全員が席に戻った。

全員が席に着くと、小林由美子が口を開いた。

「それでは、学校の現場で教育に携わっている先生方と生徒の保護者による、学校での生徒のいじめ問題についての意見交換会を始めたいと思います。まず最初に大野直樹先生より本日の意見交換会の趣旨、目的についてお話ししていただきます。先生、お願いいたします」

大野弁護士は「座ったままで失礼します」と言ってから話し始めた。

今日の意見交換会は生徒の保護者の代表者による会合ではなく、日頃親しくしている生徒の保護者の有志による会合である。五年生の学級担任の先生方も、学級担任の教師としではなく、実際に学校で教鞭をとっている教育者としての参加である。

本日の意見交換を実りあるものにするために、小林由美子さんに参考資料・情報の収集をお願いしてあるので、必要に応じ彼女から説明してもらうことになっている。

ここで大野弁護士はいったん言葉を切り、少し間を置いてから言葉を続けた。

二〇〇六年一二月二二日に公布、施行された教育基本法により、国民はその保護する子に小学校、中学校での教育を受けさせる義務を負い、国及び地方公共団体は義務教育の実施に責任を負っている。更に、教育基本法は、父母その他の保護者は子の教育について第一義的責任を有するとしている。しかし、この保護者の子への教育の責任は、各家庭の判断で行われる教育として、各家庭の自主性を尊重して努力目標となっている。努力目標としたのは、そもそも家庭での子供へのしつけや教育は、親などの保護者が子を思って自由にやるものであり、国が国策に沿って介入すべきものではないという民主国家での当然の考え方に立ったものである。しかし、子に対する教育はあくまでも保護者が行うことを前提としての「努力目標」であって、子の教育についての保護者の責任を免除するものではない。

すべての親や保護者が自己の責任を認識して自主的に子に対する家庭教育を確実に実施しているのならば問題は起こらない。しかし、現状を見ると、多くの家庭などでこの責任がなおざりにされている。その結果、生徒への教育の実施は、元来家庭教育に属するものを含めてすべて学校に丸投げされていて、学校の責任という事態になっている。

二〇一三年九月二八日に施行されたいじめ防止対策推進法（いじめ防止法）は、保護者は子の教育について第一義的責任を有するとしながらも、「自己の子に対し規範意識を養うための指導などを行うよう努め、自己の子がいじめを受けた場合には、適切にいじめから保護するよう努めるものとする」

として、その責任を努力目標にしている。更に、国、地方公共団体、学校の設置者、学校が講ずるいじめの防止、いじめの早期発見及びいじめへの対処のための措置に対する保護者の協力も保護者の努力目標としている。従って、いじめを受けたわが子の保護や、学校などが講じた措置への協力も保護者の任意のものであって、保護者の協力が得られないことを理由として、いじめ防止などに関する学校などの責任を軽減するものではない。即ち、学校全体でのいじめ防止及び早期発見への取り組み、在籍している生徒がいじめを受けていると思われるときの適切、かつ、迅速な対処は、生徒の保護者、地域住民、児童相談所その他の関係者との連携を図りつつ、すべて学校及び教師が行うことになっている。そのため、生徒のいじめで自分の子供が被害を受ければ、生徒とその保護者は被害者となって、学校や教師を加害者としていじめの責任を追及することになる。いじめにより生徒が負傷したり、不登校になったり、最悪の場合、自殺でもすれば、被害を受けた生徒の保護者ばかりではなく、ほかの生徒の保護者も一団となって学校や教師の責任を追及し、また、マスコミも学校や教師の責任を追及することになる。

大野弁護士はここまで言うと、全員に顔を向けてから言葉を継いだ。

「先日生徒のいじめ防止活動に関する法的問題について調べたとき、私は思いました。生徒のいじめを根絶するためには、学校及び教師による活動。生徒による自主的な活動。地域活動を含む生徒の保護者による活動。この三つの活動が三位一体となって行われなければならないのではないか？　学校、教師、生徒による活動が行われている中で、保護者だけが傍観者としてそれを眺めている、あるいは、各保護者のばらばらな判断によって対処しているだけでいいのか？　保護者が自分たちでやるべきことを適切に行わないで学校、教師にわが子の教育を全面的に白紙委任していて、いじめが起きれば保護者として学校や教師の責任を追及することには問題があるのではないか？　と強く感じました。いじめ防止法に基づく文部科学省のいじめ防止基本方針及びいじめ問題に関する基本的認識でも、いじめ問題の解決のために家庭が極めて重要な役割を担うと指摘しています。そして、いじめ問題については、学校、地域の関係団体、学校の保護者会（ＰＴＡ）と家庭（保護者）とが連携して対策を推進する必要があるとしています。そこで今日は保護者の有志の方々と教員の有志の方々に集まっていただいて、いじめ防止につき意見を交換しようと考えました。前置きが長くなりましたが、これから意見交換に入りたいと思います。小林さん、よろしくお願いします」

二　生徒によるスマホ利用問題

スマホの学校への持ち込み

小林由美子が言った。

「最初のテーマは子供のスマホの利用に関する問題です。本日の意見交換会のテーマは生徒のいじめ問題で、スマホを利用してのいじめをどうしたら防ぐことができるかの意見交換ということになります。しかし、子供によるスマホの利用はいじめ以外にも社会的に考えなければならない問題もあり、大野先生と北川先生と打ち合わせ、この際いじめ問題に限らず、子供によるスマホ利用に関する全般的問題について意見交換を行うことでみなさんに連絡しております」

小林由美子が手持ちの資料に目を落として話を続けた。

「生徒による携帯電話、スマホ、パソコン、タブレット、そのほかインターネット機能のあるゲーム機・音楽プレーヤーなどの利用問題ですが、これからはこれらを『携帯電話』あるいは、『スマホ』と総称して議論したいと思います。

「二〇〇九年度から内閣府が毎年青少年のインターネット利用環境に関する実態調査を行っていま

す。二〇一七年度の調査結果によると、平日一日当たりのスマホの平均利用時間は、小学生は約一時間三七分、中学生は約二時間二九分、高校生は約三時間三四分で、二〇一六年度より増加していま す。スマホを二時間以上利用する割合は、小学生三三・四％、中学生五六・七％、高校生七四・二％となっています。スマホでネットを利用している人の割合は五六・四％で、前年より増加傾向にあります。複数回答でスマホの使い方を尋ねると、無料通信アプリＬＩＮＥなどによる『コミュニケーション』が最多の八三・九％、動画視聴七八・八％、ゲーム七二・一％となっています。それでは、まずは大野先生から発言をお願いいたします」

大野弁護士は出席者全員に目を向けながら話し始めた。

「ここ数年の携帯、特にスマホの普及で、ほとんどの大人はスマホを持ち、利用しています。『ガラケー』と呼ばれている携帯電話とスマホを合わせたモバイル端末全体の普及率は九四・八％となっています。この状態は子供にも影響して、小学生の携帯・スマホの普及率は四〇％、高学年では五〇％に達しています。スマホは著しく多機能化していますが、ほとんどの大人は日常生活、社会生活で一般的に使われている機能や、各自の趣味に合わせての機能のみを使っていて、スマホの機能による反社会的な行為への利用についてはほとんど知らない状況にあります。一方、子供たちは好奇心にかられるままに、子供同士での情報交換もあって、各種機能の操作、利用を学び、違法、有害な情報を得たり、子供同士のいじめに利用したりしています。ほとんどの保護者にとっては、自分の知らない機能を使って、保護者の目の届かないところで悪事に使われているわけです。私もスマホの機能については詳しいことは知りませんが、ネットの掲示板への匿名での誹謗、中傷などの書き込み、無料通信アプリＬＩＮＥを使ってのグループでのいじめ、フェイスブックやツイッターなどの会員制交流サイトＳＮＳ（ソーシャル・ネットワーキング・サービス）の悪意ある書込みなどと色々あるようです。

ネットによるいじめは、いつも持ち歩いているスマホで行われるため、いつでもどこでも二十四時間いじめを継続することができ、更には、保存、コピー、拡散などが容易で、いじめが拡大しやすいという特徴があると言われています。これらの生徒同士のネット上のいじめは、学校や教師、あるいは、保護者の目の届かない世界で行われ、いじめが表面化してもネットの世界は匿名性が高いために、いじめを行っている生徒を簡単には特定しにくく、いじめの発見や対策が後手に回っているようです。しかし、ネットいじめに関しては、そもそも保護者が子供に持たせたスマホなどにより行われており、学校や教師の責任というよりは、保護者が第一義的責任を持って学校や教師と連携していじめ防止を考えなければならない問題です。まさに本日の会合のテーマです」

大野弁護士は話を続けた。

文部科学省は二〇〇八年一二月に、学校での携帯電話の取扱いについて全国の公立小・中学校の実態について調査をした。その結果を二〇〇九年一月三〇日に公表したが、生徒による学校への携帯電話の持ち込みを原則禁止としている学校は、小学校で九四％、中学校では九九％であった。「原則禁止としている」小・中学校のうち、「一定の理由、事情に限って家庭からの申請により学校への持ち込みを認めている」のは小学校五五％、中学校五一％であった。「機能を限定した機種に限って家庭からの申請により学校への持ち込みを認めている」としたのは、小学校二％、中学校一％であった。

この調査を受けて、文部科学省は二〇〇九年一月三〇日に、全国の各教育委員会長、各都道府県知事などに「学校における携帯電話の取扱い等について」の通知を出した。

同通知は、学校及び教育委員会が次の指針に沿って基本的指導方針を定め、生徒及び保護者に周知し、生徒への指導を行うことを求めている。
（一）小・中学校では、携帯電話は学校における教育活動に直接必要のない物であることから、学校への生徒の携帯電話の持ち込みを原則禁止とする。
（二）携帯電話を緊急の連絡手段とせざるを得ない場合その他やむを得ない事情がある場合には、保護者から学校長に対し、生徒による携帯電話の学校への持ち込みにつき許可を申請させ、例外的な持ち込みを認めることもある。しかし、その場合には、校内での使用禁止、登校から下校まで学校で預かるなどして、学校での教育活動に支障がないよう配慮する。
同通知は、更に、学校及び保護者に主として次の点を求めている。
（一）「ネット上のいじめ」やインターネット上の違法・有害情報から生徒を守るために、学校は他人への影響を考えて行動することや有害情報への対応などの情報モラルについてしっかりと教育する。
（二）「ネット上のいじめ」などは学校外でも行われており、学校だけではなく、家庭や地域での取組も重要である。携帯電話を生徒に持たせるかどうかについて、まずは保護者がその利便性や危険性について十分に理解した上で、各家庭において必要性を判断するとともに、携帯電話を持たせる場合には、家庭で携帯電話利用に関するルールづくりを行うなど、生徒の利用の状況を把握し、学校・家庭・地域が連携し、身近な大人が生徒を見守る体制づくりを行う必要がある。

（三）学校・教育委員会などは、保護者に対し携帯電話などを通じた有害情報の危険性や対応策について啓発活動を積極的に行い、家庭での携帯電話利用に関するルールづくりや有害サイトの閲覧を制限するフィルタリングの利用促進に努める。

上記文科省の通知を受け、全国の公立小中学校では携帯電話の持ち込みを原則禁止としてきた。ところが、二〇一八年六月に最大震度六弱を記録した大阪府北部地震が登校時間帯に発生し、保護者から子供への連絡のための携帯電話の所持につき柔軟な対応を求める声が上がった。これを受け、大阪府は、使用は登下校時の緊急時のみとし、校内ではカバンにしまい操作を禁止することを条件として、二〇一九年度から公立小中学校で生徒の携帯電話の学校への持ち込みを認めることになった。この大阪府の対応は大災害を経験したほかの自治体に広がる方向にある。また、新学習指導要領では、コンピュータのプログラミング教育が小学校で必修化されるなど、スマホやタブレット端末を使った学習方法も広まりつつある。

東京都教育委員会も二〇一九年六月二〇日、スマホを使って調べる学習は学力向上につながり、災害時の安否確認にも有効だと判断。都立の高校や一貫校では校長が、小中学校では区市町村教育委員会が、生徒の状況や保護者の意向を踏まえてスマホの学校への持ち込みへの対応を決めるべきであるとの通知を出した。

生徒による携帯電話の使用に関する状況の変化に対応して、文部科学省は二〇一九年五月に携帯電話の取り扱いに関する有識者会議を設置し、二〇二〇年明けに議論をまとめる予定である。

なお、文部科学省は二〇〇八年一一月に「『ネットのいじめ』に関する対応マニュアル・事例集（学校・教員向け）」を作成し、全国の学校、教育委員会に配布した。同マニュアルの配布にともない、各教育委員会、学校においても、地域や学校の実態に応じて、「ネットのいじめ」に対して、本マニュアルを活用してマニュアルを作成するなどして「ネットのいじめ」に対する取組みがなされるよう指示している。文部科学省のマニュアルでは、第一篇で「ネットのいじめ」の種類を挙げ、各ネットのいじめへの対応策を示している。また、第二編では、具体的な事例を取り上げて、各いじめ事件ごとに対応策を示している。ただし、二〇〇八年に作成されたマニュアルであり、その後スマートフォンなど多種多様な機能がついた新たな機器が普及し、それにともない新たな形態でのいじめが生じている。マニュアルの基本的な考え方は変わらないものの、対応策については必ずしも十分ではない。

大野弁護士はいったん言葉を切り、少し間を置いてから話を続けた。

「ここ数年に発生した地震や豪雨などの災害時における生徒と保護者や学校による安全確認の手段として、スマホは重要な手段であるとの認識が一般的になってきています。また、スマホはここ十年間で急激に普及しています。これらを踏まえて、地方自治体のみならず文科省も従来の『学校への持込みの原則禁止』につき緩和する方向になるのは当然と言えます。なお、海外では、勉強を優先させるためスマホの校内での使用をほとんど禁止している国（フランスなど）、安全重視で持ち込みを容認、拡大する国（米国など）、学力向上のため積極的に導入して授業でも使っている国（イタリアなど）と、国により考え方が分かれているようです」

子供のスマホの使用制限

大野弁護士が言葉を切ると、続いて小林由美子が説明した。

子供によるスマホの利用は、単に子供同士のいじめだけではなく、交流サイト（コミュニティ・サイト）を利用して子供が犯罪被害に巻き込まれるという問題もある。警視庁のまとめによると、二〇一七年にインターネットのコミュニティ・サイトを利用して犯罪に巻き込まれた十八歳未満の子供は一八一三人で、統計を取り始めた二〇〇八年以降で最多となっている。被害者の約半数に当たる九四一人が高校生で、中学生六七六人を合わせると、全体の約九割を占めている。小学生は四一人。年齢別で見ると、一三歳と一五歳の増加が目立っている。淫行、児童ポルノ、児童買春のほか、略取誘拐や強制性交もある。略取誘拐の被害者の小中高生は、会員制交流サイト（ＳＮＳ）を通じて会った面識のない人に連れ回されたり、家に連れ込まれたりする手口が多いという。サイトにアクセスした端末はスマホが約九割となっている。被害者の最も多かったサイトはツィッターで、そのほかチャット、複数交流系のＬＩＮＥなどによる被害と続いている。出会い系サイトによる被害は、二〇〇三年の出会い系サイト規制法の施行により届出制となり、一八歳未満の利用が禁止されたことで減少傾向が続いている。コミュニティ・サイトは一律での法規制が難しいとされており、子供の保護者としては、子供のスマホの利用に関し、この面からも重大な関心を持つ必要がある。

ここまで言って少し間を置いてから説明を続けた。

内閣府が二〇一七年一一月一七日に発表した「治安に関する世論調査」によると、自身や身近な人が犯罪にあうかもしれないと不安になる場所はどこかを複数回答で尋ねると、「インターネット空間」と挙げた人が六一・一%に上り、トップだった。二位以降は「繁華街」「路上」「電車や飛行機などの乗り物」の順である。同種の調査は過去にも行われているが、ネット空間が首位となるのは初めてで、不特定多数の相手と簡単に知り合えるネット社会が広がる中、犯罪に巻き込まれる恐れを感じている実態が浮かび上がった格好となっている。事実、二〇一七年一〇月に神奈川県座間市の事件で、自殺願望と読み取れる言葉をサイトに書き込んだ女性ら九人が犠牲になっている。

さらに言葉を継いだ。

内閣府は二〇一八年一一月九日、「インターネットの安全・安心に関する世論調査」の結果を公表した。インターネットの利用を巡るトラブルに不安が「ある」と「どちらかといえばある」との回答が計六七・六%に上り、前回の二〇一五年調査から一一・二ポイント増加した。内閣官房の担当者は「技術が複雑化し、対策を取りにくいと感じている人が増えているのではないか」と指摘している。具体的な不安の内容を複数回答で聞いたところ、「個人情報が流出する」（七九・六%）、「詐欺などにあって金品などを取られる」（五一・七%）、「子供や家族が危険な目にあう」（四五・二%）、「誹謗中傷を受ける」（三六・六％）の順に多かった。インターネットを安全・安心に利用するための対策については、「行っている」と回答したのは五三・一％だったが、このうち「十分かどうかは分からない」と感じている人は三三・四％いた。「行っていない」は一六・九％だった。対策を行っていない理由（複数回答）は「何を行ってよいのか分からない」（六〇・一％）、「費用がかかる」（二二・八％）、「時間がない」（二二・五％）、「自分は被害にあわないと思う」（二一・四％）などだった。調査は全国の一八歳以上の男女三千人を対象として二〇一八年九月二〇日〜三〇日に実施し、回答率は五五・五％だった。

大野弁護士が小林由美子の説明を継いで言った。

「先ほどは説明しませんでしたが、二〇〇八年に『青少年が安全に安心してインターネットを利用できる環境の整備等に関する法律』ができています。この法律によると、十八歳未満の青少年が利用するインターネット機能のついた携帯電話などのプロバイダー（インターネットへの接続サービスを行う業者）は、その青少年の保護者が利用しない旨の申し出をしない限り、フィルタリング・サービスの利用を条件としてプロバイダー役務を提供しなければならないことになっています。フィルタリングをすれば、インターネット上の有害なウエブサイトにアクセスできなくなります」

小林由美子が手持ちの資料に目を向けて説明した。

最近では、指定した時間帯にロックがかかり操作できなくなる「タイマーロック」というアプリもある。子供のスマホの利用を制限したい保護者が、毎日同じ時間帯に使えなくなるようにロックをするものと、制限する時間帯を三つ決め、曜日ごとに時間帯を変えられるアプリで、保護者が時間帯を設定すると、その間は通話以外はできなくなり、保護者がパスワードを入れないとロックを解除できない。利用者本人向けのアプリもあり、無料でダンロードできて使えない時間帯を自分で設定し、解除するとペナルティーの意味合いで課金される仕組みとなっている。

アプリだけではなく、利用時間を制限できる附属品もある。ケースをスマホに取り付け、保護者が専用アプリを通じて総利用時間や使えなくなる時間帯を決定でき、制限を超えて使おうとするとケースに内蔵された電子基板からスマホに信号が送られて強制的にホーム画面に戻る仕組みで、ケースは専用工具を使わないと取り外せない。振動を感知すると操作ができなくなる機能もあり、「歩きスマホ」も抑制できる。

米国アップル社は二〇一八年六月、スマホ中毒対策として、アップル利用時間などを制限できる機能を新しい基本ソフトに搭載すると発表した。新機能は、アプリごとに利用時間を設定でき、時間が近づくと通知して利用停止を促す。一日や一週間当たりのアプリの利用時間や頻度などをまとめて表示する。親は子供のスマホの利用状況を確認したり就寝時間に使えないようにしたりできる。この基本ソフトは二〇一八年秋から無料提供され、二〇一三年発売以降の機種で利用できる。

また、インターネットを通じた犯罪から子供たちを守ろうと、警視庁は二〇一七年九月にＮＴＴドコモ、二〇一八年一月に無料通信アプリ「ＬＩＮＥ」の運営会社、同年四月にネットセキュリティ大手「トレンドマイクロ」と共同で被害防止に取り組む覚書を締結している。都内の小中高などでネットの安全教室を開いたり、子供たちがスマホで不正プログラムを誤ってダウンロードするなどの被害にあわないように保護者向けの講習会を開くことにしている。

ここでいったん言葉を切ったが、すぐに「もう一つ付け加えておきますが……」と言って、目の前の資料に目を落として説明を続けた。

二〇一八年七月二七日、政府は、子ども・若者育成支援推進本部（本部長は首相）の会合を開き、インターネットをきっかけとした犯罪やトラブルから青少年を守ることを目的とした「第四次青少年インターネット環境整備基本計画」を決定した。基本計画は、スマホやタブレット端末の普及により「利用者の低年齢化が顕著になっている」と指摘。具体策として、SNS事業者による有害情報の書き込みの削除や民間団体のサイバーパトロールを推進し、犯罪被害の防止に取り組むとしている。また、小学校低学年から発達段階に応じてネット利用時の危険性を伝える教育を進め、未就学児の保護者を含む保護者向けの啓発資料を作成。学校に加えて幼稚園や保育園を通じ、閲覧制限（フィルタリング）機能の周知を図るとしている。

スマホ利用に関し社会的に考えるべき問題点

松坂郁子が、「これまでに指摘された問題点と重複する点もありますが、スマホの利用について社会的に考えなければならない問題全般について説明させていただきます」と言って、目の前の資料に目を落として発言した。

○　一つ目は、利用者の社会的マナーの問題である。

道路であれ歩道であれ、駅の構内であれホームであれ、スマホの操作に夢中になっていて、ほかの人にぶつかって転倒させて怪我を負わせたり、自身がホームから転落して死亡したり重傷を負ったりしている（二〇一八年七月一九日、静岡市葵区のＪＲ東静岡駅で、手に持ったスマホを見ながらホームの線路側を歩き、足を外して、駅に入って来た電車と衝突し、ホームの間に挟まれ死亡した）。また、踏切り内に立ち入って死亡したりしている。電車やバスの乗降時にスマホを操作しながら乗降して、ほかの乗客に迷惑をかけたりしている。スマホを操作しながら自転車を運転し、人にぶつかって転倒させて怪我を負わせたり、ときには死亡事故を起こしたりしている（二〇一七年一二月七日、川崎市麻生区の歩行者専用道路で、男子大学生（二〇）が自転車を運転中にスマホの操作に気を取られ、前方不注意で歩行者の女性（七七）に衝突し、二日後に死亡させた。また、二〇一八年六月二五日夜、茨城県つくば市の歩道で男子生徒（一九）がマンテンバイクでスマホを見ながら無灯火で走行し、歩行者の男性（六二）をはねて死亡させた）。

二〇一六年七月二二日から、スマホ向けのゲームの「ポケモンＧＯ」の配信が始めって以来、ゲームの操作による迷惑行為が多発している（二〇一六年一〇月二六日夕、愛知県一宮市で運転中に「ポケモンＧＯ」をしていて前を見ていなかったので小学四年の男子生徒をトラックではねて死亡させた。二〇一七年一一月、名神高速下り線でスマホでポケモンを操作しながらトラックを運転し、渋滞で減速していた前方の乗用車に追突して運転者を死亡させ、さらに前方の三台も巻き込んで四人にけがを負わせた）。

車で走行中の携帯電話の使用に起因する死傷事故は、二〇一七年、五年前の一・五倍の二八三二件発生している。そのうち死亡事故は四〇件だった。スマホや携帯電話を使用しながら車を走行させる「ながら運転」について、警視庁は道路交通法を改正して罰則を強化し、現行はながら運転だけだと罰金しかないが、懲役刑を設けて厳罰化する方向で検討している。スマホの利用者はこのような「ながらスマホ」によって他人に迷惑をかけないマナーを学ぶ必要がある。

また、倫理上、法律上の問題として、ネットでは発信してはならないものがある。自分以外の人が写っている写真や画像、他人の顔写真を勝手に使ったり、加工して恥ずかしい画像を作ったりしてネットに流したりすることは許されない。書籍や漫画の画像、録画したテレビや映画、アニメなどの画像を発信することも許されない。インターネットのカラオケサイトの音源を無断で盗用して動画サイトに投稿すれば、著作権法違反になる。スポーツやコンサートのチケットをネットで高額で販売することは入場券不正転売禁止法に違反し、一年以上の懲役か百万円以上の罰金、又は両方が科せられる。

スマホのｉＰｈｏｎｅ（アイフォーン）などアップルの製品に搭載されている機能「エアドロップ」をオン（有効）にすると、画面に通信可能なアイフォーン所有者の名前一覧が表示される。名前は所有者が自由に設定するために本名とは限らないが、この一覧から相手を選んでわいせつな画像を送りつける迷惑行為が相次いでいる。二〇一八年七月に愛知県、同年八月に大阪府で、男が迷惑防止条例違反で送検されたりしている。捜査関係者によると、女性風な設定名が狙われやすいとのこと。スマホの利用者はこれらのこともマナーとして知っておく必要がある。

更に、中韓、特に、韓国と在日コリアンを「反日的存在」と捉え、過度に嫌うネトウヨ（「ネット右翼」。テレビでは「ネット住民」と呼んでいる）の差別発言も許されない行為である。

漫画や書籍、映画といったコンテンツを著作権者の了解を得ないまま無料で読み、観ることができる「海賊版サイト」についてもアクセスを控えなければならない。

登録した利用者が、スポーツや芸能などさまざまなテーマごとに、インターネットに散らばっている写真や記事を集めて作ったページを公開し、広告料の一部が投稿者に支払われる仕組みのサービスで、「NAVERまとめ」という投稿サイトがある。LINEが運営していたが、二〇一七年一一月に分社化され、現在はLINE子会社のネクストライブラリーが運営している。「NAVERまとめ」は以前から著作権侵害の温床になっているとの指摘があった。共同通信社や全国紙など報道機関七社とそのグループ会社のサイト上にある写真、画像約三四万件が無料転載されていたことが分かり、運営会社に対し改善策を求めていた。二〇一八年四月二六日、サイト運営会社が写真、画像などの削除と、今後著作権の保護策を取ることで合意した。この問題は単に運営会社の責任だけではなく、同サイトへの投稿者が著作権などにつき十分な認識を持つことの重要性を示している。

二〇一八年七月、美容室予約の「ホットペッパービューティー」や旅行予約の「じゃらんnet」などリクルート社の運営サイトで使える会員IDを不正に取得したとして、埼玉県警が無職男性容疑者（三八）を逮捕した。リクルート社は複数のIDを取得することを規約で禁じているが、容疑者は偽名や別のメールアドレスを使って複数のIDを取得し、キャンペーンで割引ポイントが付与されたI

Dをインターネット・オークションで販売していた。複数のＩＤを取得して販売した容疑者は許されない行為をしたことは確かであるが、他人のＩＤをネットオークションで買った人も、ネット社会のルールを破った者として責められるべきである。

二〇一八年一一月に、スマホ向けゲーム「モンスターストライク」（モンスト）で他人のアカウントに不正アクセスし、ゲームデータを乗っ取ったとして、自称「ゲーム代行業」の男が福島県警に逮捕された。モンストはプレーヤーがモンスターを収集し、レベルアップさせながら敵と戦う対戦型スマホゲームで、二〇一八年三月時点で世界の累計利用者数は四五〇〇万人に上る。強い相手を負かすことでより上位に行きたいとして、レベルを上げるために代行やアカウントの購入でレベルアップを短縮しようとしている。地道に参加してプレーを楽しむことから逸脱したプレーヤーの心理を利用して他人のキャラクターのレベルアップを請け負う「代行」の売買がネット上に横行し、犯罪を生むことになっている。

〇　二つ目は、スマホ依存症の問題である。

スマホに夢中になって勉強や友人と会っての付合いもせず部屋に閉じこもっている子供も増えている。スマホを常に傍に置いて操作していないと不安を感じる子供も増えているようである。中には、不登校や健康被害をもたらして専門の医師の治療が必要なスマホ依存症の子供もおり、依存症の子供は年々低年化しているようである。世界保健機関（ＷＨＯ）は、二〇一八年六月一八日に「オンラインゲームやテレビゲームのやり過ぎにより日常生活が困難になる症状」を新たな疾病「ゲーム障害」

として「国際疾病分類」に加えたと発表した。二〇一九年五月二五日に総会で承認され、二〇二二年一月に発効することになった。ゲームをしたい衝動が抑えられなくなり、健康を損なうなどの問題が起きても日常生活などほかのことよりゲームを続けてしまう症状が少なくても十二カ月続き、家庭や社会、学業、仕事に重大な支障が起きている場合、ゲーム障害として診断する。

厚生労働省研究班が二〇一七年度にネットと飲酒、喫煙に関する調査を行い、協力が得られた中学・高校計一〇三校の約六万四〇〇〇人からの回答を分析した。「ネットの使用をやめようとすると落ち着かない」など、ネット依存に関連する八項目の質問に五個以上当てはまる人を「病的な使用」とした。その結果、中学では男子の一〇・六％、女子の一四・三％、高校では男子の一三・二％、女子の一八・九％が病的使用で、全国では少なくても九三万人と推計された。二〇一二年度の調査では推計五一万人だったが、ほぼ二倍になった。質問に三～四個当てはまる「予備軍」を含めると二五四万人に上る。更に、文部科学省の二〇一八年度学校保健統計調査によると、裸眼の視力が一・〇に満たない中小高生の割合が増え、過去最悪になったとのことである。文部科学省は「スマホの普及や携帯ゲームの人気など、子供が近くで物を見る時間が増えていることが背景にあるのではないか」と分析している。ちなみに、裸眼視力が一・〇未満の割合は、幼稚園で四人に一人の二六・六九％、小学校で三人に一人の三四・一〇％、中学校で半数以上の五六・〇四％、高校で三人に二人の六七・〇九％である。「視力〇・三未満」の割合は中学生で二五・五四％、高校生で三九・一三％に上っている。

保護者によっては子供のスマホの利用時間を制限しているようだが、ほとんどの保護者は子供の自由に任せているのが現状である。新聞に出ていたが、愛知県刈谷市の小学校は二〇一四年四月、午後九時以降はスマホを子供たちには使わせないなどのガイドラインを作り、保護者に呼びかけている。また、ほかの地域の教育委員会でも、小・中学校の生徒によるスマホの使用時間の制限を生徒の保護者に呼びかけている。

○　三つ目は、学力低下の問題である。

文部科学省が二〇一四年に小中学校の生徒に実施した全国学力テストの際に、学力テストと併せて初めてスマホなどの平日の使用時間について尋ねた。その結果、学力テストの平均正答率に比べると、小中全教科で、スマホなどの使用時間が増えるほど成績が低下する「スマホ学力低下現象」傾向が見られた。スマホなどの使用時間が三〇分未満の生徒と四時間以上の生徒の正答率を比べると、全科目平均で約一四%も開いており、スマホなどの使用時間制限が子供の教育にとって必要になってきていることを示している。

○　四つ目は、偽り（フェイク）の情報の発信と、その情報の拡散の問題である。

現在世界的にも問題になっているが、ネットでフェイク・ニュースを発信し、受信者がそれをフェイクだと確認もせずにほかの者に流して拡散して行く。二〇一八年三月九日付米科学誌サイエンスに、米マサチューセッツ工科大のチームがインターネットの短文投稿サイト「ツイッター」では、誤った内容のニュースは正しいニュースよりも二〇倍も早くより広く拡散するとの調査結果を発表している。誤った情報の方が「目新しい」と感じることが多く、噂になりやすいことが原因とみている。その結果、フェイクが真実となってまかりとおることになる。

学校での生徒のいじめでも、スマホのＬＩＮＥやツイッターを使ってほかの生徒のありもしないことを書いて発信している。中には、本心でないことを書き込み、誰かを怒らせるための「釣り」と呼ばれているものもある。それらの情報が拡散して重大ないじめへと発展することになる。

最近の大人の社会では、ウソ、偽りを言うことに対しては罪悪感が希薄になってきている。それが子供の世界にも感染しているようである。子どもには人間としてのしつけとして、ウソ、偽りを言うことは悪いことであることを徹底的に教育して、その上でスマホを持たせる必要がある。それに、インターネットに載せられているすべては「情報」であって「事実」「真実」とは違うものであることを、大人も子供もはっきりと認識しておく必要がある。偽り（フェイク）の情報や、ごく一部の断片的情報をあたかも真実であるかのように勝手に拡散させる行為は人間として恥ずべき行為である。ＳＮＳは情報を得るための手段であると同時に、流される情報が確かなものであるかを検証する手段でもあることを忘れてはならない。

ちなみに、神奈川県の東名高速道路で二〇一七年六月にあおり運転により起きた夫婦死亡事故を巡り、事件の容疑者の男とは無関係の会社を勤務先とし、その会社の社長が容疑者の父親であるとしたうその情報をインターネットの掲示板サイトに書き込んだとして、福岡県警は二〇一八年六月一八日、名誉毀損の容疑で九都道県の男性十一人を書類送検している。このうその情報で同社や同社の社員に中傷や無言の電話が相次ぎ、休業を余儀なくされた日もあったという。

なお、近年、文章ではなく写真を信じる人々が増えているようである。飲食店のレビューでも、多くの人々が、サイトに投稿されているのは関係者が一般客を装って書いたフェイク・レビューだと疑うようになった。そのため投稿された記事より、写真投稿アプリ「インスタグラム」の影響力が高まっているとのことである。十代や二十代に絶大な人気を持つインスタグラムではあるが、インスタグラム自体に「インスタ映え」するための演出が施されている場合があり、フェイク写真となっている場合がある。

○　五つ目は、スマホを使っての「自画撮り被害」の問題である。

二〇一九年三月一四日に警視庁が公表した、全国の警察が二〇一八年に摘発した児童ポルノ事件は三〇九七件（前年比二八・三％増）となり、過去最高を記録している。被害状況別で見ると、スマホなどで自分の裸を撮影させて送信させる「自画撮り被害」が四五一人となっている。自画撮りの被害はそのほとんどが、子供と加害者の関係で「面識なし」の状態で発生し、このうち大半がコミュニティ・サイトで知り合っている。中高生の女子のみならず、小学生の女の子でも、付き合っている男の子から「送ってくれないと別れる」などと脅かされたり、だまされたりして、自画撮りした裸の画像をメールで送らされる被害にあっている。ときには、会員制交流サイト（ＳＮＳ）で別人に成り済まして画像を送らせたりしている（警視庁は二〇一八年一一月、小学四年生の女児に猥褻な画像を送らせたとして、小学校教師の男を児童買春・ポルノ禁止法違反などの疑いで逮捕した。この男は小学六年の女児を装い「発育に悩みがある」とうそをついていた）。

二人の付き合いが終わったりすると、画像をネットで流出させる「リベンジ・ポルノ」が起きたりする。ひとたびネット上に流出すると回収はほぼ不可能な状態となり、画像が拡散して女の子は取り返しのつかない被害を受けることになる（二〇一八年八月一七日、愛知県警少年課は、友人の少女に裸を自撮りさせ、その動画を無料通信アプリＬＩＮＥで同級生らに送付し拡散させたなどとして、児童買春・ポルノ禁止法違反などの疑いで、高校生ら十四人を書類送検した。一四人全員が容疑を認め「個人でやりとりするだけならばれないと思った」「知らない人の動画なので拡散しても自分は困らないと思った」などと話しているという）。

自画撮りの要求は一対一の関係でやり取りされているので、完全に監視することは難しい面がある。子供にスマホを持たせるとき、絶対にこのような画像を他人には送らないよう徹底的に指導、教育する必要がある。それと同時に、これらの画像を相手に要求したりネット上に流出させないようにする社会環境づくりが必要である。

なお、子供による自画撮りは、児童買春・ポルノ禁止法では画像や映像を入手した時点で処罰の対象となるが、相手からの要求段階では処罰できない。東京都は青少年健全育成条例を改正し、二〇一八年二月一日から画像や映像の送付を要求した段階で処罰することにしている。不当な要求を都内で受けたことが確認できれば、子供の居住地にかかわらず適用できる。同様な条例は兵庫県で二〇一八年四月から施行された。

○　六つ目は、短文での文章の氾濫の問題である。

スマホのメール、ＳＮＳでの意見の表示には非常に短い文章が使われている。文章の省略によって短い文章で自分の意思を正確に伝えるためには、本などを読んで長い文章を吸収してそれを短い文章で表現することを学ぶ必要がある。しかし、大人も子供も本を読まなくなっていて、それで短い文章しか使わないので、誤解を生むような文章が氾濫している。そして、誤った情報が拡散されて行く。

二〇一七年四月、「電話は必ず相手の手が止まる。電話野郎はそのことを分かってくれ」と匿名でインターネットへ投稿されたのが始まりで、突然電話をかけてくる人を、陰で「電話野郎」と呼ぶようになった。若い世代などは電話による通信より無料通信アプリ「ＬＩＮＥ」などメールでやり取りをしている。年代が上がるほど電話野郎の率は高くなり、高年齢層では「電話野郎」の率は一層高くなる。そのため、スマホのメールでのやり取りしか行っていない若者は、社会に出てから仕事での電話が苦手で、仕事に支障が出ることも起きている。「電話が怖い」若者に対し、企業などが電話対応を教育しなければならない事態となっている。

○　七つ目は、人間の分断化と人間関係の疎遠の問題である。

スマホ、携帯は今やお互いのつながりを確認するためのツールとなっていて、このつながりがないと不安を覚える。各人が日常の生活の中で〈本当に自分はこれでいいのか？〉との不安を抱きながら、ネットを通じて多くの他人に具体的に承認してもらうことで安心する。元来人の価値観は多様なのに、同じ価値観を共有できる人だけとのつながりを求めている。人間関係を広く開くためのツールが、皮肉にも人間の分断化を招いている。そして、価値観が同じ仲間の中にとどまり、価値観が違う者との間に壁を作っている。更に、短文メールのやり取りで人間同士が直接接触して話し合う機会が奪われ、人間関係、友人関係を疎遠にしてしまい、人間としての精神的安定を損なうこととなっている。人によっては、寝ている間もずっと通話状態にしておき、何を話すわけでもなく、これによって「つながっている」感覚を持つ者まで出てきている。

○　八つ目は、スマホのセキュリティの問題である。

スマホのセキュリティとして指紋認証を用いる人も増えている。ところが、最近のスマホの画面の超画素化で、写真を撮ると画面に映った指の指紋をはっきりと読み取ることができるとのことである。スマホの写真からコピーした指紋で指紋認証のセキュリティを解除することができるので、スマホのセキュリティ対策にも問題がある。また、フィルタリングは特定の機能への接続を回避するものであるが、携帯電話会社が一般的に提供しているセキュリティは、ウイルスが埋め込まれているアプリやページに近づかないように警告を発するだけのものである。警告を無視して興味本位に接続すれば危険に巻き込まれることになる。

二〇一八年に、米国交流サイト大手フェイスブック（ＦＢ）の利用者のものとみられる携帯電話番号や、メッセージのやりとりといった個人情報がインターネット上に大量に流出する事態が発生している。プログラムの欠陥が原因であったものや、何者かによるサイバー攻撃によって漏洩した可能性があり、メッセージの内容など深刻なプライバシー侵害に当たる可能性がある。また、二〇一八年にＩＴ大手グーグルも交流サイト「グーグルプラス」を利用していた人の個人情報が大量に流出した可能性があると発表している。

パソコンやスマホ上に突然「ウイルスに感染した」という偽りの警告画面の表示があり、記載の電話番号にかけると、セキュリティー・ソフト導入を持ちかけられ、現金を要求される悪質商法が頻発しており、二〇一八年一一月、国民生活センターは注意を呼び掛けている。二〇一八年四月～九月に二一三五件の相談があり、二〇一七年同時期の一六〇一件に比べ急増している。

○　九つ目は、「架空請求詐欺」「ワンクリック詐欺」の問題である。

中高生の男子などや内緒で猥褻《わいせつ》な画像を開いて見ている子がいるが、画面を開いただけで画像とは関係なく画像サービスの請求を受けたり、画像へと誘って詐欺サイトに誘導して金を請求されたりする。

最近ではインターネット通販大手の「アマゾン」や検索サイト「ヤフー」を装っての架空請求が多発している。スマホのショート・メッセージ・サービス（ＳＭＳ）が届き、開くと「有料動画サイトの未納金が発生しています。本日中にご連絡なき場合、法的手続きに移行します。アマゾン（株）受付センター」といった内容で電話番号が記載されている。有料動画サイトを自身で開いた覚えがあったり、また、子供が接続したのではないかと思って電話すると、ギフト券を購入してコンビニで支払うように指示される。スマホの電話番号を連絡先として記入する場合が多くなり、その電話番号が他人に流されて悪用されている。

電子メールを送りつけて偽サイトを開かせる「フィッシング」詐欺の手口で偽サイトに誘導され、

アマゾン、楽天など有名企業のサービスを利用する際に使われるアカウントを盗もうとする攻撃も増えている。これらのアカウントは個人情報と結びつけられて複数のサービスに使えることから、思わぬ形で悪用される恐れがある。

○　一〇番目は「迷惑メール」「ステマ」の問題である。

悪徳業者がパソコンで専用ソフトを使って短時間に大量のメールアドレスを作って発信する。ほとんどはエラーで戻ってくるが、中には実在するメールアドレスに当たるものがある。業者はそのメールアドレスを直接悪用したり、ほかの業者に売って利用させたりしている。迷惑メールに返信すると、メールアドレスが出回って詐欺に合う危険が高まる。「迷惑メール自動除去フィルター」をセットしておくと、ほとんどの迷惑メールを除去できる。

アマゾン、楽天、ヤフー・ショッピングなど、インターネット通販が拡大している。ネット通販のサイトでは商品を第三者の立場から評価する「口コミ」の影響力が強くなっている。サイトでは商品の紹介とともに購入したとされる消費者の「買って得して超お得」といった評価が「口コミ」として記載される。最近ではツイッターやインスタグラムなどの交流サイト「ＳＮＳ」や動画投稿サイト「ユーチューブ」などで発信力のある有名人がさまざまな商品を勧めるようになった。一方、客観的な口コミを装ってネット上で自社の商品をＰＲする「ステルス・マーケティング（ステマ）」も後を絶たない。企業からの依頼であることを隠して「口コミ」をし、フォロアー数（読者数）に応じて報酬が決まる仕組みとなっている。企業の社員自身がステマに乗り出すケースもある。米国や欧州連合（ＥＵ）はステマを「消費者を欺く行為」として禁じているが、日本では法規制がない。ステマは「うそつきが得をする」ものであり、ネットで商品を購入する場合には「口コミ」を信用するとひどい目にあうことになる。

成果報酬型のインターネット広告で「アフィリエイト」と呼ばれている広告がある。一般の人がつくるブログなどで企業の商品の情報を紹介し、閲覧した人がその商品を購入すると企業から報酬が支払われる仕組みである。企業の代わりに市民が宣伝する形態で、ネット利用者がどのサイトを経由したか履歴をたどれるため可能となった仕組みである。ブログなどで商品を紹介する人は「アフィリエイター」と呼ばれ、会社員の副業や主婦の小遣い稼ぎなどとして広まり、国内に約五〇〇万人と推計されている。近年利用が急拡大しているが、問題は、アフィリエイターは企業が商品につき表示する虚偽・違法・不当な広告をそのまま紹介している点である。消費者庁は虚偽・違法・不当な表示については企業のサイトに違反内容を示すよう指示してきたが、アフィリエイト・サイトまでは取り締まってこなかった。しかし、消費者庁としては、商品を紹介したアフィリエイト・サイトを経由した場合でも違反を消費者に把握できる仕組みにするよう企業を指導するとしている。

二〇一八年七月一一日、米国短文投稿サイトのツイッターは、利用者のフォロアーから偽アカウントを世界で削除すると発表した。ツイッターなどソーシャル・メディアではフォロアー数の多い利用者は社会や周囲に与える影響が大きい「インフルエンサー」と呼ばれ、企業が商品の宣伝活動で活用している。本件削除はフォロアー数の水増しの防止を狙ったものである

○　一一番目は、スマホの機器自体の危険性の問題である。

スマホ本体や本体と充電器の接続端子の発熱による火傷がここ五年間で約一九〇件も発生している。スマホの表面温度はゲームアプリやテレビ電話を約一〇分間使うと最大五八度になることもある。本体の表面温度が心地よく感じられる四四度程度でも、数時間肌に触れ続ければ低温火傷を起こす。五〇度程度だと数分で火傷する恐れがある。充電中に発熱したスマホに触れ続けると、低温火傷を負うこともある。スマホの使用に当たっては、このような危険についても認識しておく必要がある。

○　一二番目は、子供たちの安易な就職選択願望の問題である。

ユーチューブの動画投稿サイトに自分で撮った動画を投稿してチャンネルを開設すると、その再生回数に応じて報酬(広告掲載料)がユーチューブから支払われる。これらの投稿者を「ユーチューバー」と呼んでいる。チャンネル登録者や再生回数が多ければその報酬額はかなりの額になる。二〇一六年に世界的に大ブレイクしたピコ太郎の「ＰＰＡＰ」のような例では報酬は膨大なものとなる。

二〇一七年、ソニー生命が中学生を対象とした「将来なりたい職業」で、男子は「ユーチューバー」が三位となった。一方、日刊ＳＰＡ!が子供を持つ親に対して「子供に将来なってほしくない職業」を聞いたところ、一位が「ユーチューバー」で五九%、二位の「営業マン」の一一%を大きく引き離した。

ユーチューバーで大金が手に入るのはほんの一握りの人であり、職業としようとすると、より過激な画像、犯罪すれすれの行為や危険な場所への立ち入っての画像へとエスカレートすることも起こり得る。また、運営側のさじ加減で報酬判定が変わったりして収入が安定しない。趣味としてほどほどに楽しむのはいいが、安易な職業選択に対しては親などの保護者や周囲の大人たちが警鐘を鳴らす必要がある。

なお、テレビのワイドショーや週刊誌などで大々的に取り上げられる話題は、ネット・ニュースでも大々的に取り上げられている。これは、ネットの運営者がＰＶ（ページ・ビュー。特定のページへのアクセス数）を稼ぐためである。ネットではＰＶが多ければ多いほど広告費が稼げるので、大衆が強い興味を示す話題は収益の柱ということになる。「ネットがあるからニュースはそれで事足りる」という人が多い中で、ＰＶ偏重主義で、日本、あるいは、世界が直面している問題を取り上げず、「これがウケるから」ということだけでニュースを提供している状態は非常に由々しいことである。

○　一三番目は、スマホでのやり取りが重大な犯罪へと発展する問題である。

無料通信アプリＬＩＮＥでのやり取りが集団心理に拍車をかけ、集団での暴行や殺人に発展する場合がある。ＬＩＮＥでのグループでのやり取りで、一部の仲間の間で口論となり、対立する両者がお互いに相手を非難する。すると、グループ全体が二手に分かれて対立する。相手と直接向かい合っていないので、対立はたちまち激しさを増して行く。やがてその対立はＬＩＮＥ上での対立では収まらなくなり、仲間と一緒ということで集団心理に拍車をかけて、ＬＩＮＥの画面から現実社会に舞台を移して殴り、蹴るなどの暴行行為に発展する。優勢な方は集団リンチの状況をＬＩＮＥで「実況中継」する。そうなると暴力は歯止めが利かなくなり、殺人事件へと発展する。このような事件は一般人にとっては架空のこととしてしか理解できないが、二〇一三年六月、広島市の高校生のグループで実際に起きている。

○　一四番目は、「裏アカウント」の問題である。

携帯電話やスマホを持っている小学四年生から高校生を対象として二〇一八年一月～二月に東京のあるＩＴ企業が行った調査によると、ツイッターなどの会員制交流サイト（ＳＮＳ）上に、友達や家族に存在を教えない「裏アカウント」を持っている人が四〇％を占めていることが分かった。小学生（四～六年生）では男子三一・一％、女子二九・一％、中学生では男子三一・一％、女子二九・一％、高校生では男子四八・五％、女子六八・九％となっている。ネット上の友達と実際に会ったり、会ってみたいと考えたりする割合は五二％で、うち女子高校生は六八％となっている。裏アカウントを持つ理由は、「誰にも知られたくない感情を言える」「趣味が合う友達と深くつながれる」がそれぞれ三六％で、「ストレス発散に言いたいことが言える」が二七％となっている。友達や保護者には内緒で、インターネットで知り合った人に自分や家庭の情報を流し、悩みなどを相談する。相手が悪意を持っている人の場合には、非常に危険な目にあうことになる。

○　一五番目は、子供のネット操作技術の問題である。

スマホの普及により子供のネット操作技術はあなどれないほどに向上しており、保護者としてこの面での注意が必要である。二〇一七年一二月、動画投稿サイトを参考に作ったコンピュータ・ウイルスを誰でも無料でダウンロードできる状態にしたとして、神奈川県警が法律違反の非行として大阪府の男子児童（九歳）を児童相談所に通告した。更に、このウイルスをダウンロードしたとして、東京都の小学四年の児童（九歳）と山梨県の小学五年の児童（一一歳）を児童相談所に通告している。

ここまで言って松坂郁子はいったん資料から目を上げたが「最後に、ネット社会の恐怖について言わせてください」と言って、再び資料に目を落として言葉を続けた。

二〇一七年に、匿名化ソフトを使わないと接続できない『闇サイト』に自殺願望を書いた女性に一人の男がアクセスして知り合いとなり、男性の自宅に誘い、女性ら九名を殺害する事件が起きている。ツイッターで『一緒に死にませんか』とメッセージを投稿し、返信してきた自殺願望の少女を家出させて呼び出して連れ回ったとして、二〇一八年一一月に未成年者誘拐罪で男が逮捕されている。

高校生を含む若い女性がツイッター上で、食事などをする見返りに男性に経済的援助を呼び掛ける『パパ活』、高校生を含む若い男子がツイッター上で女性に経済的援助を求める『ママ活』もあり、警察は『犯罪の入口になるので手を出さないでほしい』と呼び掛けている。

更に、二〇一八年五月には、誰でもアクセス可能な地域特化型のインターネットの掲示板の『東京一般求人』のコーナーに『サクッと稼ぎましょう！』『二〜三人のチームで動きます。全国行くんで身軽な人なら年齢、性別不問です』と書き込み、初めて知り合った二人と三人で、駐車場で自分の自動車に乗り込もうとしていた女性を車ごと拉致し、二週間後に女性の遺体が発見されている。

インターネット上で挑発的な言葉を書き込む『荒らし』をしている男性（四二）に対し、『荒らし』

を受けた男性がサイト運営会社に荒らしを行っている男性の利用停止を求めた。しかし、運営会社から アカウントを停止されても新たにアカウントを作り、荒らし行為を続けていた。荒らし行為を受けた男性が荒らし行為を続けている男性のネット上の呼び名で名指しして荒らしの行為を批判した。批判した男性は二〇一八年六月に福岡市で荒らし行為をしていた男性に殺害された。批判に対する恨みかどうかは分からないが、ネット上では『荒らし』による対立などの恐ろしいことが起きている。いずれも身の毛がよだつような事件で、インターネット社会に恐怖を覚える。

ここまで言って、少し間を置いてから言葉を継いだ。

「携帯電話は通信の道具から始まり、今ではネット情報端末として利用するものとなっています。総務省によると、一九八九年度末に四八万件だった携帯電話の加入契約数は、二〇一八年六月末には一億七一四九万件に膨らんでいます。一方固定電話の契約数は一九八九年度末に五二四五万件だったのが、二〇一八年六月末は一八一〇万となり、ピーク時には六〇〇〇万件を超えたものの三分の一に縮小しています。携帯電話はいつ、どこでも二十四時間多目的に使用でき、日常生活に入り込んで、今では便利な暮らしを送る上で手放すことができないものとなっています。スマホの利用には色々な問題がありますが、既に私たちの日常生活に加わったものとして、デメリットを十分に理解した上で活用していかなければならないと思います」

松坂郁子が口を閉じたとき、大野弁護士が言った。

「スマホの問題点をこれほどまでに詳細に指摘していただいてありがとうございました。それにしても、松坂さんはスマホについて実に詳しい知識をお持ちで……」

大野弁護士の言葉を遮るように松坂郁子が言った。

「今日の会合には主人は仕事の都合で出席できませんが、生徒によるスマホの使用問題を取り上げると小林由美子さんから伺い、主人がＩＴ企業のプログラマーの仕事をしているので、主人が資料を作ってくれました。今日はその資料に基づいて説明しただけです。主人から説明をしてもらって私なりには理解しているつもりですが、あまり突っ込んだ質問は困ります」

松坂郁子の笑顔を浮かべての発言で、座は和やかな雰囲気に変わった。

すると、大浦由衣が発言した。

「私の姉は結婚して千葉県柏市に住んでいますが、最近姉と会ったときの話では、柏市内の中学校一五校で、二〇一六年四月の新入一年生と保護者を対象に希望者を募り、二〇一六年四月七日から七月二〇日までの間、ある実証実験を行ったそうです。目的は、あるベンチャー企業が開発した『フィリー（Ｆｉｌｉｉ）』というアプリを使って、ツィッターやＬＩＮＥといった保護者の目の届かないところで発生している子供同士のトラブルを防止することにあります。このアプリには『バカ』『迷惑』、援助交際を意味する『￥』といった隠語など、いじめや犯罪に関連しそうな約二万語が登録されています。子供たちがＬＩＮＥ、ツィッターやフェイスブックのメッセージ機能で受け取ったメッセージの中で、登録された単語があったら、日付と相手、使われていた単語が保護者に通知されます。トラブルになりそうなときには柏市少年補導センターが窓口となり、学校や警察などと協力して対応するそうです。この実証実験によりこのアプリを使ってのいじめ防止の問題点につき検討しているようです」

大浦由衣が言葉を切ったとき、小林由美子が「ちょっと待ってください」と言いながら手元の書類ホールダーから資料を取り出し、資料に目を落として言った。

「二〇一七年九月一〇日から二三日の二週間、長野県が中高生を対象に、無料通信アプリＬＩＮＥの相談専用アカウント「ひとりで悩まないで＠長野」を使ったいじめ相談を行ったそうです。すると、県が行っている電話相談に一年間で寄せられている件数の二倍超の約五五〇件の相談があったそうです。いじめに関係する相談は九・八％と少なかったものの、交友関係・性格の悩み、学業や恋愛に関する悩みを含む『その他』の相談が四七・八％と多く、県は『電話に比べて身近な相談が多く、深刻化する前に解決につなげられる』としています。ＬＩＮＥでのやり取りでは表情や声が分からず、緊急性が高い場合に相手の居場所が特定できないなどの難しい問題がありますが、『文字だけだからこそ敷居が低く、気持ちをそのまま聞いてもらえる場所があることが大切だ』との評価もあります。文部科学省も二〇一八年度にＳＮＳ相談事業の研究を始めるとのことです」

スマホに関する親子間の契約

次に、北川理恵が資料を手に持って口を開いた。

「二〇一七年一年間に警視庁、大阪府警と愛知県警が摘発した児童買春の相手となった一八歳未満の少女らを対象にして被害者の生活実態分析を行っています。それによると、五七・七％が授業をサボらずに学校に通っており、七〇・六％は非行歴がいずれもなく、『家族と同居』は九二・八％でした。会員制交流サイト（ＳＮＳ）で男性とやり取りしていたとみられ、警視庁は家族と学校で安全なスマホの使い方を指導するよう求めています。そんな中で、私は家族、特に保護者による指導が重要だと考えています」

北川理恵はいったん言葉を切り、すぐに話を続けた。

「もうだいぶ前になりますが、米国人の友人からブログの写をもらいました。二〇一二年一二月二五日のクリスマスに、米国マサチューセッツ州に住む一人の母親が一三歳の息子にスマホをプレゼントした際に渡した手紙です。手紙の前文で、『親の仕事として、子供を健康で豊かな人間性を持った、現在のテクノロジーをうまく活用していける大人に育てなければならない』と述べ、『スマホをプレゼントするが以下の規則を守らなければスマホを返してもらう』として、一八項目にわたる使用契約条件が書かれています」

北川理恵は使用契約条件をかいつまんで説明した。

○　このスマホは母親が買い、月々の支払いも母親がする母親のスマホで、息子に貸すものである。従って、パスワードは必ず母親に報告する。
○　学校のある日は午後七時半、週末は午後九時に母親に返却し、翌朝七時半までは使えない。
○　このスマホは学校には持って行けず、友達とは直接話をする。
○　スマホを使って人を馬鹿にしたり、人を傷つけるような会話はせず、人に面と向かって言えないようなメールはしない。
○　ポルノは観ない。
○　公共の場ではオフにするかサイレント・モードにする。
○　ほかの人と男の子の大事な所の写真を送ったり貰ったりしない。
○　人生経験を肌身で体験して自身の記憶に残すため、みだりに写真やビデオを撮らない。
○　時々スマホを持たずに出かけ、スマホなしでの生活を覚える。
○　上を向いて歩き、周りの世界をよく見て、知らない人と会話を持つ。また、グーグル検索なしで考える。
○　契約条件を破ったときには、スマホを返してもらう。そして、なぜ破ったのか母親と話し合い、また一からスタートする。
○　これらのほとんどの条件は、人生をうまく生きるための条件にも当てはまるものである。

母親はプレゼントした日に自分のブログで息子への手紙を公表した。ブログは全米で反響を呼び、テレビでも取り上げられた。

北川理恵がいったん言葉を切ったとき大野弁護士が言葉を発しようとすると、北川理恵は「もう少し発言させてください」と言って話を続けた。

「子供にとって危険で有害な機能にフィルタリングをかけて子供にスマホを持たせても、スマホには色々な危険が潜んでいます。『いっそ子供にはスマホを持たせるな』という議論も当然に出てきます。

しかし、私は子供にはなるべく早い時期にスマホを持たせることに賛成です。スマホなどがなかった時代の人間関係は、直接顔と顔を合わせての関係が基本でした。ところが現在では、インターネット上で知り合った直接顔を合わせたこともない人間関係が当たり前となっています。この新しい形の人間関係をいかに上手に築いて行くかは、充実した社会生活を送る上で重要になっています。更に、IT（インフォーメーション・テクノロジー）は急速に進歩し、仕事でも日常生活でもITの利用は欠かすことができないものになっています。ITは今後ますます急速に進歩して行きます。ITをうまく活用できるように子供のころから教育しなければ、大人になったときの社会活動に深刻な支障をもたらします。しかし、その一方で、人間間の平和な社会生活を確保するための道具だと思っていたスマホが、使い方によっては他人や自分を傷つける凶器にもなります」

ここまで言って、少し間を置いてから話を続けた。

「米国の母親の行動は、スマホの利便性、スマホが持つ危険や有害な面を十分に認識してのことだと思います。この母親の行動について私が注目している点は、人間生活での基本は、人と人との直接的接触や会話、自分の目での直接の観察や経験をすることにあると教えていることです。スマホの利用は人との関係で社会生活を送る上で重要なものではなく、スマホは子供にとって一番重要な宝となるものではないことを示唆しています。だから子供には所有権を与えずに貸すだけにしているのではないでしょうか。日本では多くの親が自分もスマホを使っていて、子供との連絡、特に緊急時の連絡を取るのに便利だから、同い年ごろの子供たちがスマホを持っていてわが子にせがまれたからなどの理由で、ただ漫然と子供にスマホを買い与えています。子供の方は利用料が親持ちの自分の所有物で、学生生活、社会生活を送る上で一番大事な宝として利用していています。従って、親がスマホを取り上げるとなると、親子間の激しい対立を招くことになります。その点米国の母親は、スマホは母親の所有物であり、あくまでも子供に貸しているだけなので、もし貸したときの条件に違反すれば返してもらうことができます。母親の所有物なので、母親は子供による使用に常に目を光らせています。母親から借りているものとはいえ、母親との約束の条件を破って親から返却命令を受けることには子供は当然に強い反感を覚えるはずです。この点米国の母親は、なぜ約束を破ったのか子供と話し合い、また一からスタートする、として、子供との話し合いによって問題を解決するようにしています。スマホの利用につき親子間での話合いの機会を持つことは、子供にスマホを持たせる親の心得として非常に重要なことだと思います」

スマホに関する保護者によるルール作り

すると、小林由美子が、「スマホの使用について、こういう考え方はできませんか？」と言って話を切り出した。

自転車は危険な「物」である。保護者が未成年の子供に自転車を与えて運転させ、子供の運転ミスで自動車と接触、衝突して子供が怪我をしたり、歩行者にぶつかって被害を与えたりする。これらの子供の怪我や他人に与えた被害の責任は、実質的には子供に自転車を与えた保護者が負うことになる。

自転車と同じように、スマホも危険な「物」である。子供にスマホを持たせることによってわが子が被害を受けたり、他人に被害を与えたりする。この被害の責任は、子供にスマホを持たせた保護者が負うべきものである。従って、保護者によるスマホの利用に関する子供への教育は、自転車の運転教育と同じように考えるべきである。単なる自主的なしつけ、道徳教育ではなく、細心の注意を払って子供によるスマホの利用を管理、監視する義務があることを認識すべきである。スマホを子供に与えて利用させる場合の保護者の責任は義務としての責任であることを明確にするためにも、子供にスマホを与える際には文書で約束事を示して明確に説明しておく必要がある。

小林由美子が言い終わって北川理恵と目を合わせると、「そういう考え方の方が分かりやすいわね」と言葉を返してきた。

大野弁護士が北川理恵に顔を向けて言った。

「自転車は道路交通法上の『軽車両』で安全運転につき法律上の規制を受けますので、法的には自転車とスマホを同一視することはできません。しかし、現実的な考え方としては、それでいいと思います。生徒が使用しているスマホは生徒の所有物ではなく、生徒の保護者の所有物で、それを管理する責任は保護者にあることを明確にすることはいいことだと思います。生徒がスマホを利用していじめやそのほか他人に対して迷惑行為をしたときは、自分の所有物であるスマホの管理を怠ったことから加害者は保護者であり、被害を受けた生徒やその他の被害者に対する責任は保護者にあるということになります。生徒のスマホの利用は保護者の責任ということになれば、保護者はわが子のスマホの利用によって責任を負わされることがないようにしかるべき対策を講じる必要が出てきます。現実問題として、子供たちがネットに触れる時間は、学校の外、特に、自宅に帰って来てからの方が圧倒的に長くなります。この観点からも、保護者による自宅での指導、管理が重要不可欠となります」

大野弁護士はいったん言葉を切って、目の前のメモに目を向けながら言った。

先ほどの文部科学省のネットいじめに関するマニュアルの中で、各家庭で話し合い、利用に関するルールづくりを行うことも重要であるとして、家庭でのルール例の参考として次のような「家庭での携帯電話利用に関するルール」が示されている。

(一) 自宅内では居間で使い、食事中や懇談中、深夜には使用しない。
(二) 一定の金額以上は使わない。
(三) 学校では使用しない。
(四) 他人を傷つけるような使い方はしない。
(五) 送信者不明や知らない者からのメールがきたときは、速やかに親に報告する。
(六) ルール違反や携帯電話の使用によって生活に支障が生じている場合には、携帯電話の利用を停止する。

大野弁護士は資料から目を上げて言葉を継いだ。

「子供によるスマホの利用につき保護者が責任を負うことを前提とて、これまでみなさんが述べられた意見などを総合すると、保護者としては次の措置を取る必要があると思います」

大野弁護士は説明した。

（一）「スマホの安全な使い方」につき、スマホの専門家の協力を得て、大人はもちろん子供でも十分に理解できる分かりやすい言葉で書き、イラストをふんだんに使ったマニュアルを作成する。マニュアルの第一章では特に下記の事項につき重点的に書く。

○　一般的に利用されているスマホの機能の解説

○　子供に使わせてはならない有害な機能の解説

○　子供に有害な機能を使わせないためのフィルタリングなどのスマホ機能の利用制限措置と、その措置の具体的な取り方の解説

○　スマホの利用に関わる社会的マナー、スマホ依存症、学力低下、フェイク情報の発信とその拡散、自画撮り被害、人間関係の疎遠の問題などの指摘

（二）マニュアルの第二章では、子供によるいじめ防止のためには、日常の生活をとおしての保護者と子供の間の信頼関係の構築が不可欠であることを強調する。そして、子供との日常会話の中で、折に触れて保護者がスマホの利用状況についての話題を持ち出し、その際特に次のことにつき子供の自覚を深めることが重要である旨の指摘をする。

○　メールなどを使っての悪口、中傷、誹謗、虚偽の情報の発信は、相手を殴ったり蹴飛ばしたりする暴力とまったく同じ「言葉による暴力」であり、相手に深い心の傷を負わせるものであること

○　受信した他人の悪口などをほかに転送したり、情報の真偽を十分に確認しないままほかに転送したりすることは、いじめを行っている仲間に加わり、いじめの加害者となる行為であること

○　スマホなどを使って発信したメールなどは画面から消去しても発信者のみならず受信者のスマホなどに永久的に記録されており、また、スマホなどの機能を使ったほかの経歴も永久的に残されていて、復元可能であること

○　スマホなどの発信者が匿名を使ったり、他人のメールアドレスや新しいメールアドレスを使って悪口、誹謗、中傷のメールなどを発信しても、受信者が発信者を特定しようとすれば特定できること

○　スマホなどの利用によってトラブルに巻き込まれたり、不審なメールなどを受信したときには、直ちに保護者に報告すること

（三）マニュアル第三章では、子供に持たせるスマホの所有権は保護者にあり、子供は保護者が定める条件を受け入れて借りているものであることなどの使用条件を示した「スマホ利用に関する保護者との約束」を掲載する。そして、スマホを既に持たせている子供、新たにスマホを持たせる子供に必ずその約束事を分かりやすく説明して、子供の理解を得た上でできれば約束に署名させ、保護者は定期的に子供が約束を守って利用しているかをチェックするよう指摘する。

大野弁護士は言った。

「マニュアルが完成したら保護者を集めて専門家を呼んで説明会を開きましょう。しかし、説明会へ

のすべての保護者の出席は望めず、また、出席しても十分に説明を理解できない保護者も多数いると思いますので、マニュアルを全保護者に配布することにしたらどうでしょうか？　保護者が生徒によるスマホの利用につき責任を負うということを保護者に納得させ、この方針でスマホによるいじめ防止対策を徹底するとなると、私たちはこれらの措置の提案者として、これから色々な作業をかなりの時間を費やして行うことになります。私は保護者の一人として作業に参加しますが、みなさんはいかがでしょうか？　相当の覚悟が必要だと思いますが……」

そのとき、堀北涼子先生が発言した。

「スマホによるいじめは学校の外で行われるので、教師の立場からすると非常に頭の痛い問題です。保護者の方々がスマホによるいじめ防止に取り組まれることは非常に感謝すべきことです。教師としての立場もあり実質的な作業には参加できないと思いますが、生徒やその保護者に日頃直接接している立場から、生徒や保護者に分かりやすい表現で文書を作成することには馴れていますので、この面では協力できると思います。坂下先生、咲坂先生、いかがですか？」

堀北先生の話しかけに、坂下先生と咲坂先生は、「協力します」と答えた。

すると、北川理恵が発言した。

「大手の携帯電話会社の幹部の方と懇意にしていますので、マニュアルの作成につき、後ほど大野先生のメモをいただいて、その方と相談してみます。スマホの利用に関する子供と保護者との約束の文書は、米国の母親の例を参考として小林さんに素案を書いてもらい、私と大野先生も加わって最終的に原案を作成することでいかがでしょうか？　もちろん、全部の資料が揃ったところで、今日のメンバーで集まり最終的に決めたいと思います。また、同時に、保護者会への提案など、実現に向けての今後の進め方についても打ち合わせましょう」

大野弁護士が言った。

「分かりました。そういう手順で行きましょう。せっかく保護者有志で意見をまとめたので、必ず実現しましょう」

保護者の協力を得る困難性

咲坂裕康先生が多少遠慮がちに言った。

保護者の有志の方々が集まって、いじめ防止に向けての保護者の責任につき議論され、学校で教鞭をとる教師としてみなさんの活動に敬意を表したい。しかし、みなさんの活動に水をさすつもりは毛頭ないが、現実問題として、いじめに関し保護者に責任を負わせる活動を保護者に受け入れさせるのは困難だと思う。

保護者には色々な考え方の人がいる。うちの学校でのこととは言わないが、経済的に十分に余裕のある保護者でも、義務教育期間の学校での経費はすべて国が負担すべきであると主張して給食費の支払いを拒絶する人もいる。運動会の徒競争で順番をつけるべきではないと主張する保護者、学芸会で生徒を主役と端役に分けるのは差別であると主張する保護者、可愛いわが子だけのことを考えて、学校での授業、行事などのすべてにつき、担任教師のわが子への対応について何やかやと頻繁にクレームを申し立てる保護者等々と、色々な人がいて、学校・教師は対応に苦慮している。

しかし、生徒のいじめ問題については、いじめられた生徒の保護者も、いじめを行った生徒の保護者も、いじめについては全面的に学校と教師に責任があるという点では意見は完全に一致している。いじめとか、何か生徒に不祥事が発生すると、教師は立派な人格と教育のための十分な知識を持った者で、生徒各人の性格、行動パターン、家庭環境などにつき十分な情報と分析力を持ち、各生徒の学校内のみならず、学校外での行為を正確に把握すべき立場にある者として責任を追及されることになる。

生徒の保護者は自分の子供のことのみを考え、ほかに関係する生徒のことなどは考えずにわが子を庇おうする。授業その他の一般業務でただでさえも多忙を極める中で、わが子にいじめが発生すれば、教師としてすべての業務を放り出していじめの処理を優先しろと詰め寄ってくる。そんな保護者に対し、いじめの責任は保護者にもあると言って保護者がとるべきいじめ防止策を提案すれば、保護者が強い抵抗を示すことは必至である。

すると、大野弁護士は意識的に感情を抑えているような落ち着いた声で言葉を返した。

「咲坂先生の言われることは承知しています。しかし、私たちは、いじめが発生した場合に誰に責任があるかを議論しているわけではなりません。生徒同士のいじめをどうしたら防げるか。いじめ防止のために保護者として何ができるのか。これがここでの議論のテーマです。現在の社会では、どの生徒もいじめに巻き込まれる危険を抱えています。この生徒だけはいじめに巻き込まれないという保障付きの生徒はいません。わが子がいじめによって殴る蹴るの暴行を受け、ときには自殺に追い込まれる。わが子がいじめを行ってほかの生徒に殴る蹴るの暴行を行い、場合によってはその生徒を自殺へと追い込む。いじめの問題は学校や教師が責任を負うということで、保護者はそれを黙って眺めているだけでいいのですか？　自らの行動によってわが子を守る方策があるのなら、保護者はわが子を守るためにそれを実行に移す必要があるのではないのですか？　自らの行動によって生徒のいじめを防止することができる立場にいるのに、それを黙って見ている保護者がいることが生徒のいじめを助長しているのではないのですか？　私たちは保護者のみなさんにその点を問いたいと考えています。私たちの問いかけに対し、学校と教師が責任をとってくれるから保護者として何もする必要はないと応える保護者がいるとすれば、その保護者は人間としての心を悪魔に売り渡した者でしょう」

大野弁護士が言葉を切ると、咲坂先生は、「そうは言うものの……」と言葉を発したが、少し間を置いてから、「分かりました」と言って口を噤んだ。

すると、北川理恵が明るい声で言った。

「現在の法律では、確かに保護者には法的責任はありません。それを場合によっては保護者にも責任があるかのようにする考え方は、そう簡単には受け入れてもらえないことは分かっています。私はファッション・デザイナーとしてマスコミと親密な関係を持っています。ほとんどはファッション関係ですが、一般の雑誌の編集長やトップの方々ともお付き合いがあります。学校での生徒同士のいじめ問題は重大な社会問題となっているので、いじめ防止新聞の生徒への配布、いじめ防止宣言と署名活動、いじめ救助グループ活動など、生徒による自主的ないじめ防止活動につき、雑誌で取り上げてくれるように働きかけてみます。できれば、活動を実際に行っている生徒から直接取材してもらいます。その中で、スマホ問題に関する保護者有志の活動も取り上げてもらえば、保護者会での議論も前向きな議論になると思います。場合によっては、フェイスブックや私のブログで紹介することも考えてみます」

するとと、大野弁護士が言った。

「今言われた方向での対応も必要だと思います。小学生の子供を持つ保護者に自分の子供の問題でもあるとの認識を持たせるためには、マスコミの利用も必要になってきます。私も仕事の関係で何人かのマスコミのトップとの接触がありますので、積極的に働きかけてみます。重要な社会問題に取り組む子供たちの活動を支援するのは保護者の責任です。子供たちから課題を突き付けられ、それを実現するのは保護者の責任です。保護者が保護者としての責任を果たすことができなければ、子供たちは保護者に対し不信を抱きます。子供たちによる保護者への不信。これが子供たちが大きな社会問題を起こす原因となっていると言っても過言ではありません。私たち保護者はこれからは連携を密にして、子供たちの期待に応えて行かなければなりませんね」

大野弁護士はいったん言葉を切った後で、すぐに言葉を継いだ。

「こういう問題を議論するとき、保護者や周囲の教育専門家と自称する人たちは、『この種の問題は文部科学省や教育委員会が取り上げるべき問題であり、生徒の保護者が議論する問題ではない』とか、

『少なくても、文部科学省や教育委員会、教育専門家をメンバーに加えて議論すべきだ』と言い出すものです。しかし、仮に、これらの人々をメンバーに加えて議論したとしても、最終的には、現状維持の結論で終わってしまいます。その意味でも、マスコミによる取り上げによってこの問題に関する世論の関心を盛り上げ、その上で、保護者会、必要に応じ、学校、教育委員会と話し合うのが最上の方法と言えます」

三　いじめの根本的原因と保護者による子供の養育

強い「可塑性《かそせい》」を持つ〇歳児～三歳児の脳

スマホ問題に関する議論が一段落すると、十分間休憩を取った。

休憩時間が終わると、大野弁護士が口を開いた。

「次に先生方と生徒の保護者で意見交換したいテーマは、そもそもいじめの根本的原因はどこにあるのかという問題です。いじめの根本的原因が分からなければいじめを根絶することはできず、単なる対症療法ですませるということになり、いじめの再発は防げません」

ここで少し間を置いてから言葉を続けた。

「実は、同僚の弁護士に、最近学校での生徒のいじめ問題に興味を持っていると話したところ、彼から数冊の本を渡されました。その中に、脳科学と精神分析学についての本がありました。それを読んで、いじめの根本的原因には子供の脳に刻まれた経験などが関係していることを知りました。私はこの二つの学問につき専門的知識を持っているわけではなく、これからお話しする説明が学問的に完全に確立されているものかどうかは分かりません。しかし、私のこれまでの人生経験や社会経験からすると実に興味深いものです」

大野弁護士は話を続けた。

人間の脳は十歳ごろには大人のサイズになる。しかし、脳のＤＮＡに記載されている事項は「法則」のみであり、詳細なブループリントは記載されていない。脳の基本概念は理解されているが、脳がどのように働くかはいまだに完全には究明されていない。そんな中で、脳の機能的な発達は脳の大きさとは関係なく、脳が経験した刺激によってもたらされること。人間はほかの哺乳類に比して前頭葉（大脳の前方の領域）が発達していて、理性を持ち、感情を抑え、他人を敬い、優しさを持ち、責任感があり、決断力に富んだ思考能力を発揮することができることについては究明されているようである。

脳科学のある研究によると、人間の脳の発達上その後の人生に重要で永続的な影響を与える経験は、〇歳から三歳までの経験と言われている。この時期の脳には強い「可塑性《かそせい》」があり、一度変化するとその変化が永続する。更に、四歳から六歳の幼児期、六歳かあら一二歳の児童期、一二歳から二五歳ぐらいまでの青少年期の脳も、若いほど柔軟性を持っていて可塑的があり、受けた刺激を持続しやすい傾向にあるとのことである。その人がどんな人格を持った人間になるかは、両親から受け継いだ遺伝子だけではなく、その人の人生経験によって決まることになる。従って、乳幼児、児童、青少年である期間をとおして、その成長を促すような好ましい環境が与えられれば子供の脳は素晴らしい発達を遂げるが、有害な環境に置かれれば深刻で永続的なダメージを受けることになる。そこで、脳に可塑性がある期間及び脳が可塑的である期間をとおして、親などの保護者、保育士、幼稚園教員、学校の教師など子供の養育及び教育に当たる者は、子供の脳の発達に対応して好ましい影響を脳に与える必要があるとのことである。

各人の基本的性格は「三つ子の魂百まで」

ここまで言ったとき咲坂裕康先生が口を開くと、大野弁護士は、「とりあえず、私の話を聞いてください」と言って、話を続けた。

精神分析学から見た人間の行動についても話しておきたい。

精神分析学も研究、解明の途上にあり、専門家によって色々な考えがあるようである。これから話す内容は私が今回知ったものであるが、私の社会的経験からしては理解、納得が行くものである。

大野弁護士は一息ついてから話を続けた。

人間の脳が胎児である期間を含めてどのように発達して行くのか。その上で、性格がどのように形成されて行くのか。これらは後天的なもので、遺伝的なものはほとんどないようである。持って生まれた肉体的条件だけが生まれ持った素質と言える。精神分析学の研究によると、各個人の基本的性格は「三つ子の魂百まで」と言われているように、胎内の生活から始まって、三歳ぐらいまでの乳幼児期に形成されるという。

人間の精神領域は、意識、前意識、無意識の三つに区分できる。前意識は意識と無意識の中間領域で、普段忘れていても時に応じてふと思い出したり、気づいたりする意識である。これに対し無意識とは、自発的には記憶として呼び起こすことができないほど古い体験で、強く抑圧されて残っている感情である。「無意識の領域」は意識、前意識とは比較にならないほど大きな領域を占めていて、人間の行動に影響をもたらしている。精神分析学は「無意識の領域」を対象とした学問である。

人間は生活する上で種々の悩みを抱え、ある場合には異常な行動や反社会的な行動をとる。これらの悩みや行動につき根本的原因を本人が認識できると、悩みや問題行動から解放されることは、これまでの精神分析での臨床治療で明らかになっている。なぜ解放されるのか？　根本的原因を本人が把握すると、悩みや行動をコントロールしやすくなり、それに振り回されて無理に努力をする必要がなくなるからと考えられている。

精神分析のための種々の手法を用いて人間の悩みや問題行動の根源を探ると、ほとんどの場合、その根源は「無意識の領域」に存在する。しかも、その「無意識」は、母親の胎内にいたときから三歳ぐらいまでの乳幼児期に受けた体験である。その体験が強く抑圧されて「無意識の領域」に蓄積されている。それが本人の意識とは関係なしに悩みや行動となって流出する。蓄積された負の体験のほとんどは、胎児・乳幼児期に親や子供の保護者から受けた体験である。言ってみれば、子供が示す登校拒否、非行、閉じこもり、家庭内暴力、いじめなどの行動は、生まれたときから今日まで親や保護者が子供の自由な欲求、意志を奪って一方的に押しつけたことに対して子供がお返しをしているようなものである。

一般的な家庭で言えば、乳幼児期に母親が穏やかに愛情深く子供の相手をし、父親は子育てで翻弄される母親の心身の安定を支えることにより、子供は精神の基礎がしっかりと育つ。その結果、その後の成長過程で社会的に悪い影響や刺激を受けても、深い悩みや異常な行動に陥ることはない。親や保護者は子供の表面に現れる行動や振舞いを見て、「世間が悪い」「学校が悪い」などと考えるが、その責任はほとんどの場合、親や保護者にあると言える。

ここでいったん言葉を切り、コーヒーを一口飲んでから言葉を継いだ。

「私が今お話しした脳科学や精神分析学の観点からすると、要は、子育てを行う親などの保護者は、愛情深く手をかけ、愛のムチの厳しさをもって育て、子供の行動の発達に応じて柔軟に養育、教育に当たる必要があるということです。子供は脳の発達の過程では緊張や悩みの連続です。子供にはそれを温かく抱き締めてくれる逃れる場所が必要です。その場所が家庭であり、保育施設であり、学校であるべきではないかと思います。特に家庭は、子供にとって常に最良の場所にしておく必要がありま す。いじめの根本的原因は何かについて考えるとき、いじめの根は深く、いじめが起きたときにいじめの芽を摘むのではなく、根を生えさせないようにすることが重要だと思います」

虐待による脳の変形

大野弁護士が言葉を切ると、咲坂先生が口を開いた。

「私も脳科学や精神分析学の観点から見た子供の脳の発達に関する書物を読んでいます。これからお話しすることは私が読んだ書物に書かれていたものです」

咲坂先生は手持ちの資料に目を落として話を続けた。

児童虐待防止法では、「虐待」を身体的虐待、性的虐待、育児放棄（ネグレクト）及び心理的虐待の四つに分けて定義している。

ちなみに、厚生労働省によると、全国に二一〇ケ所ある児童相談所が二〇一七年度に児童虐待の相談や通告を受けて対応した件数は一三万三七七八件（速報値）に上り、過去最多を更新している。統計を始めた一九九〇年度から二七年連続の増加である。二〇一七年度の対応件数を内容別に見ると、面前ＤＶや無視、暴言など心理的なものが七万二一九七件で五四・〇％を占め、身体的虐待が三万三二二三件、育児放棄（ネグレクト）が二万六八一八件、性的虐待が一五四〇件となっている。半数近くが警察からの通知であった。

脳科学や精神分析学では子供への虐待をマルトリートメント（maltreatment 不適切な養育）と呼んでいる。行為の軽重、子供のためだと思った行為、傷つける意思の有無にかかわらず、子供の脳が傷つく行為はすべてマルトリートメントである。脳は胎児期、乳幼児期、思春期など人生の初期段階で外部からの影響を受け易い。この時期に過度のストレスを感じると、子供のデリケートな脳は「物理的」に傷つく（変形する）ことが脳科学の臨床研究で明らかになっているとのことである。変形する脳の場所はマルトリートメントの内容と程度によって異なっているが、脳が変形することによって子供の正常な発達が損なわれ、生涯にわたって影響を及ぼすことになる。

人間の脳に関する研究によると、子供時代に厳格な体罰を受けた人は、暴力を受けたことがない人と比較して、脳の「前頭前野」の一部の容積が小さくなっているとのことである。前頭前野は感情や思考をコントロールして行動抑制に関わる部位で、正常に発達しないと問題行動を起こすことになる。六歳～八歳ごろに身体的マルトリートメントを受けると、最も大きく脳に影響するようである。

心理的・精神的なマルトリートメントは、心に外傷を与えて心を侵害するような行為であるが、「バカだ」「クズだ」と蔑む差別や脅し、罵倒を繰り返す「言葉」による行為が多い。「しつけ」は子供の行動を正し、生きて行く上で必要なスキルやマナーを身につけさせるためのものであるが、体罰を与えての「しつけ」は体罰を受ける恐怖、屈辱感、恥辱により心のマルトリートメントとなる。両親間のＤＶを目撃させる面前ＤＶは、子供の脳に多大なストレスがかかり、多くの場合、自分が家族を守れなかったことに対する罪悪感、自分だけが被害にあっていないことへの罪悪感を持ち、トラウマ（心の傷＝心的外傷）となって子供の脳をむしばむとのことである。精神的なマルトリートメントは脳に大きな傷を残し、じわじわと子供の脳に現れ、忘れたころに突然出現し、後遺症として子供を苦しめる。うつ状態になったり、他人に対し攻撃性を示したり、感情を表せなくなったり、拒食症、自傷行為、薬への依存、犯罪、自殺を引き起こす。

子供は生まれてから五歳ぐらいまでは親や養育者との間に愛着（強い絆）を形成する。これによって得られた安心感や信頼感を足掛かりにして周囲の世界への関心が広がり、認知力や豊かな感情を育んで行くという成長過程をたどる。一歳を過ぎ自分の意思で動き回れるようになっても、子供は不安を察知すると愛着の対象者の傍に行って緊張を解き、愛情を補給する。愛着の対象者は子供にとって

「安全地帯」であり、子供はこの場所があるので多少の危険や不安を感じても冒険（探索）ができ、自立への準備を整えることができる。しかし、「安全地帯」を持っていない子供は「愛着障害」を起こし、脳の発達に大きな影響をもたらす。対人関係で適切な反応を示すことができず、強い警戒心を抱き、優しく接する人に腹を立てたり、怒ったり、泣いたりして、他人全体を信用できなくなるようである。また、逆に、他人に無警戒で、相手を吟味する能力が著しく欠如したりする。

咲坂先生はここで一息ついて言葉を続けた。

「人間の気質、能力、感受性、ストレス耐性には個人差があるので、同じ状況でも社会的にうまく適応できる人もいます。愛情をもらうべき親や養護者からマルトリートメントを受けて苦しみを味わった人の三分の一は、将来加害者側になる可能性があり、『行わない確率』は三分の一、『どちらにも傾く可能性』が三分の一とのことです。子供を慈しみ大事に育てようという感情は、生まれながらにして持っているものでなく、子供と実際に触れ合うことで喚起され育って行くものだそうです。脳科学、精神医学の観点からすれば、現在の親などの保護者による子供への教育、保育士による養育、幼稚園教育、更には、小学校以降の学校教育は、子供の脳の発達にはまったく適っていないように思えます。この点については、後ほど現在の教育現場の実態をお話ししたいと思います」

いじめは集団生活での異物の排除行為という考え方

咲坂先生が口を噤んだとき、しばらく沈黙が続いた後で、坂下繁夫先生が口を開いた。

「私も教師として、時間があれば色々な書物や資料に目をとおしています。いじめ問題は根が深く、今大野先生と咲坂先生が説明された脳科学の観点からの説明のほかにも、同じ脳科学からの説明として、こんな考え方もあるようです」

坂下先生は説明した。

人間は集団生活をする動物である。集団生活を維持するためにはルールが必要である。そのルールを学ぶということは社会性を持つということである。人間の脳には、社会性を学ぶ機能と同時に、社会性を乱す異物を排除する機能が備わっている。学校は集団生活の場であり、生徒は社会性を学ぶ一方、生徒にはこの異物を排除する機能が働く。いじめ行為の根源は生徒のこの排除機能にある。

子供は幼少期から、友達と喧嘩したり、ふざけあったり、嫌なことをして色々とトラブルを体験して社会性を身に着けて行く。この体験の過程で子供たちは無意識のうちに集団になじまないものを排除して行く。これらのトラブルや排除行為は子供が成長するために必要なものである。これらを必要以上に問題視すると、子供の精神的発達を損なうことになる。

集団生活での排除行為の中で、学力、体力、気力、身体、容姿などの点で一般の子供と比べて劣っている子供に対する差別意識が生まれてくる。特に、ほかの子とのコミュニケーション能力に障害を持っている自閉症傾向を持っている子はその対象になる子が多い。

いじめは数人によるからかいや嫌がらせから始まる。やがて周りの子がそれに同調して人数が増えて行く。これによりいじめられている子は友達が少なくなり、やがて孤立した状態となる。すると、からかいや嫌がらせがクラス全体を巻き込んだ集団でのいじめになる。いじめは先生などが見ても分からないような形でさりげなく行われ、いじめられている子を精神的に追い詰めて行く。これが「いじめの構造」である。子供には自分たちが作り上げた世界を〈これはおかしい〉と考える力はなく、良くても悪くてもそれを受け入れる。子供たちには差別意識はなく、当たり前のことと考えて行動している。この子供たちの差別に対する認識のなさが、子供の世界の構造である。そのため集団現象としてのいじめが発生する。

いじめの構造は小学の中学年から発生するが、これを放置して高学年になるまで持ち越すと、際限なくエスカレートして大変に強固ないじめの構造となる。また、集団から異物として排除された生徒は孤立して、集団の中で社会性を学ぶ機会を失うことになる。そのため、集団生活の責任者である学校教師の早期での介入が必要となる。

集団生活の中で、子供は力の強い子に対し無差別に従ってしまう習性がある。これが力の強い子に対する同調行為を生み出す。その結果、ある特定の子には嫌がらせをしてもいいという共通認識を持つことになる。その認識がいかに不当なものであるかを分析する力は子供にはない。そこで、教師の介入が必要になってくる。

子供には自分たちが行っている異物排除行為を悪いことをしているとの認識はない。その子供たちに、学校教育で「いじめは悪い行為である」と教えても、いじめは「極悪非道な行為」として、自分たちが行っている行為とは関係がないと判断する。そういう判断を持っている子供に「あなたはいじめを行っている」と指摘すれば、その子に与える精神的衝撃は大きなものがある。

いじめは、いじめの構造の中で無意識のうちに体験し学習された考えや行為である。これを修正する機会がなければ、いじめを行っている子供にとっても、いじめられている子供にとっても、そのまま本人の考えや行為として内面化することになる。特に、長期でのいじめによる内面化は、その人の一生を台無しにするような悪影響をもたらす。この内部化の防止は、集団の内部事情、子供の力関係、各子供の性格を熟知している教師が行わなければならない。

坂下先生はここでいったん言葉を切ったが、すぐに続けて言った。

「今私が説明した考え方も興味あるものですが、この考え方によると、いじめとして防止しなければならない子供の行為は、本格的に集団生活が始まる小学校入学後であり、集団生活の責任者である教師が早期発見して対処する問題であるということになります。小学校に入学する前の親などの保護者による養育、教育、しつけは、学校でのいじめの要因とは考えていません。別に責任逃れを言うわけではありませんが、教師として現実に生徒に毎日接触して言えることは、生徒の家庭環境、生活状況、親などの保護者のしつけや子供の教育に対する考え方が、いじめの発生の要因の一つとなっていることは確かだと思います。保護者は『うちの子供がいじめを受けている』と学校に訴えるだけの立場ではなく、教師と一体となっていじめを防止する立場にあると思います」

坂下先生はここまで言って言葉を切ったが、少し間を置いてから、「長々と話をして申し訳ありませんが、ついでと言うのもなんですが、最後にもう一つ言わせて下さい」と言って話を続けた。

「小学校の教師を目指して勉強しているとき、心理学者が『足場かけ』と呼んでいる勉強方法を読んだことがあります。現在よりも少し重い責任や自主性を与えて、子供の自己管理能力が進むにつれて足場を少しずつ取り払うという教育方法です。子供の成長に合わせて、これまでよりも少し高い期待を与えます。結果ではなく努力を誉めます。過度な干渉はせずに子供に任せる。子供の生活管理に課している制限を子供の成長に対応して徐々に緩める。親などの保護者が決めずに、子供が決めるのを手伝う。必要なことは守らせ、可能なときは許してやる。こうして成長過程にいる子供の自己管理能力を寛大に見守り、子供の支えになってやるのです。しかし、この教育方法は、親などによる家庭教育、保育所・幼稚園での教育、その後の小中高での学校教育をとおして一貫性をもって実施する必要があります。現在の教育制度の下では『足場かけ』での教育には困難なものがあります」

坂下先生が言葉を切ると、大野弁護士が発言した。

「生徒への教育、あるいは、いじめへの対処のために、先生方も色々と脳科学、精神分析学、心理学などの書物を読まれて勉強されておられます。私も今日の意見交換会のために付け焼刃的に多少書物を読みました。先生方のお話を伺い、また、私が読んだ知識からすると、一口に脳科学、精神分析学、心理学に立脚した考え方と言っても種々の考え方があるようです。これらの学問の研究成果を実際に利用するためには、これらの学問の体系、研究成果の科学性などにつき正確な知識を持つ必要があるのではないかと感じています。私の友人に精神分析学の研究者おりますので、適当な専門家を紹介してもらい、専門的観点に立っての話を是非一度聞いてみたいと思っています。もしそういう機会があれば、先生方にもご連絡しますので、是非参加されてください。今日のところは、各人が学ばれた知識に基づき発言することで意見交換を進めましょう」

教育現場で実践できるアドラー心理学

大野弁護士が口を閉じると、ほぼ同時に堀北先生と咲坂先生が声を発したが、咲坂先生が「堀北先生からどうぞ」と言うと、「それでは……」と言って話し始めた。

「生徒とどう接すべきか、これは教師としての業務を遂行する上で重要な問題です。学級という集団の中では、やる気のあるグループ、普通のグループ、やる気のないグループの割合が、だいたい二対六対二に分かれていると言われています。学級経営では、普通のグループの生徒たちにやる気を持たせて二＋六に高め、残りのやる気のないグループを引き上げて行くことが大切です。先生方はいかにしたら円滑で効果的な学級経営ができるか、多忙な時間を割いて種々の書物を読んで研究し、崩壊学級を立て直した事例を学ぶ講演会に出席したり、他校の先生方と話し合う研究会に参加しています。そんな中で、業務を適切に有効に遂行するための知識として、私も心理学などを多少は勉強してきました。心理学は『反証可能性を持たない』という意味において『科学』と相容れないものがあり、様々な考え方があるようです。各考え方に対する学問的、科学的評価は私には分かりません。私としてはこの考え方ならば教育の現場で実践できるのではないかと思ったことを可能な限り実施しようとしているだけです。そんな考え方の一つにアルフレッド・アドラー（一八七〇年～一九三七年）の心理学があります。これからお話しすることは、私が書物で読んだアドラー心理学の受け売りです」

堀北先生は説明を始めた。

子供が問題行動を起こしたときに、親の育児の仕方、愛情不足、生活環境などの過去に「原因」を求めても、過去に起こったことは変えることができない。過去がすべてに優先し、過去が変えられないのであれば今日を生きる意味がない。アドラー心理学では、何のためにその問題行動を起こしたのか、その「目的」に注目する。例えば、「不安だから外に出られない」ではなく、「外に出たくないから不安という感情を作り出している」と考える。「外に出たくないという目的が先にあって、その目的を達成するたに不安という感情を作り出している」と考える。親に虐げられた子が非行に走る。原因論では「親がこんなことをしたから子がそんなふうになった」となるが、アドラーの目的論では「親への復讐」という目的のために非行に走ったということになる。そう考えると、その問題行動に対し適切な対処の仕方が出てくるというのがアドラーの「目的論」である。

各人の人生における思考や行動の傾向、通常「性格とか気質」（ライフスタイル）と呼ばれているものは、一〇歳前後に自らが選んだものである。子供は個々の体験の中でライフスタイルを形成していて、一度身につけたライフスタイルはそう簡単には変えようとしない。変えたいけれども変えるのが怖いと感じ、変えるには「勇気」が必要である。

大人も子供も、教師も生徒も、役割は異なっているが、人間としては対等である。人間として「対等」とは、上下関係などによる「縦の関係」ではなく、同じ立場の「横の関係」であり、「尊敬」に基づく関係である。従って、「権威」とか「優劣」の関係はない。人はみんなそれぞれ出発点、目標、目的をもって前に進んで行き、そこには先に行く人と後に行く人との違いがあるが、みんなが協力して全体として前に進んで行く。

人間の悩みはすべて対人関係の悩みである。対人関係を恐れるがあまり自分のことを嫌いになる。自分のことを嫌うことで対人関係を避けている。対人関係のゴールは「共同体感覚」にある。個々人は共同体の一部であって中心ではない。より大きな共同体の声を聴く必要がある。他者を「仲間」とみなし、そこに自分の居場所があると感じることである。

「他者からの承認」を求めてはならない。人は他人の人生を生きているものではない。対人関係のカードは常に「私」が握っている。承認欲求を持っていると、人生のカードは他者が握っていることになる。自分の生き方は自分で自由に選択して貫かなければならない。自分をそのままで受け入れ、自分を変えるのではなく、自分についての見方を変える。

教師は生徒と対等な立場にあるので、子供に対し罰したり、叱ったり、恥をかかせたり、面目を失わせる態度では子供の行動を改善することはできない。叱ったりすることは教師と生徒の上下関係を意味し、生徒との距離を広げて関係を悪化させ、生徒に自分には能力がないと思わせ、学校での居場所がない気持ちを強めさせ、教師は自分の仲間ではなく敵であると感じさせる。また更に、子供の行動が教師に注目してもらうための目的でなされる場合には、叱られることは注目されて見捨てられていないと考えるので、その行動が続くことになる。不適切な行動には注目せず、適切な行動について注目すると、不適切な行動で注目をひく必要がなくなる。どちらが正しいかで大人が子供に勝つと、反抗は表面的には治まるが非行で大人に復讐する。

また、子供を誉めてはいけない。「誉める」は縦の人間関係で、能力のある人が能力のない人を上から下へと判断して評価することである。「誉める」ことの目的は、「自分よりも能力の劣る相手を操作すること」である。

問題行動を起こした生徒を変えるには、ライフスタイルを変えさせる必要がある。そのためには、生徒とは力ではなく言葉を使ってとことん話し合って解決する必要がある。話し合いに当たっての「誰の課題」であるかの決定は、その行動について最終的に誰が責任を引き受けなければならないかである。「勉強をする。しない」は教師や親の課題ではなく、子供の課題である。教師や親は子供の課題には介入せず、生徒には課題を達成できる能力があるという自信を持つように「援助」して課題に取り組む「勇気づけ」をする。人は「自分には価値がある」と思えたときにだけ勇気を持てる。差し伸べれば手が届く、けれども相手の領域には踏み込まない適度の距離を保ち、評価ではなく歓びを共有することで自分の気持ちを伝えることは「勇気づけ」になる。教育の目的は生徒の自立であり、教育とは「自立に向けた援助」である。教師や親の役目は子供に介入して子供を変えるのではなく、自分をそのまま受け入れさせ、自分についての見方を変えさせることにある。

「トラウマ」（心的外傷）は外界の刺激によって「心が傷つけられた」ために起こるとされている。しかし、人はいかなる局面においても自分の生き方を選択できるので、「トラウマ」は人生の課題を回避するための口実に過ぎない。

人の行動面での目標は「自立すること」と「社会と調和して暮らせること」である。これを達成するための心理面での目標は「自分には能力がある」という意識と、「人々は自分の仲間である」という意識である。行動は信念から出てくるので、適切な行動がとられるためには、これらの目標に向けての健全な信念が育たなければならない。

堀北先生はここまで言って言葉を切り、しばらく間を置いてから言った。

「今お話ししたことはアドラー心理学のほんの一部です。アドラー心理学が学問的にいかなる位置づけになるのかは分かりませんが、非常に分かりやすく実践的なもので、私は興味を持っています。しかし、数人の生徒だけを対象としての教育ならばもっと効果的に活用できるのですが、何せ四十人もの生徒を抱え、教室での授業のみならず教師として片づけなければならない業務に忙殺されていて、現状では十分に活用することは難かしい状況にあります」

四　現行の教育制度と学問的研究とのギャップ

「学習指導要領」という壁

続けて、咲坂裕康先生が発言した。

「脳科学、精神分析学、心理学の観点からすると色々な研究があるものの、子供の人格形成には、子供の感情・情緒の安定した発達と自主性の発達が基礎であるという点では共通しているように思います。しかし、現在の子供に対する教育制度は適応能力と知識能力の発達に重点を置いて行われています。人格の形成上必要な土台がない状態での教育で、現行の教育制度では子供に立派な人格を持たせることは困難です。この人格の欠落が、生徒のいじめなどを引き起こしているのではないでしょうか。具体的に言えば、文部科学省が定める学習指導要領が支障になっています。学習指導要領は小中高校で教えなくてはならない最低限の学習内容を示した教育課程の基準で、文部科学省の諮問機関の『中央教育審議会』の答申に沿って文科省が策定するものです。約十年ごとに改定され、教科書編集の指針にもなります」

ここまで言って、少し間を置いてから話を続けた。

詰め込み教育ではなく、もっとゆとりのある教育を目指すべきではないかとの考え方は、一九八〇年の学習指導要領に反映され、学習内容と授業時間の削減などとして実現された。その後、この考え方は、校内暴力、落ちこぼれなどの社会問題を背景として推進され、二〇〇二年の学習指導要領では学習内容及び授業時間数の三割削減、完全学校五日制の実施、教科指導のない『総合的な学習の時間の新設』となり、世間はこれを『ゆとり教育』と呼んでいた。ゆとり教育の下では教員も時間的、精神的に多少のゆとりがあり、生徒の交友関係についても世話をやくことができた。

ところが、国際的な生徒の学習到達度調査（PISA）、国際数学・理科教育動向調査（TIMSS）で日本人生徒の学力が低下したこともあり、ゆとり教育が学力の低下を招いていると批判されるようになった。その結果、ゆとり教育への見直しが始まり、小・中学校では二〇〇九年から授業内容と授業時間の増加が始まった。そして、二〇一一年の学習指導要領では、授業内容及び授業時間はゆとり教育以前の状態に戻り、『脱ゆとり教育』が始まった。教員、生徒が自由に使えた『生きる力』を育むための『総合的な学習の時間』は削られ、教員も生徒も決められた教科の学習に専念することになった。

二〇一五年のTIMSSでは、日本は調査対象の小学四年、中学二年ともに算数、数学、理科いずれも平均得点が上昇し、過去最高となった。文部科学省は「脱ゆとり教育」の現行の学習指導要領が「奏功した」としている。また、二〇一五年に実施された十五歳の生徒（日本では高校一年生）を対象としたPISAでは、日本は「科学的応用力」が前回二〇一二年の四位から二位に、「数学的応用力」

では七位から五位に、いずれも上昇した。複数人のチームで問題解決に効果的に取り組むための能力を測定した「協同問題解決能力調査」では、参加した五十二ヵ国・地域のうち日本はシンガポールに次ぐ二位であった。文部科学省は「脱ゆとり教育の成果」としている。その一方で、「読解力」は四位から八位に下がっている。

二〇一六年一二月の中央教育審議会答申に基づき、文部科学省は二〇一七年二月一四日、小学校で二〇二〇年度、中学校で二〇二一年度から全面実施する次期学習指導要領を公表した。次期要領は、小中学校とも各校の判断で二〇一八年度からの移行期間に先行実施することができる。これまでの学習要領では、学ぶべき知識や技能を中心に定めていた。それを転換して、身につけるべき資質や能力にも眼を置いた構造となっている。教員による講義中心の授業から、生徒が主体的に参加する学習法「アクティブ・ラーニング（AL）」への転換を求めている。体験、調査を重視した授業のほか、集団討議、グループワークなどをとおして「知識・技能」「思考力、判断力、表現力」「学びに向かう力、人間性」をバランス良くは育むことを目標に掲げている。また、小学校三年から英語に慣れ親しませ、五年生、六年生で教科書を使って英語の読み書きに取り組ませて成績評価をする。小学校では論理的思考力を身につけるための学習活動としてコンピュータのプログラミング体験も盛り込まれている。更に、読解力を強化するために、国語の語彙《ごい》を増やす。新指導要領では現行の教育内容を減らさずにこれらの新たな課題を上乗せしているので、教員や生徒の負担増は避けられない。授業数が増えれば、教員の授業への準備、教材研究や研修に当てる時間が増え、教員が生徒の一人ひとりに向き合う時間はますます少なくなる。生徒はたくさんのことを詰め込まれて消化不良を起こし、心の病気を引き起こす子が増え、不登校の生徒も増え、いじめ問題もさらに増えるのではないかと気になる。

一般社団法人教科書協会によると、小学校ではいわゆる「ゆとり教育」だった二〇〇五年度の教科書のページ数（一～六年合計、各社平均）は四八五七ページだったが、「脱ゆとり」学習指導要領で学習量は増え、二〇一五年度は六五一八ページに増えた。二〇一九年度からは道徳が教科となり、教科書もできている。二〇二〇年度以降には小学校でも英語が正式教科となる。これらにともない、ワークブックやプリントなどの副教材も増えている。ランドセルが重すぎて子供の腰への負担を懸念する声も上がっている。これを受けて二〇一八年、文部科学省は、学校に教科書などの勉強道具を置いていく「置き勉」を事実上認める通知を出すという事態にまでなっている。

現在でも、教員は授業、授業の準備、部活動の指導そのほかの雑務や決められた日程に追われて一日一二時間も働くことになっている。大野君が言っていた学校の第二の目的は、小学校教育では確かに非常に重要なことであるが、現行の学習指導要領の下でもそれに費やす余裕がない。今後「脱ゆとり教育」はいよいよ強化される方向にあり、学校での「第二の目的」の実現は極めて困難なものになる。

なお、文部科学省は二〇一八年二月一四日、二〇二二年度の新入生から実施する高校学習指導要領の改定案を公表している。小中学校と同様に主体的に学びに向かう態度を養うことを重視する内容となっている。

教育現場の現状

ここまで発言し、少し間を置いてから、「考えても見てください」と言って、言葉を続けた。

昔は、結婚すると妻は専業主婦となり、子育ても母親が行っていた。しかし、現在は一億総活躍社会となり、女性の社会進出が奨励されている。経済的な理由による共稼ぎ夫婦やシングルマザーは、保護者が労働や疾病などの理由で保育ができない〇歳から小学校入学前の乳幼児を保育する児童福祉法に基づく施設の「保育所」（通称「保育園」）に預けて、一日の大部分を保育士に保育してもらっている。保育所への入所、利用資格があるにもかかわらず、保育所が不足していたり定員がいっぱいで入所できずに入所を待っている「待機児童」も多く、社会問題化している。厚生労働省が二〇一九年四月に発表した、希望しても認可保育所などに入れない待機児童数は、二〇一八年一〇月一日時点で四万七一九八人だったとしている。それでも経済的理由などで働かなければ生活できない親は、色々な保育施設などに子供を預けて働いている。また、女性の社会進出の波に乗り、特に若い世代の主婦は、経済的に余裕があっても保育所に子供を預けて働きに出ている。

保育所に預けられた子供の世話は保育士が行うが、一人で大勢の子供の世話をするので、とてもマン・ツー・マンでのきめの細かい世話はできない。特に、保育所に預けられる子供は、母親などの保護者による子供へのしつけや教育がほとんど行われていない場合が多く、保育士にとっては余計に手間がかかる。現に、子供による保育士に対する暴力沙汰が増えている。

保育士のサービス残業が常態化し、保育士不足が深刻な問題となっている。認可保育所の運営費は「公定価格」と呼ばれ、子ども・子育て支援法に基づき国が定めている。この枠を超えて残業代を支払ったり、保育士を通常より多く配置したりする費用は、地方自治体の負担となる。認可保育所では、一人が見る園児の数は「ゼロ歳児が三人まで、一、二歳児六人、三歳児二〇人、四、五歳児三〇人」とする国の基準があるが、現場を回すぎりぎりの人数で、トラブルなどで誰かがかかりっきりになると、ほかの保育士が見る子供の人数が増える。また、保育事業への企業の参入障壁を下げ、託児の受け皿を増やそうと、二〇一六年度に「企業主導型保育所」の制度が創設された。認可施設に比べ保育士の配置基準が緩く、保育行政を担う市区町村に審査・指導権限がない認可外施設の一形態で、企業の従業員の子を預かったり、一施設を複数企業で利用したり地域の乳幼児も入所できて柔軟性がある。二〇一八年三月末時点で全国に定員五万九七〇三人分、二五九七施設が整備されている。しかし、各地で定員割れなどによる経営悪化で閉所が相次ぎ、また、量の整備に重点が置かれ過ぎ、質の維持への意識が十分でなく、二〇一八年一二月に政府は制度の課題を検証する有識者検討会を内閣府で開いて二〇一九年度以降に制度の改革を行うことになった。二〇一九年三月八日、有識者検討会は改革案を大筋でとりまとめた。改革案は、設置する企業に五年以上の事業実績があることを要件とし、保育所の運営設置を自治体に定期報告することも義務付け、事業の継続性や透明性を確保するとしている。また、定員二〇人以上の施設で職員に占める保育士の割合を半数以上から七五％以上に引き上げ、決算情報や定員充足率を公表することも求めている。

保育士にはパートなどの非正規保育士が多く、正規保育士は、定められた月の残業時間を超えて残業代の支払われない残業を強いられている。人が足りずに残業の長い現状に耐え切れずに辞める保育士も多い。また、休憩時間返上やサービス残業で保育士の質にも問題が出ている。また、二〇一八年六～八月に保育士らの労働組合「介護・保育ユニオン」が初めて実施したアンケート調査によると、保育士が子供を突き飛ばす、怒鳴るなど不適切な対応をするケースがかなりあることが判明した。人手不足で余裕をなくしている様子が背景にうかがえる。待機児童解消のため保育設備の整備が急速に進められているが、数字には表れない保育の「質」が置き去りにされている。

また、親による暴力や虐待で心身が危険な状態にある子供を保護するために、児童福祉法により児童相談所が一時保護所で預かり、その後児童養護施設に預けられたりしている。これらの子供は、将来いじめや非行を引き起こす可能性が大であるが、それに対する的確な養育対応はなされていない。

幼稚園は学校教育法に基づく文部科学省が所管する施設である。学校教育法によると、幼稚園は、義務教育及びその後の教育の基礎を培うものとして、幼児を保育し、幼児の健やかな成長のために適当な環境を与えて、その心身の発達を助長することを目的としている。経済的に余裕のある者は三歳まで保育所に預け、三歳以上になると幼稚園に預ける。しかし、幼稚園でも人格形成に必要な基礎教育を十分に行える環境にはなく、保育所の延長の状態である。一部の幼稚園では、有名な私立小学校に入学するための予備校となっている。

家庭で親などから十分な愛情をもって育てられず、保育所、幼稚園でも人格形成のための基礎教育がなされていなかった子供が、年齢とともに小学校に送り込まれてくる。文部科学省の調査によると、二〇一五年度に全国の小学校で認知した暴力行為は過去最多であった。暴力行為の増加につき、文部科学省は「感情のコントロールが難しい子供が増えている。家庭の教育力の低下という要因が響いているのではないか」とみている。特に暴力行為が一年生、二年生などの低学年で増えていることからすれば、小学校入学前の養育、教育で、人格形成のための基礎が築かれていない子供が増えていることを示している。

小学校以降の教育は、文部科学省が定める学習指導要領を教師が厳格に遵守しての教育である。成績評価表（内申書）による学歴偏重主義で、教師が子供や保護者を支配する教育制度により他人を思いやれない子供を生み出すことに拍車がかかり、そんな中で生徒によるいじめが発生することになる。教師としては学習指導要領に従って生徒に教育をするだけで精一杯で、生徒の問題行動に気づいても注意するのが面倒で見て見ぬふりをすることも起こり得る。せいぜいできたとしても、いじめの芽を見つけて摘み取るぐらいで、とてもいじめの根を生えさせない、いじめの根を完全に掘り起こしていじめを根絶することはできないというのが現状である。いじめが起きれば、いじめた生徒とともに教師、学校は加害者として犯罪者扱いの立場に立たされ、いじめられた被害者だけを守ろうとする。教師としては、いじめを受けた生徒のみならず、いじめを行った生徒の心の寂しさや悩みも温かく包み込む立場であることは承知しているが、それもできない。その結果、生徒に、「先生に言ってもダメ」との不信感を抱かせることになる。そして、またいじめが続くことになる。

なお、児童福祉法に基づき二〇一五年度に始まった子育て支援制度として、共働き家庭などの小学生が放課後を過ごす学童保育（放課後児童クラブ）が行われている。国の基準に沿って市区町村や社会福祉法人、ＮＰＯ法人のほか民間企業などが運営している。うち一人の指導員は一ケ所（約四〇人）につき二人以上を配置するよう義務づけられている。指導員は保育士などの資格者などで、かつ都道府県の研修を受けた「放課後児童指導員」であることが義務づけられている。厚生労働省の調べでは、二〇一八年五月現在で全国に約二万五〇〇〇ケ所あり、一一七万の児童が学校内や児童館で開かれる放課後クラブに登録している。共働き夫婦の増加にともない今後もニーズは高まるとし、二〇一八年九月一四日、厚生労働省、文部科学省両省は二〇二三年末までさらに約三〇万人分を整備するとしている。また、指導員の人材確保が難しいとの声を受け、「二人以上」を拘束力のない参考基準とし、自治体の判断で配置数を決定できるようにして配置数一人でも可能なようにし、二〇二〇年度から指導員の資格基準も緩和するとしている。しかし、これらは、学童保育の場でもとてもきめ細かい児童への対応ができない状況にあることを示している。また、運営を巡る問題で、民間事業者が特定の子供の受け入れを拒否するなどの混乱も起きている。

教師の過酷な勤務時間

咲坂先生が言葉を切って大きな溜息をついたとき、大野弁護士が訊いた。

「先ほど、現状では教師の一日の勤務時間は一二時間にもなると言われていましたが、教師の勤務時間には法的規制がないのですか？　向学のために伺いたいのですが……」

大野弁護士の質問に、「その点について質問があると思って、資料を持ってきましたが……」と言って、分厚い書類封筒の中の資料を探っていたが、やがて一枚の資料を抜き出して目の前に置くと、口を開いた。

「国立や私立の教員は対象外となっていますが、公立学校の教員の勤務時間は、一九七一年制定の『公立の義務教育諸学校等の教育職員の給与等に関する特別措置法』に基づき、休憩時間（一日原則として一時間）を除き、一日七時間四五分、週三七時間四五分（労働基準法では四〇時間）と定められています。仕事で自発性や創造性が期待され、勤務の内外を切り分けるのは適当でないとの理由で時間外手当は支給されず、代わりに月八時間分の勤務に相当する本給の四%が『教職調整額』として全員に一律支給されています。時間外勤務は、校外学習などの実習、修学旅行などの学校行事、職員会議、非常災害など『超勤四項目』に限って命じることができることになっていますが、この基準は形骸化しています。残業手当を支払う必要がないので、学校は際限なく教員の仕事を増やすことができます」

咲坂先生はここまで言って言葉を切り、少し間を置いてから説明を続けた。

公立の小中学校の教員の勤務時間の実態について、文部科学省は一九六六年度と二〇〇六年度に調査を実施した。その後、文部科学省は、小中学校の教員が長時間勤務を強いられているとの指摘を受け、二〇一六年春に、五年に一度調査をすることを決めた。

二〇一七年四月二八日、文部科学省は、二〇一六年度の教員勤務時間実態調査の結果を公表した。調査は二〇一六年一〇月から一一月、全国の公立の小学校と中学校の各四〇〇校でフルタイムで働く校長、副校長、教頭、一般教員その他の教職員を対象として実施した。その結果、一般教員の週当たりの勤務時間は、平均で、中学校で六三時間一八分、小学校で五七時間二五分であった。

一年間に月平均約六十時間の残業をしたのに労働基準法が定める残業代が支払われないのは不当だとして、埼玉県の市立小に勤務する男性教諭（五九）が、二〇一八年九月二五日、県に約二四〇万円の支払いを求めてさいたま地裁に提訴したりしている。

厚生労働省は、脳や心臓の疾患を労災認定する際の基準として「過労死ライン」を示している。時間外労働が「発症前一ヶ月に百時間」又は「発症前二～六ヶ月にわたる期間で一ヶ月当たり八〇時間超」を目安の一つとしている。ただし、厚労省が残業上限とする月四五時間を超え、残業時間が長いほど、業務上発症の関連性が強まると規定され、この基準を下回る労働時間でも過労死と認定される場合がある。おおむね週の平均では二〇時間以上の時間外労働が「過労死ライン」ということになる。公立学校の教員の法定の勤務時間である休憩時間を含め三八時間四五分と合わせると、週約六〇時間以上が過労死ラインとなる。今回の調査で「過労死ライン」を超えている一般教員は、中学校で五七・七％、小学校で三三・五％だった。二〇〇六年の調査に比べ、週勤務時間は、中学校で五時間一二分、小学校で四時間九分増加している。これらの勤務時間の増加は、授業時間数の増加、それにともなう授業のための準備時間の増加、生徒の家庭訪問時間の長時間化、特に中学校では部活動の指導時間の負担増などによるものである。部活動は現在の学習指導要領では「学校教育の一環として教育課程との関連が図られるよう留意する」というあいまいな位置づけで、教師にとっても、生徒にとっても、絶対に行わなければならないものではない。従って、部活の指導のための勤務は「超勤四項目」の対象外で、超勤手当は支払われない。せいぜい休日での部活で四時間以上の指導で三六〇〇円程度が支払われるだけである。

政府は二〇一八年一〇月三〇日、過労死・過労自殺の現状や国が進める防止対策をまとめた二〇一八年版の「過労死等防止対策白書」を閣議決定した。過重労働が顕著な重点業種として教職員や医療など五つを挙げている。全国の国公私立小、中、高などの教職員約三万五〇〇〇人から回答を得た大規模調査では、八〇・七％が「業務に関連するストレスや悩みを抱えている」と回答。白書は長時間労働に加え、ストレス対策も重要と指摘した。ストレスや悩みの内容を複数回答で尋ねると、「長時間勤務の多さ」を挙げる人が最多の四三・四％を占めた。「職場の人間関係」（四〇・二％）、「保護者・ＰＴＡへの対応」（三八・三％）も多い。また、「部活動の指導」は小学校ではわずかだが、中学は四二・〇％、高校で三六・二％に上った。一日の平均実勤務時間は一一時間一七分。職種別で見ると、最も長いのは「副校長、教頭」で一二時間三三分。一日八時間労働とすると、連日四時間半の残業をしていることになる。月二〇日間の勤務と考えると、「過労死ライン」の八〇時間を大きく上回る計算になる。

二〇一八年一二月二五日、文部科学省が二〇一七年度の公立小中高校の教員に関する人事行政状況調査を公表した。それによると、精神疾患を理由に休職した教員は五〇七七人である。二〇〇二年度は二六八七人だったが、その後増え続け、二〇〇七年度に四九九五人になって以降、五〇〇〇人前後の高い水準で推移している。文科省の担当者は「教員の多忙と長時間労働が背景にあるのではないか」と話している。

二〇一七年一二月一九日、文部科学省は長時間勤務が深刻な教員の負担軽減策として、全国の公立学校の業務を支える外部人材を二〇一八年度から積極的に導入することを決めた。具体的には、特に教員の負担感が強いとされる部活動につき、全国の公立中学校に指導員として四五〇〇人を配置する。配布物の印刷や会議の準備などの事務作業を代行する「スクール・サポート・スタッフ」として三千人を公立小中学校に配置して教員の業務負担の軽減を図るとしている。

二〇一八年三月、スポーツ庁は、国公私立中学校での適切な運動部活動の運用に向けた指針を策定し、全国の自治体や学校などに通達した。学期中は一日の部活時間を平日二時間、休日三時間程度までとし、週二日以上の休養日を設けるとしている。高校の部活動にも原則適用する。指針に法的な拘束力はないが、今後教育委員会や学校にはこの内容を参考にした具体的方針作りが求められ、同庁が定期的にフォローアップすることになる。

また、中学、高校での吹奏楽部や合唱部、演劇部など一部の文化部では、コンクール出場に向けて運動部と同様に長時間の練習が行われているケースがあり、生徒や指導教員らの負担が課題となっていた。これを踏まえ、文化庁は、中高学校の文化活動の運用に関する指針を策定し、二〇一八年一二月に全国の教育委員会などに通達している。指針では一日の活動時間の上限を平日は二時間程度、土日や夏休みなどの休業日は三時間程度に設定。休養日を平日と土日それぞれ一日以上設け、大会参加などで土日とも活動した場合は平日に振り替えるとしている。法的拘束力はない。

教師の働き過ぎがクローズアップされているのを受け、文部科学大臣の諮問機関である中央教育審議会に「学校における働き方改革特別部会」が二〇一七年七月に発足した。二〇一八年一二月六日、特別部会は指針案と働き方改革を巡る答申素案を了承した。残業時間の上限目安は原則月四五時間、年三六〇時間。特別な事情があっても月一〇〇時間未満、二～六ヶ月の月平均で八〇時間、年七二〇時間などとし、タイムレコードなどで勤務時間を客観的に捉えるべきとしている。これに違反した場合の罰則は設けない方針である。

答申素案では、改革の具体策で縮減できる一人当たりの年間勤務時間数の目安も提示している。登校時間の見直しで年一五〇～一六〇時間、学校徴集管理などの事務管理軽減で年十五時間、休み時間や校内清掃への地域人材参画で年一〇〇時間、成績処理などに校務支援システム活用で年一二〇時間、部活動への外部指導員の活用（中学校のみ）で年一六〇時間、サポートスタッフの配置や留守番電話設置などで年六〇時間削減できるとしている。しかし、これらは子供と向き合う教育現場にとっては机上の空論で現実味がない。

また、答申案の中で、変形労働時間割が浮上した。学期中より残業時間が大幅に少ない夏休み期間中を「閑散期」ととらえ、「繁忙期」に当たる通常の学期中の勤務時間を増やす制度である。文科省が示したケースでは、八月の労働時間が一七八時間だったのを九七時間に削減する代わりに、学期中は毎週三日間、正規の勤務時間を従来の七時間四五分から一時間多い八時間四五分に増やすなどとしている。全体の教師の仕事を減らし、なおかつ夏休み中にある部活動の大会やコンクール研修などを七月中や九月以降にずらすなどの対策を取るとしている。しかし、この変形労働時間割制度は、夏休みは教師は働かないと思っている世間の誤解に付け込み、見た目だけ残業時間を減らすという考え方である。夏休み中には、プールでの水泳授業、全国学力テストへの授業対策、各種報告書作成、研修などがめじろ押しで、実際の学校にはそもそも「閑散期」はなく、年間を通して「繁忙期」である。労働時間が週三日、一時間ずつ正規に増加すれば、その分の仕事がさらに増えてきて、今までの残業仕事がそのまま持ち越し負担となる。

特別部会の答申素案を受け、二〇一九年一月二五日、中教審は、公立校教員の長時間労働を是正する働き方改革の方策をまとめ、文部科学大臣に答申した。残業時間の上限を原則「月四五時間、年三六〇時間」以内と定めた文科省指針の順守に向け総合的な取り組みを求めた内容となっている。

答申は改革の目的について、長時間労働の見直しで子供と接する時間を確保し、効果的な教育を行うことと明記。文科省や教育委員会、家庭や地域社会との連携の必要性を強調している。そして、教員の業務を次の三つに区分して、それぞれにつき教員の負担削減方法を示している。

（一）教員の業務 ― 給食時の対応、授業の準備、学習評価や成績処理、学校行事の準備・運営、進路指導、支援の必要な児童・生徒・家庭への対応については、栄養教諭、サポートスタッフ、事務職員、外部委託、専門スタッフなどとの連携で負担軽減が可能。

（二）学校の業務 ― 調査・統計への回答、休み時間の児童・生徒への対応、校内清掃、部活動については、事務職員や地域ボランティア、部活動指導員が担うことができる。

（三）学校以外の業務 ― 登下校時の見守り、放課後から夜間の見回り、児童・生徒が補導されたときの対応、学校徴集金の徴収・管理、地域ボランティアとの連絡調整については、教育委員会や保護者、地域ボランティアなどが担うべき。

教育行政には実効性のある取組みを要請し、タイムカードで勤務時間を客観的に把握し、業務削減や勤務環境の整備につなげるべきだとしている。

多忙化の大きな要因とされる運動部や文化部の活動を巡っては、国のまとめたガイドラインに沿い、休養日を週二日以上設け、一日の活動時間を平均二時間、休日三時間程度に抑えることとしている。

変形労働時間制については、繁忙期の勤務時間を引き上げる代わりに夏休み期間などに長期休暇が取りやすくなるとし、自治体の判断で導入できるよう法改正を提言している。

一方、残業時間を抑制する意識を希薄にしているとされる教員特有の給与制度を定めた教職員給与特別措置法の抜本的見直しにつては踏み込まなかった。

文科省は二〇一九年一月二五日、指針を各校に通知し、各自治体の教育委員会が学校の勤務状況を監督するとしたが、違反した場合は「教育委が業務や環境整備の状況を事後的に検証する」と記載するにとどめている。従って罰則はなく、実効性が課題となる。

教師という仕事は「聖職」であり、自己犠牲を図ってまでも生徒のために奉仕すべきであるとの考え方がある。しかし、教師も企業で働くサラリーマンと同じ労働者である。教育界にも成果主義があり、人事考課制度がある。設定された基準をクリアーしなければ、異動や給与にも影響してくる。この成果主義が過重労働の一因となっており、教師から生徒へ目を配る時間を奪っていると言っても過言ではない。

二〇一八年六月、「働き方」関連法が成立し、労働界の悲願であった罰則付きの残業時間規制が導入されることになった。繁忙期には単月で百時間まで残業を認めていて「これでは過労死はなくならない」との批判があるが、それでも設定されている上限を超えれば、企業に懲役や罰金を科することで労働者を保護することになっている。この法律は公立教職員には適用がない。教職員に対しても、小手先だけの勤務時間改革ではなく、法律により罰則付きでの残業時間規制を直ちに導入すべきである。

咲坂先生はいったん言葉を切ったが、すぐに「もう一つ説明しておきます」と言って、話を続けた。

「経済協力開発機構（ＯＥＣＤ）の『図表で見る教育二〇一七年版』によると、日本は初等・中等教育とも年間授業日数が二〇一日と加盟国で最多である。初等教育では加盟国平均の一八五日を大幅に上回り、英国、韓国は一九〇日、米国は一八〇日で、最も少ないフランスは一六二日となっている。文部科学省は小中学校に対し科目ごとに年間の授業時間を示しているが、夏休みは市町村などの教育委員会が定め、授業時間を上回って授業をしてもかまわない。そこで、「脱ゆとり教育」の学習指導要領の下で生徒の学力の向上のために夏休み期間を短縮して、短縮した分を授業に充てる小中学校も出てきている（宮崎県東松山市の公立小中学校、大分県日田市の公立小中学校など）。夏休み期間の短縮は生徒にとっても負担であるが、教師にとっても負担がいよいよ増すことになる。

咲坂先生が言葉をいったん切ったとき、大野弁護士が口を開こうとすると、それを制するかのように言葉を続けた。

経験不足・知識不足の教師の増加

「生徒の保護者の前でこうして自由に自分の考えや意見を述べる機会はほとんどないので、日頃のうっ憤を晴らしているように思われるかもしれませんが、もう一つ言わせてください。学校の教師の質の問題です。いわゆる団塊の世代の大量退職にともない、若年教師が急激に増えています。二〇代の教師が全体の半数を占める小学校も出てきています。今後ますますこの傾向は続きます。教師になりたての若い教師には、ベテランの教師が付いて教師として一人前にするための指導が必要ですが、ベテラン教師の減少によってそれも困難になりつつあります。やむを得ず、若手の教師にすべて任せる場合も出てきます。生徒への教育に当たり学校の教師が直面する問題は、以前に比べ複雑化してきています。特に、保護者からの要望や要求も色々と複雑化し、経験の浅い若手の教師では対応できないものも増えてきていて、若手の教師は常に悩みを抱えることになります。一方、ベテランの教師にも悩みがあります。最近の生徒のいじめはスマホの機能を利用して行われていますが、この新しい問題についてはこれまでの教師生活では経験しなかったもので、どう対応すべきか分からず、ほとんどのベテランの教師は戸惑いを感じています。保護者の方々には、教師も種々の悩みを抱えていることを知っていただきたいのです」

咲坂先生は言葉を切って少し間を置いてから、「少々喋り過ぎました。申し訳ありません」と言って、座ったまま深々と頭を下げた。

「不登校」という選択

座が深い沈黙に包まれたとき、坂下繁夫先生が発言した。

「今年の一学期に、私が担任する小林俊一君が同じクラスの三人の生徒から悪口によるいじめを受け、小林君が不登校となる事態に陥りました。小林君が悪口を言われていることはほかの生徒から聞いて知っていましたが、小林君は学校の成績も良く、普段どおり振る舞っていたので、〈たいしたことではない〉と思って、成り行きに任せていました。不登校という『重大事態』になって初めて事の重大さに気づいた次第です。小林君が不登校の理由を母親に話したとき、母親は『学校に行きたくないのなら登校しなくてもいい。その代り、家で勉強しなさい』と言って、夜遅くに疲れて帰宅してからお子さんの勉強をみていたとのことです。更に、お子さんのいじめについては、毅然たる態度で学校や、いじめを行った生徒の保護者と話し合って決着をつけました。小林君が二学期からB組に組替えとなり、B組担任の堀北先生に小林君の様子を伺ったところ、親友の大野洋介君の友情と大野君の家庭の愛情により小林君は完全に立ち直ったとのことです。そして更に、大野君をとおして親友の輪が広がり、同時にその輪は親同士の輪へと広がっています。私は小林君のいじめ事件をとおして今つくづくと感じていることは、子供の成長には親などの保護者と子供の強い愛情による結び付きと、友情による友達同士の結び付が絶対必要であり、更に、子供同士の友情を通じての保護者同士の連携が不可欠であるということです。先ほど大野洋介君が、学校の第二の目的は、知らない者同士が仲の良い友達になる場であると言って、机の配置など具体的提案を行いました。私は大野君の意見に感動し、そのとおりだと思いました。これからはいかにしたら生徒同士が仲の良い友達になれるかを考え、少しでも実行に移して行きたいと考えています」

ここでいったん言葉を切ったが、「生徒の不登校について私見を述べさせてください」と言って話を続けた。

「不登校」は文部科学省の定義では、何らかの心理的、情緒的、身体的、社会的要因・背景によって登校しない、したくてもできない状況にあり、病気や経済的な理由以外で、年間三〇日以上欠席した児童、生徒とされている。一九六六年度から文科省は実態調査を始めた。当初は「学校嫌い」としていたが、一九九八年度に「不登校」と呼称を変更し、欠席日数を「五〇日以上」から「三〇日以上」にした。

この定義によると、保護者が子供の才能や技能を伸ばすために学校を休ませる場合は、「不登校」に該当しない。また、保護者が子供の見聞を広めるために、学校を休ませて長期での国内・海外旅行に出る場合も「不登校」には該当しない。問題になるのは、「学校に行きたくない」「学校が嫌い」などの子供の情緒的理由によって学校を休んでいる場合や、いじめにあって「学校に行くのが怖い」などの理由で不登校となっている場合である。二〇一七年度の文部科学省の調査では、不登校の小中学生は一四万四〇〇〇人で、五年連続で増加している。

また、日本財団が二〇一八年一〇月に中学生約六五〇〇人を対象にインターネットで行った調査によると、年間三〇日未満だが一週間以上続く欠席がある生徒は全体の一・八%、校門や保健室などには行くが教室に入らなかったり、給食だけを食べる「部分登校」などが四・〇%、授業は受けても心の中で「学校がつらい、嫌だ」と思っている「仮面登校」が四・四%いた。こうした生徒を不登校傾向とすると全体の一〇・二%で、全国の中学生約三二五万人から推計すると三三万人になる。文部科学省の二〇一七年度の調査では不登校中学生は約一〇万九〇〇〇人で、不登校傾向の生徒はその三倍にのぼることになる。

日本の教育行政の根幹には、子供の教育には、登校しての学校での教育が不可欠であるとの考えがある。従って、不登校に対しては、怠けや甘え、逃げ、社交的でないとかいった性格や心の病が強調されがちである。二〇〇一年に当時の文部科学大臣が「履き違えた自由が不登校を生む」と発言して物議を醸した。

しかし、人間として生きるための子供への教育は、学校だけではなく、家庭、社会でも行われていて、学校での教育がすべてではない。不登校の期間中、家に引きこもって何もしないのは困るが、不登校を利用して保護者が子供の趣味、興味や関心を広めるために利用するのであれば、不登校自体はそう深刻に考えるべき問題ではないのではないか。学校教育万能主義の下で、子供たちは子供らしさを失っている。不登校を利用して色々と子供らしさを取り戻すための経験をさせることも、豊かな人生を送る上で役立つのではないか。一部の国で実施されている保護者によるホーム・スクーリングや、国の学習指導要領にこだわらずに生徒の興味や能力などに合わせて学習を行うフリースクールでの勉強も生徒への学習方法として考えるべきではないか。これらよって学校での勉強に遅れが出たとしても、勉強は生徒がその気になればいつでも追いつくことができ、教師もそれに援助、協力することができる。「不登校」というだけで問題視し、学校に行きたくない生徒をむりやりに学校に引き戻すことばかり考えずに、学校教育に関し寛容さとゆとりを持って、教育には「不登校」という選択肢もあると考えてもいいのではないか。

いじめ防止法では「不登校」は「重大事態」として深刻な問題としているが、いじめによる不登校はいじめを鎮静化し、いじめを受けた生徒の心の傷を癒す手段として柔軟に考えてもいいのではないかと思う。争いごとには「負けるが勝ち」という考え方がある。いじめは争いごとの一種であり、いじめへの対処方法として「逃げる」、即ち、「登校を拒否する」という選択肢があることを生徒に教えてもいいのではないか。

不登校の生徒が増加する中で、国は二〇一六年一二月二二日、「義務教育の段階における普通教育に相当する教育の機会の確保等に関する法律」（「教育機会確保法」）を公布し、二〇一八年一二月二二日から施行することになった。この法律は基本理念として、不登校生が行う多様な学習活動の実情を踏まえ、個々の不登校生の状況に応じた必要な支援が行われるようにすること、及び、不登校生が安心して教育を十分に受けられるよう、学校における環境の整備が図られるようにすること等々を規定している。そして、基本理念の実行に向けての国及び地方公共団体の責務を定めている。更に、不登校生が学校以外の場において行う多様で適切な学習活動の重要性に鑑み、個々の不登校生の休養の必要性を踏まえ、不登校生の状況に応じた学習活動が行われることになるよう不登校生及びその保護者に対する必要な情報の提供、助言その他の支援を行うために必要な措置を国及び地方公共団体が講じるとしている。

教育機会確保法の制定により、「学校こそが豊かな学生生活を送り、安心して教育を受けられる唯一の場であり、不登校生は一刻も早く学校に連れ戻す」といいう従来の学習方針に大きな変革がもたらされた。「学校以外での場での学習」を認め、国及び地方公共団体がそのための施設に財政支援を行ない、生徒及び保護者に対し「不登校という選択肢」を認めることになった。

子供が「学校に行きたくない」と言い出したら、まずそれを受け入れ、不登校の原因につき調査する。不登校の原因がいじめにあるのなら､不登校の期間中にいじめを鎮静化することができる。また、不登校という選択肢の行使によって、いじめを受けた生徒に、人間関係は学校での生徒との人間関係がすべてではなく、人間として生きるための人間関係は学校以外にもあることを学ばせる機会として積極的に利用すれば、不登校によって子供を人間的に成長させることができる。一日も早く登校させせるのではなく、学校の教師と保護者が協力して不登校期間の生徒の人生をいかに有効に過ごさせることができるかにつき考え、実行して行くことが重要である。

五　女性の社会進出と子育て

社会的役割分担としての女性による子育て

このとき、松坂郁子が「私にも言わせて下さい」と遠慮がちに言って、緊張した面持ちでコーヒーを一口飲んでから発言した。

女性の社会進出が推進されている。最新の総務省の「労働力調査」では、十五歳以上のすべての女性のうち、働く人の割合は二〇一八年平均で五一・三％となり、一九六八年以来、五〇年ぶりに五割を超えている。その一方で、今は少子化の時代で、女性は一人でも多くの子供を産むよう求められている。そのため、女性の社会進出と出産・育児をどう両立させるかが問題となる。

子供を産むということは、次の世代を担う人間を育てるということである。子供を産むからには、経済的にも、肉体的・精神的にも、時間的にも、それなりの覚悟が必要である。その覚悟と認識がなく、単に漠然と子供が欲しいから産む、子供は欲しくないけど出来ちゃったから産むなどと考えて産む女性は子供を産むべきではない。親から虐待を受ける子供が多くいて、幼児の死亡事件で警察から摘発された保護者は母親がわが子に手をかけたケースが多く、育児ノイローゼや思いがけない妊娠で精神的に追い詰められた姿がうかがえる。また、夫婦でゲームを優先して乳児に必要量を大きく下回るミルクしか与えずにわが子を衰弱死させた事件も起きている（二〇一八年一二月一四日、さいたま地裁判決）。

ここまで言って、軽く深呼吸をしてから話を続けた。

特に、〇歳から三歳までの子供の成長には、産んだ母親の十分な愛情が絶対必要である。乳児はコミュニケーション手段としては、泣いたり、むずかったりしかできない。その乳児の訴えを的確に理解して対処し、深い愛情とスキンシップで乳児を包み込むと、乳児は安心して落ち着く。その後幼児は種々ないたずらを展開し、特に二歳ごろになると、何に対しても反抗的な態度を示すようになる。それらの行動や態度を禁止したり命令して抑えるのではなく、十分な愛情をもって見守っていると、自然と幼児の行動や態度は安定してくる。この期間の育児は母親としては忍耐の連続ある。しかし、この忍耐は子供を産んだ母親だからこそできるものだと思う。

男性と女性の二つの性に分かれている中で、両性は平等と言っても、それぞれの性には役割分担があり、母親が育児することと父親が社会に出て働いて経済的に家庭を支えることは同一の社会的価値だと思う。同一の社会的価値と言っても、父親の仕事には勤務時間制限があるが、母親の育児、家事には制限がない。両者の仕事を量の面でも平等にするためには、父親の育児、家事への参加が必要になる。少なくても三歳ぐらいまでは、父親の育児、家事への参加があって初めて両性が平等での役割分担が成立するということになる。この両性の役割分担を否定するような男女平等の下では、女性は責任をもって子供を産むことはできない。

二〇一七年版の労働経済白書によると、妻の就業率は夫の年収が高いほど低い傾向にあったのが、最近の夫婦世帯の傾向として、夫の年収が一〇〇〇万円を超えるケースでも妻の就業率が上昇しているとのことである。夫の経済力にかかわらず子育て中も意欲的に働こうとする女性が増えたことが共稼ぎ世帯の増加につながったと分析されている。こんな中で、女性の社会進出のみを強調する政策ばかりでなく、健全な精神と立派な人格を持った子の成長には、母親による育児が重要であることを再認識する必要があるのではないだろうか。もちろん、経済的事情その他の種々の事情によって、覚悟をもって子供を産んでも、子供に十分な愛情とスキンシップをもって育てられない人がいることは知っている。これらの人に対し、保育所を整備するのもいいが、少なくても三年間の母親による自宅での育児費用を国が負担することの方が大事だと思う。

育児休業は原則的に子供が一歳になるまでしか取れないが、預かり先が見つからない場合に限り、最長二歳まで延長できる。育休中に雇用保険から賃金の五〇～六七％が給付される。育休の延長手続きには認可保育所に申し込み「不承諾通知」を受け取っておく必要がある。そこで、保護者が育休を延長するために、あえて倍率の高い認可保育所への入所を「落選狙い」で申し込む行為が問題となっている。問題は、落選狙いの人が内定した場合、入所希望者が落ちたり、希望順位が低い保育所に回されるなどの影響が出ることである。しかし、「落選狙い」を問題にする以前に、一歳～三歳については親子の肉体的、精神的状態に合わせて、希望する時期、希望する期間、育休が取れるように措置すべきだと思う。

二〇一九年一〇月の消費税率一〇％への実施に合わせて、幼児教育・育児の無償化が実施されることになっている。三～五歳児については所得制限を設けず、認可保育所の利用は月三万七〇〇〇円を上限として無償化、ゼロ～二歳児については法人税非課税所帯を対象に認可保育所や幼稚園、認定こども園の利用を月四万二〇〇〇円を上限として無償化する。認可外保育所などは国の指導監督基準を満たすことを条件とするが、経過措置として五年間は基準を下回る施設も対象となり、上記の上限額の範囲内で費用を補助されることになっている。給食費や遠足費は無償化の対象外とし、保護者が実費を負担する。これらの措置により、女性の社会進出を促進するとしている。

二〇一八年九月に実施した民間アンケートで、幼児教育・保育無償化に対し、保育士と幼稚園教諭の七割近くが「反対」と回答している。「業務負担の増加」「保育の質の低下」「待機児童の増加」などを反対の理由として挙げている。無償化よりも必要なこととして「保育士の確保」「保育園の増設、定員枠の拡大」などが挙がっている。「必要がないのに『無料なら預けてしまおう』という親が増え、現場の負担が増える」などと心配する声も多く挙がっている。幼児に対する健全な育児教育・保育という観点からすると、自身で〇～三歳児を保育する親に対しては、三年間の育休と三年間の育児手当を支給する制度を考えるべきである。

経済協力開発機構（ＯＥＣＤ）は二〇一八年九月に、小学校から大学までに相当する教育機関に対する公的支出状況などを調査した結果を公表した。二〇一五年の加盟各国の国内総生産（ＤＧＰ）に占める支出割合を見ると、日本は二・九％で、三四ヵ国で最も低い。ＯＥＣＤ平均は四・二％である。日本の教育費が比較的高いのに公的支出の割合が少なく、家庭負担に頼っている現状が浮き彫りになっている。特に高等教育と幼児教育・保育について公的支出が少なく、家庭負担が多くなっている。高等教育もさることながら、母親による子育ての重要性からしてこの分野に対する公的支出を充実させる必要がある。

育児放棄の子育て

松坂郁子はここで一息ついてから話を続けた。

「最後にもう一つ付け加えさせていただきますと、これも新聞記事で知ったことですが、二〇一七年に、ある情報セキュリティ会社とＮＰＯ法人が、就学前のゼロ歳～六歳の子供がいる保護者にアンケートを実施したそうです。回答のあった約一五〇〇人のうち、三歳～六歳児の半数以上が『ほぼ毎日』か『週二～四日程度』スマホなどで動画視聴やゲームをしているとの結果が出たそうです。親の利用時間が長いと子供も長くなる傾向があったそうです。子供がスマホで遊んでいる間、保護者は育児から解放されて自分の時間を持つことができるのでしょうが、子供が勝手にスマホを操作して暴力的な画像などの有害情報に触れることも考えられ、厳しい言葉で言えば、これも育児の放棄ということになるのではないでしょうか」

ここで言葉を切り、少し間を置いてから言葉を継いだ。

「今私が言ったことは、現在の世の中の風潮では時代遅れの考え方と批判されることは分かります。しかし、何でもかんでも時代に流されて行く世の中で、子の出産と育児に関する私の考え方は間違っているとは思いません。でも、誤解のないように言っておきますが、子供は常に母親の元、家族の元で育てるのがベストだとは言っているわけではありません。配偶者に子供の目の前で暴力を振るう面前ＤＶ（ドメステック・バァイオレンス）を含む児童虐待の場合は、日本では「家庭性善説」で一時的に児童相談所で保護しても最終的には家族の元に戻すのを原則としています。一回目の虐待では様子を見ても問題がないときもあると思いますが、二度以上虐待を繰り返す場合には、何よりも子供の生命を守るために最上の方法を取るべきだと思います」

興奮気味な言葉使いで言葉を切ったとき、松坂郁子の顔は紅みを帯びていた。

すると、大浦由衣が多少目を伏せ加減にして口を開いた。

「松坂さんとは親しくお付き合いをさせていただていて、お会いする度に子供の教育について話し合っています。現在の社会的風潮には合わないかもしれませんが、今松坂さんがお話しされたことは、私も同じ考えを持っています。夫婦共稼ぎ世帯が増加の一途を辿る中で、家事をするのに性別は関係がなく、仕事一筋で家事をしない男性は家庭に居場所なくなると言われています。家族の生活を維持するために夫婦共稼ぎをする必要がある家庭では、女性だけに家事、育児を任せるのは無責任なことでしょう。でも、小遣い稼ぎに多少アルバイトをしていたとしても、家計をもっぱら夫婦の一方の収入に頼っている家庭では、家事、育児が一方に偏っているのは当然だと思います。家計を守る方は六五歳、あるいは七〇歳まで働き続けます。一方、家にいて家事、育児を行う方は、子供が中学生、高校生ともなれば自分自身のために活用できる自由な時間を楽しむことができます。乳幼児、児童の家事、育児だけを取り上げて、家事、育児に積極的に参加しない者は家庭に居場所がなくなると脅すのは問題があると思います。私は家庭での育児、家事を担当する者として、子供の学校での授業参観、担任の先生との面談、保護者会、親も出席できる運動会、文化祭などの学校での行事には、何があっても必ず出席します。今回ここで子供の脳の発達と人格の形成の過程のお話を伺いましたが、難しいことは分かりませんが、要は、子供の健全な成長には親の十分な愛情が必要だと再認識しました。私はこれからも十分な愛情を注いで娘の教育を行っていきます」

保護者同士の連携と地域の協力

小林由美子が発言した。

「私は結婚して子を身籠ったとき、人間として立派な人格を持った子に育てるためにすべてを懸ける覚悟を決めて出産しました。親の教育として、俊一には、自分がそうされると嫌だと思うことを他人にしたり言ったりしないこと。他人から命令されたり誘われても、嫌なことや自分の考えに反することは『ノー』と言える勇気を持つこと。親には秘密を作らず何でも話すこと。この三点に重点を置いて育てることにしました。夫が早死にしたり、色々な家庭の事情も重なって早朝から夜遅くまで働きに出て、そのことで息子がいじめにあって登校を拒否しました。私はこれは不正義に対する息子の

『ノー』の意思表示と受け止めました。息子から事情を聞いたとき、私は親として毅然たる態度でその処理に当たりました。しかし、いじめを受けた息子の心の傷をどうしたら癒すことができるのか悩みました。そんなとき、大野洋介君の友情と大野ご夫妻の温かい愛情に包まれ、息子は元気を取り戻しました。更に友情は北川麻美さんの友達の輪に広がり、私にも幸せが訪れました。今つくづくと感じていることは、人はどんなに覚悟しても一人では生きて行けないということです。息子は親友との友情を一生貫くと言っています。私も息子の親友のご家族との絆を命を懸けて守りたいと決心しています。私的なことをお話しして今日の意見交換会のテーマから外れた発言ですが、いじめを受けた生徒の親の体験談としてお話ししました」

次に、大野久子が発言した。

「子育ては親に大変な苦労と犠牲を強います。先ほど松坂郁子さんが、子供を産むからには相当なる覚悟が必要だと言われていましたが、そのとおりだと思います。覚悟もなく産んで子育てに耐えられない親が増えています。保育所、幼稚園に育児を丸投げにしたり、教育も幼稚園や学校に丸投げして、それでいて保育所、幼稚園、学校に対して文句ばかり言う無責任な保護者が子供たちのいじめを引き起こす土壌となっているように思えてなりません」

ここで少し間を置いてから話を継いだ。

「洋介を産んだとき、私はそれなりの覚悟を持っていました。洋介は幼いときから自我が強く、大声で泣いたり、暴れ回ったり、それは手のかかる子でした。泣いて訴える原因が分かったときにはそれを取り除きますが、それ以外は当初はなすがままにさせていました。それからしばらくしてむずかったときには胸に抱き締め、何の話題でも構わずに静かに話しかけるようにしました。すると、決まって静かになって、じっと私に目を向けているのです。三歳ぐらいまでは私だけで行っていましたが、夫も加わり、明らかに幼児には理解できないような話題でも話しかけました。次第に言葉を覚えるようになって、子と親の意思の疎通が多少は取れるようになっても、単に子供が理解できる話題だけではなく、大人の色々な話題を息子に話しかけていました。これは今でも続いており、親子間の意思の疎通を円滑なものにしています。もちろん、夫婦の間での意見の対立を子供の前で演じることもあります。私は『少しは勉強をしなさい』と言い、夫は『遊びたいときには遊べばいい』と言って対立しています。しかし、私も夫も、どうするかは最終的には息子が決めればいいと思っています。わが家での育児の結果を踏まえ、子育てには常日頃の親子間の対話が必要だと感じています」

ここで一口コーヒーを飲んでから話を続けた。

「もう一つ私が心掛けていることは、洋介の友達をわが子と同じように愛情をもって受け入れることです。息子の友達にはわが子が一人増えたと思って接しています。ごく最近までは息子の数が増えるだけでしたが、北川麻美さんと友達になったことで娘が出来、こんな楽しいことはありません。でも、息子の友人関係にはあまり介入しないようにしています。子供には子供同士の世界があり、その世界を親は温かい目で見守ることが大事だと思っています。子供は友人関係の中で人間的に成長しいて行きます。いじめ防止活動を始めたり、つい最近からは、これまでほとんど勉強をしなかった息子が自主的に勉強を開始したりしています。親には話せないことも親友同士で話し合えば、一人で悩んだりせずに大事には至りません。また、私は日頃、息子の友達の保護者ともできるだけ親しい人間関係を築くように心掛けています。自分の親に相談できないことも、友達の親には相談できるかもしれません。こうすれば、息子がいじめに直面しても、友達同士での連携、友達の保護者同士の連携によって早い時期にいじめを発見し、大事に至る前に問題を解決することができるのではないかと考えています」

大野久子はここまで言って言葉を切ったが、すぐに、「ああ、それと、これは新聞で読んだ話ですが……」と言って、話を続けた。

「二〇〇一年に発足した米国のジョージ・ブッシュ大統領の政権下で、初めて黒人で国務長官に就任したコリン・パウエルさんが、回想の中で、『少年時代は四六時中アントネットの監視の下に置かれ、問題を起こせば直ちに通報された』と述べているとのことです。『アントネット』とは、『おばさん情報網』ということのようです。パウエルさんはニューヨーク育ちで、親戚も近所に大勢住んでいたそうです。通学路にはおばさんたちの家が並び、窓辺で通りを見張っていて、パウエル少年が悪さでもしようものなら、おばさんたちが両親に通報し、大目玉を食らうことになったそうです。おかげで一族の若者は誰一人として道を踏み外さなかったと振り返っています。そして、『僕の人生にはたくさんの人がかかわり、僕の成長を助けてくれた』と述べているそうです」

大野久子はここで一息ついて言葉を続けた。

「私たちは今ここでいじめ防止のために保護者として何ができるかにつき話し合っています。しかし、いじめの防止には、各生徒の保護者のみならず、全生徒の保護者が連帯しての取組が必要です。そして、パウエル少年が言っているように、親戚や地域の住民の協力も必要だと思います。私たちのいじめ防止活動をこれからどうやって地域の活動へと広げて行くかも考えなければなりません」

大野久子は言葉を切ると、ほっとした表情を浮かべてコーヒーを一口飲んだ。

いじめの加害者は生徒の保護者

少し間を置いてから北川理恵が発言した。

「大野久子さんが言われたことはそのとおりだと思います。娘も洋介君と友達になり、一段と成長しました。それはそれとして、これから申し上げる私の意見は、公の場ではなかなか発言困難だと思いますが、今日は内々での意見交換ですのであえて言わせていただきます」

北川理恵は言葉を改めて話し始めた。

生徒にいじめが発生する。いじめた生徒とその保護者は加害者、いじめられた生徒とその保護者は被害者と単純に分けて考えている。しかし、ほかの生徒をいじめるような性格、人格に育てたのは生徒の保護者であるとすれば、いじめを行った生徒も被害者ではないだろうか？　加害者である保護者は二度といじめなどの悲しい事態を起こさないように被害者であるわが子に十分な愛情をもって向き合う必要がある。また、いじめを受けた生徒の保護者も、わが子がいじめを受けるのには保護者の育て方に問題がなかったのか考える必要がある。わが子に対するいじめが、保護者の養育、教育に問題があるとすれば、いじめを受けたわが子の保護者も加害者ということになる。特に、いじめによってわが子が自殺に追い込まれるような事態の場合、保護者が十分な愛情をもって日頃わが子に接し、「親に悲しい思いをさせるから親には話せない」という程度の結び付きではなく、「重大な悩みを抱えているのに親に話さないことは親に対する最大の親不孝であり、裏切りである」ことを心の底から認識できるような深い愛情の絆で結ばれた親子関係を確立しておけば、わが子の自殺を未然に防ぐことができるのではないだろうか？　換言すれば、「親に心配をかけたくない」という感情を超えて、「親こそ自分を守ってくれる最も信頼できる人だ」という意識を日頃の生活をとおしてわが子に持たせる必要がある。日頃の生活の中で親は何でも相談を受け、相談を受けたら、どんなに些細な問題でも、わが子とともに真剣に対処策を考えてわが子の期待に応える必要がある、このような親子間の結び付きがあれば、具体的な悩みの内容は分からなくても、わが子が悩んでいることに事前に気づくはずである。

参照）を説明した。

六　東日本大震災の避難者へのいじめ

機能しないいじめ対策組織

ここでまた言葉を切り、一呼吸してから、「生徒によるいじめ事件で、こういう事例がありました」と言って、目の前に置いてある新聞のスクラップに目を落として、いじめ事件の概要（左記の事例を参照）を説明した。

二〇一一年三月一一日の東日本大震災で神奈川県横浜市に自主避難し、同年八月に私立小二年に転入した男子生徒が、直後から、同級生に名前を呼ばれる際に「〇〇菌」と呼ばれたり、叩かれたりしていた。三年生になったときには四カ月ほど不登校になったが、担任はその都度注意するだけでの対応だった。四年生になると、暴力で大きなあざが残ることがあったほか、教科書や鍵盤ハーモニカを隠されたりした。生徒は複数回担任に相談したが、「ないなら買うしかない」「忙しいから後で」と言われるだけだった。更に五年になると、同級生十人前後から「震災のお金（賠償金）があるだろう」とゲームセンターなどでの遊興費を求められるようになった。近くにいた子供の保護者が金銭のやり取りに気づき、PTA会長を通じて「保護者会を開いて話し合うべきだ」と学校に要請した。両親も学校にそれまでのいじめや、同級生らへの遊興費が一五〇万円に上ると訴えた。しかし、学校は保護者会を開かず、同級生が学校による聞き取りに対し「おごってもらった」と話したため、両者の言い分が違うと判断。両親に対しては生徒同席の場で「お金の話は警察へ」「物は隠されたのではなく、本人の管理の問題と聞いている」と話した。生徒は学校に不信感を募らせ、五年の五月から卒業するまで登校しなかった。両親は市教育委員会に学校を指導するよう求めたが、市教育委員会は「学校自治」を理由に「指導はできるが介入はできない」と動かなかった。保護者が二〇一五年一二月に、いじめ防止対策推進法に定める重大事態として、市教育委員会に対し、有識者で作る第三者委員会での調査を要請した。二〇一六年一一月に第三者委員会が転入直後から同級生による暴言や暴行のいじめがあったと認定し、市教育委員会や学校の対応を「教育の放棄に等しい」などとする報告書をまとめた。

なお、同報告書では、計一五〇万円とされる金銭授受については、「生徒のいじめから逃れようとする行為」として、いじめと認定しなかった。この点に関し、市教育委員会教育長は、生徒と同級生の言い分が食い違っていることを理由に、「いじめと認定するのは難しい」との見解を示していた。しかし、「横浜いじめ放置に抗議する市民の会」が、二〇一七年一月二六日、横浜市長と市教育委員会宛てに、いじめと認定するよう求める要望書を提出。これを受けて、二月一三日に市教育委員会教育長が従来の見解を変更し、金銭授受もいじめと認め、謝罪した。本件いじめ事件について、市教育委員会の内部組織「再発防止検討委員会」でいじめを見逃した原因や改善策について話し合いが行われた。しかし、会議の議事録は作成されず、録音データも消去されていた。会議は非公開であり、記録の保存がなければ、適切に検証が行われたのかどうか外部から確認できない状態にある。

説明が終わると、目を上げて発言を続けた。

いじめ防止法、それに基づく文部科学省のいじめ防止基本方針によって、各学校ではいじめ防止及びいじめが発生した場合の対処につきいじめ防止基本方針を定めている。学校の基本方針によると、いじめが発生した場合には、複数の教師が、心理、福祉などの専門の知識を有する者などの協力を得て、事実確認や原因調査を行い、関係した生徒とその保護者への対応に当たることになっているはずである。特に今回の横浜市の事例では、重大事態に当たるものであり、弁護士、精神科医、学識経験者、心理、福祉の専門家などの専門的知識及び経験を有する者を集めて、事実の究明のための調査や再発防止のための措置をとらなければならないものである。それなのに、本件では学校のいじめ防止基本方針の組織はまったく機能していない。なぜこのような「教育の放棄に等しい」事態が発生するのか？　その理由が理解できない。さらにこの事例をとおして言えることは、重大な傷害、金品の重大な被害、長期での不登校などの重大事態の場合には、教師、学校、教育委員会に任せるだけではなく、親などの保護者が教育委員会に対し積極的にいじめ防止法に基づき第三者委員会での調査を要請した方がいいということである。また、重大事態のみならず一般のいじめに対処する場合も、生徒の保護者が単独で動くよりも、日頃から親交を深めている生徒の親友の保護者などの協力を得て、集団で学校や教育委員会と話し合う方が効果的であるということである。

　北川理恵が口を閉じたとき、咲坂裕康先生が、「大変厳しいご意見、ご指摘ですね。教師、学校の立場から一言反論したいところですが、確かに言われるとおりの面があります」と前置きして、少し間を置いてから発言した。

「各学校はいじめ防止基本方針を定めていますが、これが実際にそのとおり機能しているかについては確かに問題があります。教師や学校側のこんな言い訳は社会的には絶対に許されるものではないことは十分に承知していますが、既に説明したとおり、現状での教師の学校での通常の仕事量は過飽和状態にあります。経験の浅い若手の教師も増えています。そんな中でいじめが発生しても、学校の定めを厳格に遵守しての煩雑で時間のかかるいじめの処理はできれば避けたいとの気持ちが強く働き、ついついその場で安易に解決しよと考えるのでしょう。横浜市のケースは横浜市だけの問題ではなく、全国のほかの学校でも起こりうる状態にあるのかもしれません」

　咲坂先生が言葉を切ったとき、北川理恵は「ご説明ありがとうございました。私どもの子供が通っている学校では、いじめ防止基本方針が厳格に守られて機能していると信じています」と言って、口を閉じた。

大人の思いやり欠如の子供への影響

　北川理恵が言葉を切るのを待っていたかのように大野弁護士が言った。

「北川さんが紹介した横浜市での生徒のいじめ事件は、単なるいじめだけではなく、別の面でも社会的に考えなければならない問題を提起しています」

大野弁護士は説明した。

二〇一一年の東日本大震災での地震、津波、火災による自宅や施設の崩壊、流出、焼失や、東京電力福島第一原発の事故による放射能汚染で避難生活中の人は発生から七年も経った二〇一八年六月現在でも全国で六万一五〇〇人以上に上っている。避難先は全国四七都道府県の一〇二七市区町村に及んでいる。被災地から別の都道府県に転校した小中高生や幼稚園児は二〇一六年五月一日現在、一万七六〇〇人以上に上っている。これらの避難した児童生徒に対するいじめが相次いで発覚している。これまでに発覚した小中高生に対する事例として、先ほどの神奈川県横浜市のいじめ事件のほか、神奈川県、群馬県、新潟県、埼玉県、千葉県、東京都でのいじめがマスコミで報道されているが、これら以外にも実際にはかなりの事件が発生しているようである。

被災地からの避難生徒に対するいじめ事件では、悪口、暴言として、「バイ菌」「福島菌」「田舎菌」「放射能」「福島に帰れ」「おまえのせいで原発が爆発した」「絶対にいじめてやる」「ほかの子にも避難者だと言うぞ」「菌を移すなよ」「放射能がつくから近づくな」などの言葉が使われている。また、「震災のお金（賠償金）があるだろう」「おごってよ」と言って、お菓子や飲み物の代金、ゲームセンターでのお金をねだられたりしている。中には、蹴るなどの暴力を受けた生徒もいる。これらの避難児童生徒に対するいじめ事件を受けて、文部科学省は、二〇一六年一二月、震災や原発事故で福島県から県内外に避難した小中高校生を受け入れている学校に、面談などを通じていじめがないかどうか確認するよう求める通知を出した。更に、二〇一七年二月に、この通知をフォローアップして、実態把握に向けての全国的な調査に乗り出した。調査の結果は二〇一七年四月一一日に公表された。調査は避難している約一万二〇〇〇人の小中高生が対象で、二〇一六年に一二九件、二〇一五年以前に七〇件の計一九九件のいじめがあったとしている。このうち東日本大震災や原発事故に加害者側が言及するなど関連があると認められたいじめは、二〇一六年に四件、二〇一五年以前には九件で、計一三件であった。避難当初の時期を中心に学校側が把握できていないいじめも多いとみられ、実態を正確に反映していない可能性がある。

また、文部科学省は、東日本大震災で被災したり、東京電力原発事故で避難したりした子供に対するいじめの未然防止・早期発見に取り組むことなどを盛り込んだ新たな国のいじめ防止対策の基本方針を決定し、二〇一七年三月一六日に全国の教育委員会などに通知した。基本方針改定は初めてで、心身の被害の大きい「重大事態」の調査結果は「公表することが望ましい」とする指針も通知した。基本方針では、被災した子供が心身に受けた影響や、慣れない環境への不安感を教職員が十分に理解し、心のケアを適切に行うことを明記している。また、いじめが「解消された」と判断できる要件として、加害行為がやんだ状態が相当の期間続き。被害者が心身の苦痛を感じていないと認められる場合とし、相当の期間は「少なくても三カ月を目安とする」としている。再発の可能性も踏まえ、被害者と加害者を日常的に観察する必要性にも言及している。

学校での生徒のいじめは、親などの保護者の養育や教育の分野にも立ち入って原因究明を行わなければいじめを根絶することはできない。避難児童生徒に対するいじめも、避難者の子供たちがいじめの対象になる根源はどこにあるのかまで立ち入って考えないと、この種のいじめを根絶することはできない。

いじめを行っている生徒たちが使っている悪口、暴言の語彙《ごい》や、避難者に対する偏見や差別的な言動からすると、これらは子供たちの発想と言うよりも、子供がいるところでの大人同士の日常会話の影響を受けているように思える。時の流れとともに被災者に対する関心や思いやりの心が次第に薄れ、そんな中で、マスコミで大々的に報じられる、東京電力が負担すべき莫大な賠償金や廃炉費用を国民に転嫁して負担させる政府の対応に対する不快感などが募って、被災者に対して冷淡な発言をする大人たちが増えてきているのではないだろうか。その冷淡な大人たちの言動に子供たちが敏感に反応して、避難者に対するいじめとなって表れているのではないだろうか。そうだとすれば、ここでもいじめを行っている子供たちは、大人たちの被害者ということになる。

七　教育委員会制度の概要

大野弁護士が「ほかに何かご意見、ご質問があれば……」と言ったとき、大浦由衣が遠慮がちに訊いた。

「学校と教育委員会の関係、そもそも教育委員会とはどんな役割を持った組織なのかご説明いただけませんか。今更こんな質問をして申し訳ございませんが……」

大野弁護士は大浦由衣の質問に対し、「失礼しました。実は私も正確な知識を持っていず、今回初めて関連する法律を調べた次第です。生徒の保護者としても教育委員会の機能、権限について正確な知識を持っておく必要があります」と言いながら資料ファイルから資料を取り出し、説明を始めた。

教育の政治的中立性、継続性・安定性を確保するため、一九五六年に「地方教育行政の組織及び運営に関する法律」が制定された。同法律に基づき、地方公共団体における教育行政を担う機関として、都道府県及び市町村に教育委員会が設置された。同法はその後何度となく改正されたが、二〇一四年六月に、それまでに指摘されていた教育委員会制度の問題点につき抜本的な改正を行い、二〇一五年四月一日から現行制度となった。

教育委員会は、地方公共団体の長が議会の同意を得て任命した教育長及び四人の委員（条例により、都道府県又は市は五人以上の委員、町村は二人以上の委員とすることができる）をもって構成される合議制の会議体である。教育長は常勤で、任期は三年、教育委員会の会務を総理し、教育委員会を代表する。委員は非常勤で、任期は四年となっている。

全国的に見ると、教育長及び委員の経歴は、教育経験者（校長、副校長、教頭などの経験者。なお、副校長は、二〇〇七年の改正学校教育法で、公立学校の校長と教頭の間に置くことができるようになった管理職で、教頭よりも権限が強く、校長の任務の一部も担える）、医師、弁護士、法人役員経験者などとなっている。

教育委員会の会議は原則として教育長が招集する。会議は原則として公開とし、議事録を作成してこれを公表するように努めなければならない。

教育委員会の権限に属する事務を処理するため、教育委員会には事務局が置かれている。事務局には指導主事（教育に関し見識を有し、かつ、学校における教育課程、学習指導その他学校教育に関する専門的事項について教養と経験のある者）、事務職員及び技術職員など所要の職員が置かれている。これらの職員は教育委員会が任命し、教育長の指揮の下で業務を遂行する。

教育委員会は、地方公共団体が処理する教育に関する事務のうち、次の事務を処理し、及び執行する

○　大学、私立学校を除く公立の学校のほか、図書館、博物館、公民館などの教育機関、教育に関する専門的、技術的事項の研究又は教育関係職員の研修、保健、福利厚生に関する施設などの設置、管理、廃止及び財産の管理

○　教育委員会の所管に属する学校その他の教育機関の職員の任免その他の人事（ただし、市町村立学校の職員の任免権は都道府県教育委員会に属している）

○　学校の組織編制、教育課程、学習指導、生徒指導及び職業指導。教科書その他の教材の取扱い。校舎その他の施設、教具、設備などの整備

○　生徒、児童及び幼児の就学、入学、転学及び退学に関する事項

○　校長、教員その他の教育関係職員の研修

○　校長、教員その他の教育関係職員、生徒、児童及び幼児の保健、安全、厚生及び福利ならびに学校の環境衛生に関する事項

○　学校給食に関すること

○　青少年教育、女性教育及び公民館の事業、その他社会教育

○　スポーツに関する事項。文化財の保護。ユネスコ活動

○　教育に係る調査及び基幹統計その他の統計

○　所管事務に係る広報及び教育行政に関する相談、その他

ここまで説明して大野弁護士がいったん言葉を切ったとき、大浦由衣が驚きのこもった声で言った。

「『委員会』というので、学校でのトラブルの処理とか調整に当たる組織と思ってきましたが、大変な組織なんですね」

大野弁護士は一瞬大浦由衣に目を向けたが、すぐに説明を続けた。

教育委員会の権限は教育行政全般に及ぶが、その一方で、教育行政の遂行に必要な予算の編成、策定、執行などの権限は地方公共団体の長にある。そこで、教育行政にかかわる予算につき教育委員会と協議して決定するため、地方公共団体の長と教育委員会をもって構成する「総合教育会議」が設けられている。地方公共団体の長は、教育基本法に規定する教育基本方針を参酌して、その地域の実情に応じ、教育、学術及び文化の振興に関する総合的な施策の大綱を定め、あらかじめ総合教育会議において協議しなければならないことになっている。また、総合教育会議では、（一）教育を行うための諸条件の整備その他の地域の実情に応じた教育、学術及び文化の振興を図るため重点的に講ずべき施策及び（二）児童、生徒などの生命又は身体に現に被害が生じ、又はまさに被害が生ずるおそれがあると見込まれる場合などの緊急の場合に講ずべき措置について協議、調整を行うことになっている。

総合教育会議は地方公共団体の長が招集するが、地方公共団体の長に協議すべき具体的事項を示して、教育委員会が招集を求めることができる。総合教育会議において調整が行われた事項については、地方公共団体の長及び教育委員会はその調整の結果を尊重しなければならない。

教育委員会の相互間の関係については、都道府県教育委員会は、市町村の教育に関する事務の適正な処理を図るため必要と認めるとき、市町村長又は市町村教育委員会から要請があったとき、あるいは、文部科学大臣からの指示があったときは、市町村に対し必要な指導、助言又は援助を行うことができる。

また、文部科学大臣は、都道府県又は市町村に対し、教育に関する事務の適正な処理を図るため、必要な指導、助言又は援助を行うことができる。都道府県知事又は都道府県教育委員会からも、文部科学大臣に対し、上述の指導、助言又は援助を求めることができる。

更に、文部科学大臣は、いじめによる自殺の防止など、児童、生徒などの生命又は身体への被害の拡大又は発生を防止する緊急の必要がある場合には、関係する都道府県教育委員会又は市町村教育委員会に対して指示して、是正、事務の管理及び執行を改めるべきことを指示することができる。

このようにして、文部科学大臣と教育委員会相互間の連絡及び調整、教育委員会相互間の連絡及び調整を図って連絡を密にして、各教育委員会が所管する教育に関する事務の適正な執行と管理を確保するようにしている。

なお、現行の教育委員会制度については、教育委員会による教育行政の執行が形骸化しているのではないか、また、委員会事務局の職員の資質能力の向上や事務局体制の強化を図る必要があるのではないかとの指摘がなされている。

大野弁護士はここで資料から目を上げ、少し間を置いてから話を続けた。

「大浦さんの質問に答える形で教育委員会につき説明しました。生徒の保護者は一般的に、教育と言えば学校が行うものと考えていますが、教育行政は実質的には教育委員会が行っています。生徒のいじめ問題を考えるとき、教育委員会制度につき正確な知識を持っておく必要があると考え、あえて長々と説明しました」

大野弁護士が言葉を切ると、大浦由衣が、「ありがとうございました」とお礼を述べて軽く頭を下げた。すると、北川理恵が発言した。

「大野先生にご説明いただいて、私も教育委員会につき正確な知識を持つことができました。学校の生徒による重大ないじめ事件に関する新聞報道で、学校の対応、市教育委員会の不適切な対応につき被害者の生徒の保護者が県教育委員会に訴えて、県教育委員会が第三者委員会を設置して調査をしたと報じられていました。それを読んだとき、教育委員会は市と県でいったいどういう組織になっているのか一度調べたいと思っていました。今の説明ではっきりと分かりました」

八　いじめ調査資料などの裁判での証拠能力

大野弁護士は出席者全員に目をやりながら、「最後に、法律実務家としての立場から、いじめの調査に関する一つの法律問題について指摘させていただきます」と前置きして言った。

生徒へのいじめが発生した場合、学校、教育委員会、第三者委員会などがいじめの有無、いじめの具体的内容につき調査する。調査に当たっては、無記名式、あるいは、ときには記名式で一般生徒を対象にアンケートを実施したり、関係していると思われる教師や生徒から聞き取りを行う。また、関係する生徒の親などの保護者からの聞き取りも行う。これらの調査、聞き取りは、生徒、教師、保護者の任意の協力によるものであって、真実を回答したり、述べなければならない法的義務はない。「重大事態」、特に、いじめによる生徒の自殺などの場合には、いじめと自殺との因果関係を明確にするためには、加害者と被害者の保護者による子供の養育事情や家庭環境にも立ち入る必要があるが、調査する側には法的捜査権はなく、これらに立ち入ればプライバシーの侵害として法的責任を負わされることになる。

調査の結果として、調査資料や調査報告書が作成される。第三者委員会を設置しての「重大事態」

の調査では、原則として第三者委が調査報告書を公表する。特に、いじめにより生徒が自殺したと思われる調査の場合には、報告書ではいじめの具体的内容と当該いじめと自殺との因果関係にも言及する場合が多い。しかし、捜査権限のない調査に基づく結論であり、当該因果関係は法的な意味での因果関係ではなく、単なる推測として理解されるべきものである。換言すれば、同種の深刻ないじめの再発防止の対策を取るための結論であって、加害者の法的責任の有無を判定するものではない。

一方、いじめにより生徒が肉体的、精神的に損害を受けた場合には、生徒やその保護者が学校や教師、教育委員会、加害者である生徒や保護者などに対し損害賠償請求訴訟を提起することができる。最近の例では、埼玉県川口市立中学の元男子生徒（当時一五）が二〇一六年から不登校になり、市の第三者委員会がいじめが原因と認定した問題で、元男子生徒が二〇一八年六月一九日、学校や市教育委員会の対応が不適切だったとして、市に五五〇万円の損害賠償を求めさいたま地裁に提訴している。訴訟を提起した場合、被害者側は確かにいじめがあったことを立証しなければならない。本件訴訟に当たっては、同男子生徒は二〇一八年一月に市教育委員会に対し、自分のいじめに関する全記録の開示を請求して開示を受け、更に、二〇一八年一一月に県教育委員会に対し自分のいじめに関し市教育委員会が提出した文書につき開示請求をして開示を受けている。被害者側が開示を受けたこれらの資料を賠償請求の証拠として裁判所に提出すれば、裁判所はこれらの報告書や資料をいじめの存在を立証するための証拠として採用することになるだろう。

いじめにより生徒が自殺した場合には、単なるいじめによる精神的・肉体的苦痛に対する慰謝料だけではなく、被害を受けた生徒の自殺に対する損害賠償も請求できる。しかし、この場合には、加害者側の生徒や保護者がいじめによって被害者の生徒が自殺することを予見することができたことについても立証しなければならない。その立証にはいじめと自殺の因果関係を立証する客観的証拠が必要となる。証拠として調査報告書やアンケートなどの調査資料を提出しても自殺との因果関係までの立証は困難で、いじめによる精神的、肉体的苦痛に対する慰謝料は認められても、加害者は自殺までは予見することができなかったなどと判示される場合が多い。

滋賀県大津市の市立中学二年の男子生徒（当時一三）が二〇一一年一〇月一〇日に自宅マンションから飛び降りて自殺した事例で、自殺したのはいじめが原因だとして、遺族が大津市と、いじめを行なった元同級生三人と保護者に対し、大津地方裁判所に損害賠償請求訴訟を提起した。その後大津市とは和解が成立したので、訴訟は元同級生ら側との間で継続していた。

二〇一九年二月一九日、大津地裁は判決を下し、元同級生三人のうちの二人はいじめにより男子生徒が自殺することを予見できたとしていじめと自殺との因果関係を認め、かつ、元同級生二人は当時中学二年で自分の行為や責任を認識できたとして、元同同級生二人に対し、遺族側の請求にほぼ近い額での賠償金の支払いを命じた（なお、本件いじめでは、滋賀県警は元同級生三人を暴行容疑で書類送検し、大津家庭裁判所は二人を保護観察処分、一人を不処分としていた）。二人の保護者の監督責任については、一人の保護者は学校から言われて生徒に説諭していたこと、もう一人の保護者はいじめを知らなかったとして監督責任違反はないとされた。

新聞報道（二〇一九年二月二〇日東京新聞朝刊）によると、「遺族側は捜査資料や学校による生徒へのアンケートを証拠として提出。心理学や精神医学の学術論文も含めて、証拠は五〇〇点にも及んだ」とのことである。

いじめにより発生した損害につき、被害者側が加害者側に賠償請求をするに当たり、学校や教育委員会が行った関係者へのアンケートや聞き取り資料、調査報告書などの公開を請求して、これらを裁判や裁判外で利用することにつては法的には問題はない。

しかし、学校や教育委員会によるいじめ調査は、同種のいじめの再発を防止するための対策を講じるために行われるものである。有効な再発防止策を取るためには、生徒、教職員などすべての関係者が正直に真実を話す必要がある。しかし、その一方で、調査資料がいじめの被害者による損害賠償請求の証拠として利用されることになると、正直に真実を語ることは加害者側にとっては不利に働くことになる。換言すれば、加害者側は被害者側からの損害賠償請求に当たり不利にならないように、正直に真実を語らないことになり、その結果、有効な再発防止策を取れなくなる。いじめの再発を防止するためには、加害者を始めとする関係者全員が正確に、正直に真実を話す必要があり、そのためには調査資料や報告書は裁判所が証拠として採用できないようにする法的措置も必要になってくる。この問題についいては今日はこれ以上立ち入らないが、ご要望があれば別の機会に日本の法制度を含めて詳しくご説明する。

大野弁護士の発言が終わったとき、会議室は深い沈黙に包まれた。

するとと小林由美子が大野弁護士の方に目を向けて言った。

「一通りご出席のみなさまからご意見を伺い、発言されたご意見に対して各人がご意見をお持ちでしょうが、時間もまいりましたので、また別の機会を持つこととして、最後に大野先生より締め括っていただくことでいかがでしょうか?」

エピローグ

小林由美子が言葉を切ると、大野弁護士はゆっくりと立ち上がって言った。

「本日は大変ご多忙中のところ先生方にご出席いただき、実に有益な意見を交わすことができました。現在の教育制度の下では色々と困難な問題もあると思いますが、今日ここでなされた生徒の提案や意見、また、生徒の保護者からの意見を参考として、先生方もいじめの防止の対策に取り組んでいただければと願っています」

大野弁護士は少し間を置いてから言葉を続けた。

「各生徒はそれぞれ色々と異なった環境の下で育てられています。育った環境によって人格も性格も異なっていますが、それによって各生徒への対応を差別することはできません。どの生徒も平等に教育を受ける権利が与えられており、誰もが幸せに生きる権利を与えられています。いじめを行った生徒も、いじめを受けた生徒も、同じ権利を持っていることを忘れてはなりません。また、保護者の中には色々な考え方を持っている方がおられると思いますが、わが子を健全な人格を持った人間に育てる、いじめは人間として卑怯な行為で子供が幸せに生きる権利の侵害である、そして、いじめ問題は心豊かで安全・安心な社会を作る上で学校を含めた社会全体で考えるべき国民的な課題であるという点では、最終的に異論はないはずです。もしこの点に異論がある保護者がいるとすれば、子供の教育に対する保護者の最高に重要な役割と子供の権利について、完全に納得するまで説明しなければなりません。更に、現在の社会的風潮として、『わが子だけが可愛くて、ほかの子供はどうでもいい』という考え方を持っている保護者もおられます。しかし、いじめに関しては、わが子だけが例外でいじめにあわないという保障はまったくありません。そういう保護者の方には、いじめ防止には、学校やすべての教師、すべての保護者、すべての生徒の一体となっての活動が絶対に不可欠であると理解してもらう必要があります」

大野弁護士はここでまた言葉を切り、全員に目をやってから言葉を続けた。

「今日この会合に出席されている方々は、小学五年生の生徒の教育に関係されている方々です。従って、今日の会合ではもっぱら小学五年生を念頭に置いて議論をしてきました。しかし、いじめの問題は全学年に関係する問題で、この活動を全学年での活動として広げて行く必要があります。私たちの活動に賛同する生徒の保護者がいれば、学年に関係なくどんどん加わっていただき、活動の幅を広げて行きましょう。そして、最終的には、生徒を取り巻く地域全体での活動として広げて行きましょう」

大野弁護士が腰を下すと、堀北涼子先生が出席者全員に目をやりながら口を開いた。

「今日生徒の保護者の有志の方々との意見交換の会合に出席させていただき、保護者の方々から率直なお話を伺い、教師として非常に参考になりました。保護者の方々がいかに熱心に生徒の教育に関心を持っておられるのかを知り、これからもみなさまの協力を得て生徒の教育に当たって行こうと決意を新たにしました」

大野弁護士は、先生方、出席した保護者、会合の場所を提供してくれた北川理恵、会合の事務局を務めた小林由美子に心からのお礼を述べた。閉会したときには六時半を回っていた。


久し振りに五年担任の三人だけで食事をしたいということで、先生方は先に会議室から出て行った。残った全員は、北川理恵の先導で、子供たちが待っているテラス・カフェへと向かった。

五分ほど歩くと、見るからに最近の若者好みの開放的な雰囲気の店に着いた。馴染みの店らしく、北川理恵は中に入ると近くにいた若い男性店員に「子供たちがお世話になっているわね」と声をかけ、店員の返事も待たずに木製の階段を二階へと上って行った。

若い女性好みの店なのか、ゆったりと配置された二階のテーブルはすべて若い女性のグループで埋まっている。夕闇で外は多少薄暗くなっていたが、明かりの点いたテラス席に五人が座っているのが見えた。何か夢中になって話しているようである。

北川理恵がテラスに行って、「待たせたわね」と声をかけると、五人はいっせいに北川理恵の方に目を向けた。そして、洋介がすぐに口を開いた。

「いじめ防止新聞第五号の記事が出来上がったところなんだ。スマホなどで悪口を発信すると、画面から消去しても記録が残っているし、悪口を発信した人も調べることができるということを、ネットいじめを行っている生徒に対する警告として書いたんだ。それと、いじめ意見箱の設置、いじめ救助グループの活動についても書いたんだ。第六号では、いじめ防止宣言のことを記事にすることにしたんだ」

洋介が言葉を切ると、そばに来た大野弁護士が言葉を返した。

「それは良かった。新聞が出来たら見せてくれたまえ」

すると麻美が母親の方に顔を向けて言った。

「大人同士だけの話し合いはどうだったの？」

北川理恵が口を開くよりも早く大野弁護士が答えた。

「とても有意義な意見交換ができたよ。話の内容はこれからの君たちの活動にも役に立つと思うので、各人親から話してもらうといいよ」

すると北川理恵が言った。

「みんなお腹が空いているでしょ。この店の裏通りにとっても美味しいイタリアン・レストランがあるの。七時から予約してあるので、話の続きは後にしてレストランに行きましょう」

すると麻美がお腹のあたりをさすりながら言葉を返した。

「このカフェのケーキはとっても美味しいので、二つも食べちゃったわ。みんなあまりお腹が空いてないと思うわ」

北川理恵が「困った子ね」と呟くように言ったとき、洋介が声を高めて言った。

「ケーキはケーキ。食事はベツバラだよ」

洋介の言葉に、母親の久子が困惑した表情を浮かべて、「遊んでばかりで勉強をしないから困った子ね。別腹というのは、お腹いっぱいに食事をした後で、ケーキを食べたりするときに使う言葉よ。親に恥をかかせるんだから……」と嘆くように言って夫の方に顔を向けた。

すると、大野弁護士は真顔で、「洋介はいくつもの胃を持っていて、食事であれケーキであれ食べ物なら何でもすべて別腹なんだよ」と言った。

麻美が笑いながら、「私も洋ちゃんと同じ別腹でイタリアンを食べるわ」と言うと、座はいっきに笑いに包まれた。

完

参考資料・文献等

本書の執筆に当たっては、新聞の記事（主として東京新聞）、テレビ報道、ウィキペディアその他のインターネットでの検索資料、学校での生徒のいじめ問題を取り扱っている書籍のほか、特に、左記の文献、資料等を参考とし、また、使用させていただきました。

ラダネ、ダーリー著　竹村研一・杉崎和子訳「冷淡な傍観者　思いやりの社会心理学」（ブレーン出版　一九九七年）
荻上チキ著「ネットいじめ　ウエブ社会と終わりなき『キャラ戦争』」（ＰＨＰ新書五三七　二〇一三年）
「学校では教えてくれない大切なことシリーズ（一二）　ネットのルール」（旺文社　二〇一七年）
菊池省三、関原美和子／構成「菊池省三流　奇跡の学級づくり　崩壊学級を『言葉の力』で立て直す」（小学館　二〇一四年）
多賀一郎編　チーム・ロケットスタート著「教師の言葉でクラスづくり　クラスを育てるいい話」

（明治図書　二〇一六年）
教育科学研究会編「いじめと向きあう」（旬報社　二〇一三年）
小木曽　健著「一一歳からの正しく怖がるインターネット　大人もネットで失敗しなくなる本」（晶文社　二〇一七年）
東京都江戸川区立二之江中学校編著「生徒全員の学びを保障するコの字型机配置＋四人グループ学習」（明治図書　二〇一六年）
ローレンス・スタインバーグ著「十五歳はなぜ言うことを聞かないのか？　最新脳科学でわかった第二の成長期」（日経ＢＰ社　二〇一五年）
乾　敏郎著〔脳科学からみる子どもの心の育ち　認知発達のルーツをさぐる〕（ミネルヴァ書房二〇一三年）
岡野憲一郎著「脳から見える心　臨床心理に生かす脳科学」（岩崎学術出版社　二〇一三年）
平井信義・本吉圓子著「いじめと幼児期の子育て　親・保護者の責任と役割」（萌文書林　一九九六年）
上級心理カウンセラー深山小百合「いじめ対策　いじめ防止対策広場」（ネット検索資料）
中田　力著「脳の方程式＋α　ぷらすあるふあ」（紀伊国屋書房　二〇〇二年）
中田　力著「脳の方程式　いち・タス・いち」（紀伊国屋書房　二〇〇一年）
木田恵子著「やさしい精神分析②　〇歳人・一歳人・二歳人」（太陽出版　一九九七第九刷）
木田恵子著「喝采症候群　独断的パラノイア論」（太陽出版　二〇〇六年）

木田恵子著「こころの真相」（太陽出版　一九九八年）
木田恵子著「添うこころ　精神分析臨床メモ」（太陽出版　一九九二年）
近藤章久著「子どもの生命（いのち）に呼びかける」（白揚社　一九九三年）
近藤章久著「感じる力を育てるーよき親であるためにー」（柏樹社　昭和五五年）
岸見一郎著「アドラー心理学入門」（ｋｋベストセラーズ　ベスト新書　一九九九年）
岸見一郎・古賀史健著「嫌われる勇気—自己啓発の源流『アドラーの教え』（ダイヤモンド社　二〇一三年）
岸見一郎・古賀史健著「幸せになる勇気—自己啓発の源流『アドラーの教え』（ダイヤモンド社　二〇一六年）
友田明美著「子どもの脳を傷つける親たち」（ＮＨＫ出版新書５２３　二〇一七年）

◆ 著者プロフィール ◆

山本　善明（やまもと　よしあき）

1937 年　東京生まれ
1960 年　学習院大学卒
　同年　日本航空に入社
1994 年　退社
　　その間、法務、米国法律事務所留学、米州地区支配人室業務、運航本部での運航乗務員管理業務などを歴任
1994 年　㈱ジャルカード監査役
1999 年　退任
　　その後、執筆活動、講演活動

著書：
「墜落の背景―日航機はなぜ落ちたか」（上・下　講談社）
「日本航空事故処理担当」（講談社＋α新書）
「命の値段」（講談社＋α新書）
「五十六億七千万考年からの使者　愛の詰まった小箱」（文芸社）
「おかあまと僕　疎開先での冒険と " アイラブユの呪文 "」（文芸社）
「権力の耐えがたき軽さ、または妻に鎖で繋がれた権力者」（文芸社）
「してはいけない七つの悪いこと」（青山ライフ出版）
「地球は人間だけのものじゃない」（青山ライフ出版）

いじめ退治します

生徒・保護者・教員　全員参加のいじめ問題解決ストーリー

著者　山本　善明

発行日　2019 年 10 月 7 日
発行者　高橋　範夫
発行所　青山ライフ出版株式会社
〒 108-0014
東京都港区芝 5-13-11　第 2 二葉ビル 401
TEL：03-6683-8252　FAX：03-6683-8270
http://aoyamalife.co.jp
info@aoyamalife.co.jp

発売元　株式会社星雲社
〒 112-0005 東京都文京区水道 1-3-30
TEL：03-3868-3275
FAX：03-3868-6588

装幀　溝上　なおこ

印刷／製本　中央精版印刷株式会社

ISBN978-4-434-26163-3
